KB050261

미나토 유이치로 저 · 이승훈 역

YoungJin.com Y.
영진닷컴

세계가 주목하는 최신 기술

그림으로 배우는 양자 컴퓨터

ISBN 978-89-314-6578-5

독자님의 의견을 받습니다.

이 책을 구입한 독자님은 영진닷컴의 가장 중요한 비평가이자 조언가입니다. 저희 책의 장점과 문제점이 무엇인지, 어떤 책이 출판되기를 바라는지, 책을 더욱 알차게 꾸밀 수 있는 아이디어가 있으면 팩스나 이메일, 또는 우편으로 연락주시기 바랍니다. 의견을 주실 때에는 책 제목 및 독자님의 성함과 연락처(전화번호나 이메일)를 꼭 남겨 주시기 바랍니다. 독자님의 의견에 대해 바로 답변을 드리고, 또 독자님의 의견을 다음 책에 충분히 반영하도록 늘 노력하겠습니다.

파본이나 잘못된 도서는 구입하신 곳에서 교환해 드립니다.

주 소 : ㈜08507 서울특별시 금천구 가산디지털1로 128 STX-V 타워 4층 401호
이메일 : support@youngjin.com
등 록 : 2007. 4. 27. 제16-4189호

STAFF

저자 미나토 유이치로 | **번역** 이승훈 | **총괄** 김태경 | **진행** 서민지, 성민 | **디자인·편집** 인주영
영업 박준용, 임용수, 김도현, 이윤철 | **마케팅** 이승희, 김근주, 조민영, 김민지, 김진희, 이현아
제작 황장협 | **인쇄** 제이엠

머리말

양자 컴퓨터에 관심을 가지는 이유는 사람마다 다 다르다고 생각합니다. 양자 컴퓨터 그 자체에 관심이 있거나, 계산이나 연구에 관심이 있거나, 주변에서 유행하고 있기 때문이라거나, 차세대의 테크놀로지에 흥미가 있는 등 다양할 것입니다. 이 책은 그중에서도 "실제 양자 컴퓨터를 이용하고, 현실에 있는 과제를 풀고 싶다"라는 생각을 출발점으로 합니다.

AI와 컴퓨터가 발전하면서 점차 현재의 기술은 한계를 보입니다. 그러한 한계를 맞이하기 전에 차세대의 과제를 해결할 방법이 속속 발견되고 있고, 그러한 방법의 하나가 양자 컴퓨터입니다.

저자가 양자 컴퓨터에 착수하게 된 계기는 금융공학입니다. 금융공학 계산에서는 많은 시뮬레이션을 하게 되는데, 현재의 기술로는 많은 수의 컴퓨터를 병렬로 연결하여 대규모로 전력을 소비하면서 계산을 할 수밖에 없습니다. 금융공학 계산은 비즈니스로서 수익을 내는 기능 외에 사회의 다양한 거래를 정상화하고 안정화하는 기능을 가지고 있습니다. 현재 세상의 많은 거래나 경제활동은 방대한 계산자원을 기반으로 성립하는 것이며, 그러한 계산자원이 증가하고 비용이 너무 많이 증가한다면, 그것은 결국 우리의 삶에 많은 영향을 미칠 것입니다.

그런 가운데 "양자 컴퓨터를 도입하고, 숨은 조력자로서 사람들의 풍요로운 생활에 일조할 수 있었으면 좋겠다"라고 생각한 것이 필자가 양자 컴퓨터를 시작한 계기였습니다. 그것이 제가 양자 컴퓨터를 사용하기 시작한 이유입니다. 부디 양자 컴퓨터를 일상생활에 직간접적으로 영향을 주는 친밀한 것으로 봐주면 좋겠습니다.

이 책에서는 양자 컴퓨터의 초심자를 염두에 두고, 이해에 필요한 최소한의 지식을 가능한 한 이해하기 쉽게 정리하려고 노력했습니다. 양자 컴퓨터에 대한 오해나 잘못된 인식을 가능한 한 제거함과 동시에, 현재 산업에 적용되고 있는 사례를 바탕으로 학술적인 엄밀함보다는 사용 편의성과 실용성을 강조하여 설명하고 있습니다. 이 책이 단순히 학계 또는, 산업계의 어느 한쪽이 아닌 모두를 아우르는 폭넓은 시각으로 사물을 보는 계기가 됐으면 좋겠습니다.

미나토 유이치로

Contents

목차

Chapter 1 양자 컴퓨터로 인한 사회 변화

Chapter  도대체 '양자'란 무엇인가?

Chapter 3 원리로부터 풀어내는 양자 컴퓨터

Lesson

Chapter 4 양자 알고리즘의 작동 방식을 알아봅시다

Chapter 5

양자 컴퓨터로 할 수 있는 일

Lesson

Chapter 6

양자 회로를 만들어 봅시다

Lesson

Chapter

양자 어닐링의 원리와 사용법

Chapter 8

양자 컴퓨터를 비즈니스에 도입해 봅시다

Lesson

Chapter

1

양자 컴퓨터로 인한 사회 변화

양자 컴퓨터는 현재의 컴퓨터로는 수년이 걸리는 문제도 짧은 시간에 풀 수 있는 꿈의 계산기입니다. 자세한 작동 원리를 설명하기 전에 양자 컴퓨터의 개요를 살펴보겠습니다.

01 양자 컴퓨터의 영향

이번 레슨의 포인트

양자 컴퓨터는 이제 막 실용화/상용화되고 있는 '꿈의 계산기' 입니다. 첫 레슨에서는 기존 컴퓨터와 비교해서 양자 컴퓨터가 무엇이 어떻게 더 뛰어난지 빠르게 한번 살펴보겠습니다.

양자 컴퓨터의 등장

양자 컴퓨터는 AI(Artificial Intelligence, 인공지능) 등과 함께 꿈의 기술로 거론되는 일이 많습니다. 슈퍼컴퓨터보다 빠른 속도로 계산할 수 있다고 하는 양자 컴퓨터는, 연구개발이나 실용화를 향한 노력이 이제 막 민간 부문과 공공 부문의 벽을 넘어 이루어지고 있는 최첨단 분야입니다.

도표 01-1에 나와 있듯이 양자 컴퓨터가 처음 고안된 것은 1980년대입니다. 그것이 지금에 와서 화제가 되는 이유는 드디어 실용화의 조짐이 보이기 시작했기 때문입니다. 캐나다의 D-Wave Systems가 개발한 D-Wave, 미국의 IBM이 개발한 IBM Q 등이 실용화된 양자 컴퓨터의 대표적인 사례입니다.

양자 컴퓨터 연표 도표 01-1

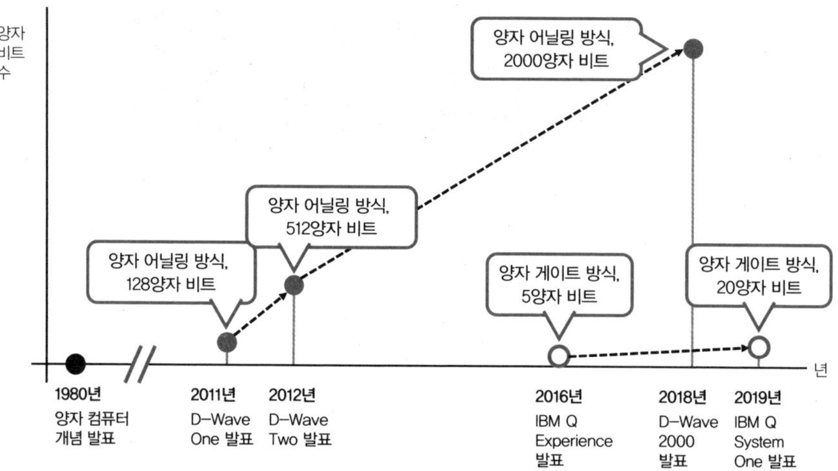

양자 컴퓨터 고속성의 비밀

앞에서 개략적으로 슈퍼컴퓨터보다도 빠르다고 설명했습니다. 조금 더 구체적으로 말하자면, 현재의 컴퓨터(양자 컴퓨터와 구별하기 위해 편의상 '기존'이라고 칭하겠습니다.)로 수백에서 수천 년이 걸릴 만한 계산을 양자 컴퓨터로는 현실적으로 의미 있는 짧은 시간 안에 풀 수 있다고 합니다. 어떻게 그런 일이 가능할까요?

기존 컴퓨터는 동일한 시간에 실행할 수 있는 계산 횟수를 증가시켜 고속화를 달성할 수 있습니다. 계산 횟수는 지금까지 매년 증가해 왔으나, 이제는 이론상의 한계에 다다랐다고 여겨지고 있습니다.

양자 컴퓨터는 내부에서 대량의 데이터를 서로 중첩된 상태로 만들어, 계산을 단 한 번에 수행합니다. 그리고 그렇게 단번에 계산한 후 범위를 좁혀 나가며 답을 얻습니다. 다음 레슨에서 자세히 설명하겠지만 먼저 짧게 이야기하자면, 양자 컴퓨터는 기존 컴퓨터와는 다른 원리에 기초하고 있어서 기존 컴퓨터의 한계를 넘어설 수 있습니다. 도표 01-2

계산 방식의 차이 도표 01-2

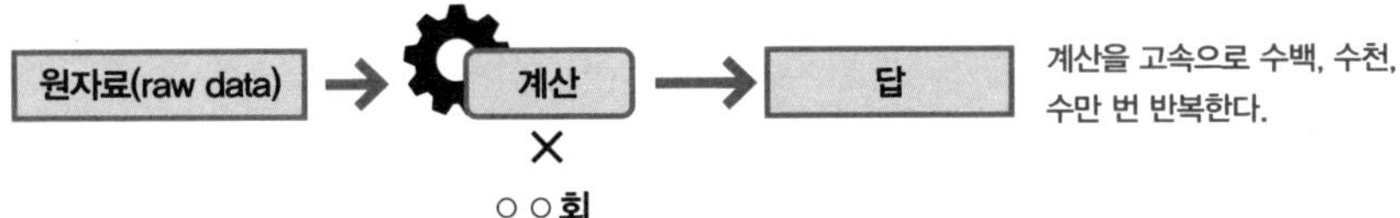

계산을 고속으로 수백, 수천, 수만 번 반복한다.

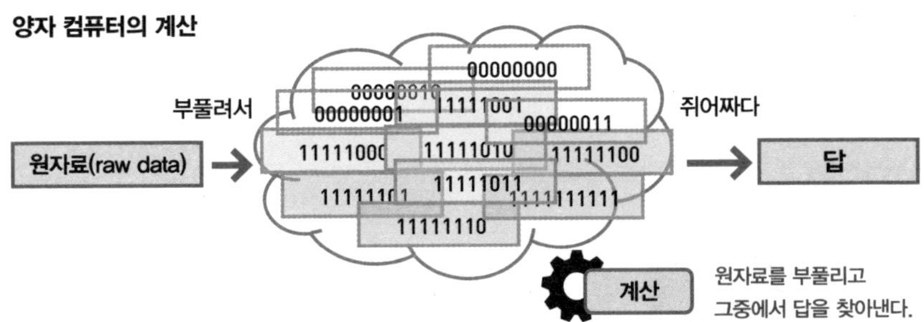

원자료(raw data)

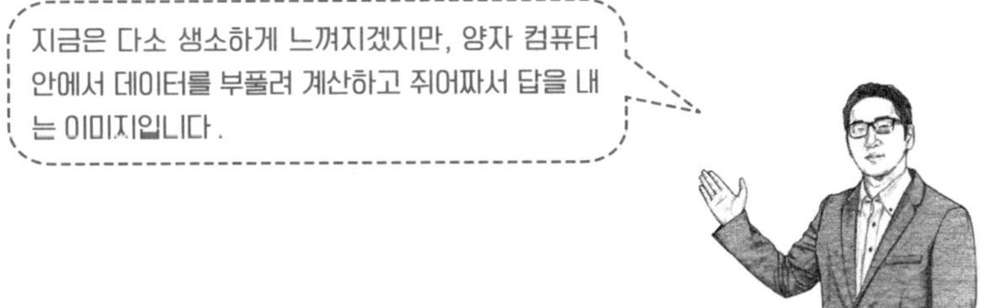

원자료(raw data)

원자료를 부풀리고
그중에서 답을 찾아낸다.

지금은 다소 생소하게 느껴지겠지만, 양자 컴퓨터 안에서 데이터를 부풀려 계산하고 쥐어짜서 답을 내는 이미지입니다.

02 기존 컴퓨터의 한계

양자 컴퓨터 진화의 이면에는 기존 컴퓨터의 한계, 그리고 양자 정보과학 분야에서의 기술 혁신이 있습니다. 이 두 가지 관점에서 양자 컴퓨터의 원리를 들여다 봅니다.

이번 레슨의 포인트

DATA IS NEW OIL (데이터는 새로운 석유) - 높아지는 데이터 수요

산업 구조가 제조형에서 서비스형으로 바뀌고 있는 오늘날, 큰 데이터를 실시간으로 처리하고자 하는 수요가 점점 늘어나고 있습니다. 노동집약형 산업 구조에서는 훨씬 더 효율적이고 생산성이 높은 서비스와 기술에 대한 수요가 커지기 마련입니다.

DATA IS NEW OIL(데이터는 새로운 석유)이라는 것은 마치 석유와 같이 데이터를 고순도로 정제해 이익을 창출한다는 개념입니다. 도표 02-1 최근 정보화 사회의 발전은 그 진전과 동시에 쓸모없는 데이터를 많이 양산하고 있어, 그중 유익한 것을 추출하는 데 드는 수고가 간과할 수 없을 정도로 큰 부담이 되고 있습니다. 또한 데이터 사회를 지배하는 사람이 비즈니스를 지배하게 되면서 이러한 정보의 파도 속에서 어떻게 유용한 정보를 모을 것인지가 현재의 커다란 기술적인 과제가 되고 있습니다.

DATA IS NEW OIL 의 개념 도표 02-1

원유를 정제해 연료나 원료를 만들어 내는 것처럼 대량의 데이터로부터 유익한 내용을 추출하는 기술이 앞으로의 비즈니스를 좌우할 것이라 알려져 있다.

기존 컴퓨터의 한계

데이터의 수요가 계속 증가하는 반면, 우리가 지금 사용하고 있는 컴퓨터는 성능의 한계에 다다르고 있습니다. 기존 컴퓨터는 실리콘 칩(반도체)에 집적시킨 트랜지스터 회로로 정보를 처리하기 때문에 정보량이 많아질수록 각각의 칩에 집적된 회로의 밀도를 높여야 합니다. 그렇기에 '마이크로칩'이나 그보다 작은 '나노칩'과 같은 극소화의 방향으로 반도체 집적 기술이 발달해 왔지만, 이제 더는 축소할 수 없는 지경에 이르렀습니다.

지금까지 반도체 산업을 이끌어 온 무어의 법칙도 종언을 맞이했다는 소리가 나오고 있습니다. 도표 02-2 한편, 사회의 IoT(Internet of Things, 사물인터넷) 확산에 수반하여 처리해야 할 정보량은 계속 늘어납니다. 이처럼 기존 컴퓨터가 한계에 도달하고 정보량이 급증하는 상황에서 양자 컴퓨터는 더욱 주목받게 되었습니다.

무어의 법칙 도표 02-2

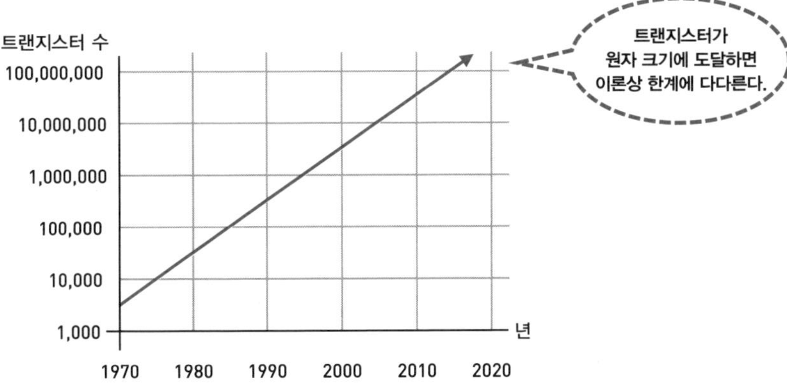

인텔 창업자 중 한 명인 고든 무어는 1965년에 '집적회로상의 트랜지스터 수가 18개월마다 2배가 된다'고 예측하였으나, 그로부터 50여 년이 지난 오늘날에는 극소화의 한계에 다다르고 있다.

기존 컴퓨터를 병렬로 많이 연결하여 처리 속도를 높이는 방식은 소비전력 증대라는 문제와 직면할 수 밖에 없습니다.

03 양자 컴퓨터의 토대가 되는 양자란 무엇인가?

물질을 원자 수준으로 쪼개면 양자의 세계에 돌입하게 됩니다. 양자 컴퓨터는 양자의 세계에서 일어나는 '입자와 파동의 이중성'이나 '중첩' 등과 같은 물리 현상을 이용해 계산합니다.

이번 레슨의 포인트

눈에 보이지 않는 아주 작은 세계

자세한 것은 챕터 2에서 설명하겠지만 양자는 '에너지의 최소 단위' 등으로 일컬어지는, 눈에 보이지 않을 정도로 작은 물질입니다. 예를 들어 물 한 방울을 반으로 나누고, 다시 반으로 나누고, 그것을 또다시 반으로 나누는 행위를 자꾸 반복하다 보면 언젠가는 반으로 나눌 수 없는 크기의 물이 될 것입니다. 이것이 '분자'입니다. 분자라는 것은 그 자체의 성질을 잃지 않는 최소 단위를 말합니다.

그리고 분자를 구성하는 것이 '원자'입니다. 여기까지 오면 더 이상 물이 아닙니다. 원자는 '전자', '중성자', '양성자'로 구성되어 있는데, 원자와 원자를 구성하는 극소의 물질을 통틀어 '양자'라고 합니다. 양자의 세계는 우리의 눈에 보이는 세계와는 다른 물리법칙에 따라 움직이고 있습니다. 도표 03-1

양자의 세계 도표 03-1

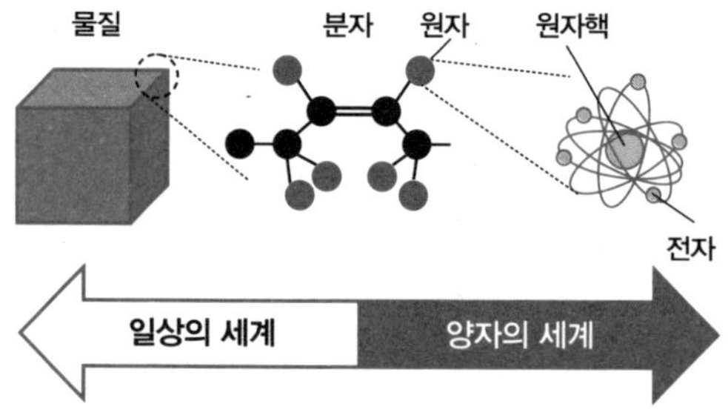

우리 눈에 보이는 물질은 분자나 양자 등 눈에 보이지 않는 극소의 물질로 이루어져 있다.

세상에는 성질이 다른 여러 물질이 존재하는데, 그 차이는 원자의 구성이 달라서 생겨나는 것입니다.

양자의 성질을 연산에 이용한다

양자에는 몇 가지 신기한 성질이 있습니다. 가령 우리 눈에 보이는 세계에서는 '0이기도 하고 1이기도 한' 상황이 성립되지 않지만 양자의 세계에서는 성립됩니다. 이것을 양자의 '중첩'이라고 합니다.

중첩에 의해 도표 03-2와 같이 하나의 양자로 2가지 상태를 동시에 나타낼 수 있고, 양자 2개로 4가지 상태, 양자 4개로 16가지 상태를 한 번에 나타낼 수 있는 것입니다. 중첩에 대해서는 레슨 28에서 자세하게 설명하겠습니다.

중첩에 의해 정보량이 늘어난다 도표 03-2

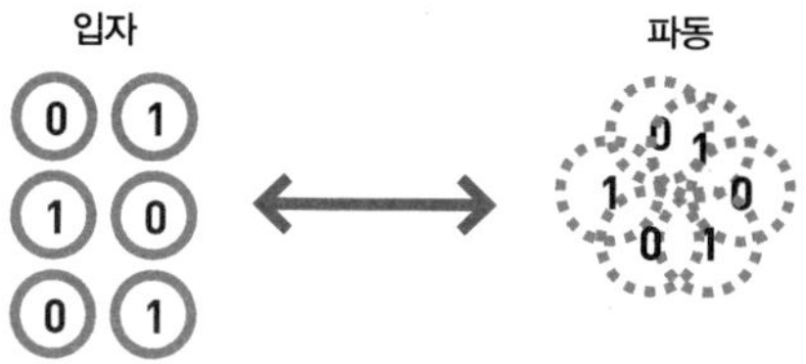

양자가 가진 파동의 성질로 '0이기도 하고 1이기도 한' 중첩 상태가 된다.

양자 컴퓨터의 답은 확률적인 것이다

기존 컴퓨터에 같은 데이터를 입력하고 동일한 방식으로 계산하면 반드시 같은 답이 나옵니다. 이와 달리 양자 컴퓨터의 답은 계산할 때마다 바뀝니다. 겹쳐진 애매한 상태를 지나 관측할 수 있는 확실한 상태가 될 때 결과가 변동하는 것입니다.

언뜻 엉터리처럼 느껴지겠지만 완전히 엉터리는 아닙니다. 도표 03-3과 같이 '약 50%의 확률로 0 또는 3이 나온다.', '1 또는 2가 나올 확률은 0%이기에 1이나 2는 절대 나오지 않는다.'라는 명확한 경향이 있습니다. 이처럼 확률적인 답이 나오는 것도 양자 컴퓨터의 특징 중 하나입니다.

양자 컴퓨터가 내는 답 도표 03-3

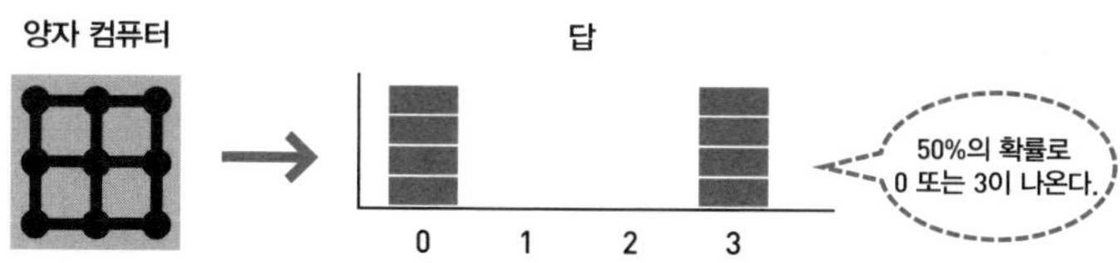

겹쳐진 상태로 계산하면 확률적으로 답을 구할 수 있다.

04 양자 컴퓨터의 종류

이번 레슨의 포인트

양자 컴퓨터는 크게 '양자 게이트형'과 '양자 어닐링형'으로 나뉩니다. 둘은 서로 완전히 다른 특성을 가집니다. 이번 레슨에서는 이 두 가지 형(type)의 양자 구조 차이와 특징을 확인합니다.

양자 컴퓨터의 2가지 방식

양자 컴퓨터는 근본적으로 지향하는 방향성의 차이에 따라 2가지로 구분됩니다. 도표 04-1에 나온 것처럼 하나는 양자 게이트형, 다른 하나는 양자 어닐링형입니다.

레슨 1의 연표에서 D–Wave와 IBM Q라는 양자 컴퓨터를 소개했는데 IBM Q는 양자 게이트형, D–Wave는 양자 어닐링형입니다.

양자 게이트형은 미국이나 중국 등의 IT 대기업 중심으로, 양자 어닐링형은 캐나다의 벤처기업이나 일본의 제조 대기업 중심으로 개발이 진행되고 있습니다.

양자 게이트형과 양자 어닐링형 도표 04-1

양자 컴퓨터
'양자역학'의 원리를 응용하여 계산하는 컴퓨터

양자 게이트형	양자 어닐링형
– 양자 게이트를 이용하여 계산	– 특정 알고리즘을 위하여 만들어짐
– 미국이나 중국의 IT 기업 중심	– 일본이나 캐나다 중심
– IBM Q 등	– D-Wave 등

양자 컴퓨터는 전자나 광자 중 어떤 것을 양자로 사용하는지, 또는 이용하는 소재가 무엇인지 등 여러 가지 기준으로 나뉠 수 있지만, 그중에서 가장 큰 차이는 '양자 게이트형과 양자 어닐링형 중 어느 것에 속하는지'이다.

양자 게이트형이란?

양자 게이트형은 '범용형 양자 컴퓨터'라고도 불립니다. 양자 게이트를 조합해서 만드는 일종의 프로그램인 양자 회로를 실행한 후 알고리즘(해법)을 이용해 다양한 문제를 풀 수 있습니다. 도표 04-2

하드웨어적으로는 실리콘상의 양자 비트를 초전도를 통해 양자 상태로 만들어 계산하는 '초전도 양자 비트' 방식이 주를 이룹니다. 이 책의 챕터 3, 4에서 이러한 양자 게이트형에 대해 설명하겠습니다.

양자 게이트형의 구조 도표 04-2

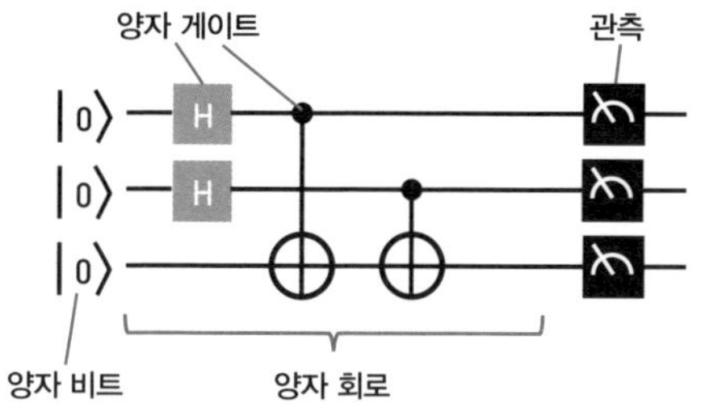

양자 게이트를 나란히 두고 양자 회로라고 불리는 프로그램을 만들어 문제를 푼다.

다양한 알고리즘을 실행할 수 있다는 점에서 '범용형'이라고도 부릅니다.

양자 어닐링형이란?

양자 어닐링형은 '조합 최적화 문제'에 특화된 양자 컴퓨터입니다. 양자 어닐링(풀림)이라고 하는 알고리즘에 기초를 두고 있습니다. 도표 04-3

양자 게이트형과 마찬가지로 초전도 양자 비트 방식이 주류이지만 현재는 기존 컴퓨터로 초전도 양자 비트를 시뮬레이션하여 계산하는 등 새로운 방법도 늘어나는 추세입니다. 양자 어닐링형에 대해서는 챕터 7에서 설명합니다.

양자 어닐링형의 구조 도표 04-3

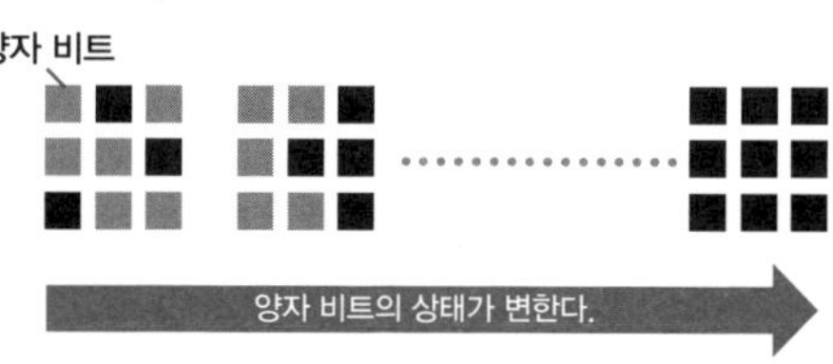

양자 비트
양자 비트의 상태가 변한다.

풀고 싶은 문제에 맞게 초기 설정을 하고 나서 양자 비트의 상태가 확정될 때가지 기다린다.

05 과제를 통해 알아보는 양자 컴퓨터

이번 레슨의 포인트

양자 컴퓨터는 많은 기업이 비즈니스의 기회로서 치열하게 경쟁하고 있는 분야입니다. 바꿔 말하면 그만큼 해결해야 하는 과제가 많다는 뜻이기도 합니다. 여기서는 양자 컴퓨터의 활약이 요구되는 과제를 소개하겠습니다.

'문제 해결'로 창출하는 비즈니스 기회

양자 컴퓨터에 가장 기대되는 것은 지금까지 풀지 못했던 문제를 해결하는 것입니다. 도표 05-1과 같이 기존 컴퓨터로는 계산하는 데 시간이 너무 오래 걸려 실용성이 떨어지는 문제를 양자 컴퓨터의 새로운 원리를 이용해 현실적인 시간 내에 풀자고 하는 것입니다.

우리 주변에는 의외로 현실적인 시간 내에 풀리지 않아서 포기해 버린 문제가 많습니다. 그런 문제들을 발굴하고 해결하면 새로운 사업 기회가 열릴 것입니다.

양자 컴퓨터에 요구되고 있는 주요한 문제 도표 05-1

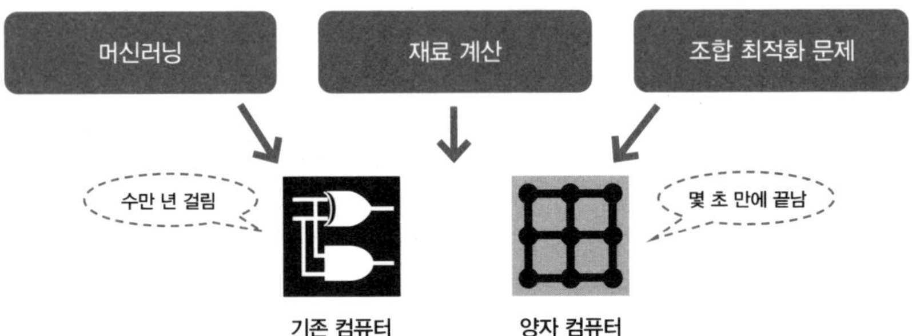

이러한 문제들이 기존 컴퓨터로 전혀 풀리지 않는 것은 아니지만 복잡성이 증가함에 따라 한계에 도달할 것으로 예상된다.

양자 시뮬레이션으로 재료 계산

재료 계산이란 어떤 재료를 만들기 위한 계산으로, 원자를 구성하는 전자의 상태까지 계산하여 안정된 물질을 찾습니다. 이러한 계산 방법을 '제1원리 계산'이라고 부르고, 기존 컴퓨터로 계산하면 연 단위의 시간이 걸리는 경우도 있습니다.

원자나 전자는 양자이며, 양자성(양자로서의 성질)을 가집니다. 양자성을 이용한 양자 컴퓨터로 제1원리 계산을 하면 기존 컴퓨터보다 훨씬 더 빠른 속도로 계산할 수 있습니다. 도표 05-2 새로운 효과를 가진 의약품, 크기가 작으면서도 대용량을 지닌 배터리, 견고하고 오래가는 건축 재료, 단백질이나 아미노산 등 신재료가 요구되는 상황은 무수하게 많습니다. 양자 컴퓨터로 그러한 것들을 단기간에 개발할 수 있게 되면 사회에 큰 영향을 줄 것입니다.

양자 시뮬레이션 도표 05-2

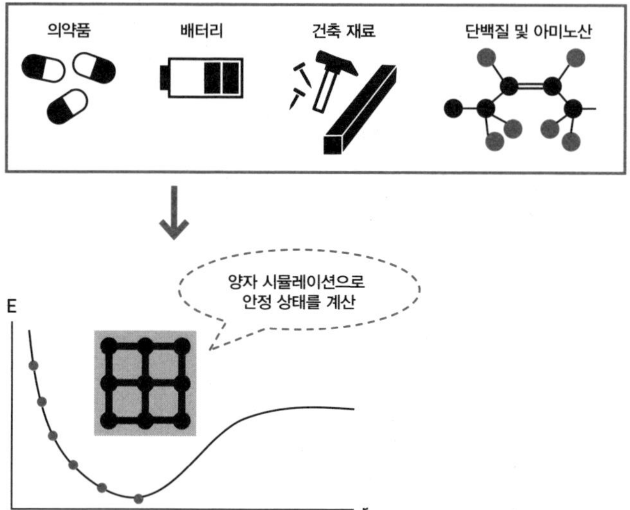

다양한 신재료의 분자 구조가 안정되는 상태를 계산한다.

양자 컴퓨터니까 양자 계산을 잘한다는 것은 말장난 같지만 사실입니다.

양자 머신러닝의 새로운 가능성

최근 몇 년간 머신러닝(Machine Learnings, 기계학습)이나 딥러닝(Deep Learnings, 심층학습)이라고 불리는 기술을 이용한 AI가 화제를 모으고 있습니다. 사람이 하나하나 지시하지 않고도 자동적인 학습을 통해 인식률을 높이는 기술입니다. 카메라 영상에서 얼굴이나 인물을 판별하거나, 장애물을 인식해 자동차가 자율주행할 수 있도록 하는 등 그 활용 범위가 크게 확대되고 있습니다.

머신러닝에는 방대한 양의 데이터와 계산이 필요하기에 효율적인 처리 방법이 계속해서 연구되고 있습니다. 그중 하나가 양자 컴퓨터를 이용한 양자 머신러닝입니다. 양자 컴퓨터는 적은 수의 양자 비트(양자 컴퓨터가 취급하는 데이터의 최소 단위)로 방대한 데이터를 나타내고, 대량의 데이터에 대한 계산을 짧은 시간 내에 수행할 수 있습니다. 도표 05-3 양자 컴퓨터의 이러한 특성을 머신러닝에 활용하여 큰 폭으로 고속화를 실현할 수 있지 않을까 기대되고 있습니다.

양자 머신러닝 도표 05-3

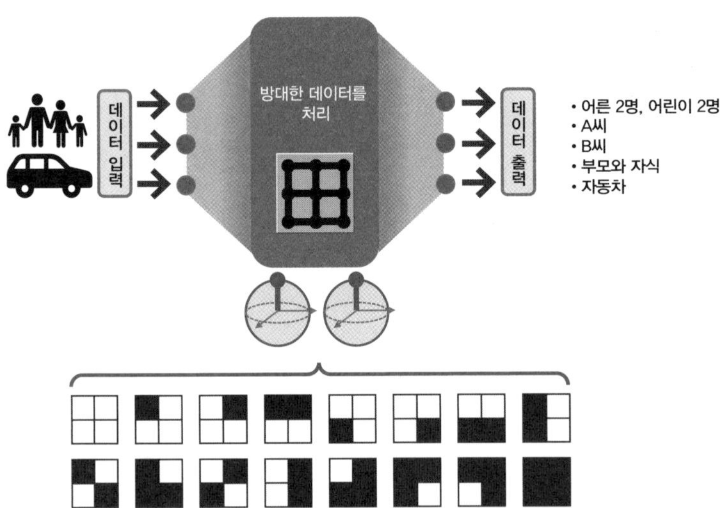

양자 컴퓨터를 사용하면 적은 수의 양자 비트로 많은 패턴을 나타내고 계산량을 감소시킬 수 있다.

이미지 인식 연구 분야에서 2양자 비트만으로도 16가지 패턴을 나타낼 수 있다는 성과가 발표되었습니다.

사회 문제를 양자 컴퓨터로 풀다

기존 컴퓨터로 풀 수 있는 문제라 하더라도 양자 컴퓨터로 더욱 빠르게 풀 수 있게 됨으로써 새로운 진전이 기대되고 있습니다.

예전에는 자동차나 컴퓨터의 가격이 무척 비쌌고 작동법을 배우는 데에도 오랜 시간이 걸렸습니다. 자동차나 컴퓨터보다는 익숙한 마차나 손 계산을 사용하는 게 더 효율적이라 여겨지던 시절도 있었지만, 누구나 낮은 비용으로 컴퓨터를 쉽게 이용할 수 있게 되면서 사회는 크게 변화했습니다. 양자 컴퓨터로 '문제를 빠르게 풀 수 있게 된다'는 사실도 마찬가지로 사회에 큰 영향을 미치게 될 것입니다.

경로 탐색이나 업무 일정 관리, 혼잡 해소와 같은 사회 문제는 주로 '조합 최적화 문제'라고 불립니다. 너무 복잡하지 않은 문제는 기존 컴퓨터로도 풀 수 있습니다. 그것을 양자 컴퓨터로 풀 때 기존 컴퓨터를 능가하는 계산속도나 편리성을 보이는지를 다각적으로 평가할 필요가 있습니다.

기존 컴퓨터는 이론상의 한계가 보이는 수준까지 성능이 향상되고 있으므로, 간단한 문제로는 양자 컴퓨터의 탁월함을 확인하기 어렵습니다.

양자 컴퓨터가 가져올 새로운 과제

지금까지 양자 컴퓨터에 의해 사회의 과제가 해결되는 예를 살펴보았는데, 반대로 양자 컴퓨터의 등장으로 새로운 과제가 생겨날 수도 있습니다. 그중 한 가지가 바로 기존의 보안용 암호들이 풀려버릴 수도 있다는 것입니다.

현재 컴퓨터의 보안에 사용되는 암호는 현실적인 시간 내에 풀 수 없음을 전제로 성립되었습니다. 이것이 양자 컴퓨터에 의해 간단히 풀리게 되는 시대가 오면 현재의 보안 시스템은 붕괴될 것입니다.

이미 양자 컴퓨터로도 간단히 풀리지 않는 암호 체계에 대한 연구가 진행되고 있지만, 양자 컴퓨터로 암호가 해독되어 버리는 문제는 앞으로 계속 일어날지도 모릅니다.

Lesson **[양자 컴퓨터의 활용]**

06 양자 컴퓨터의 활약이 기대되는 분야

레슨 5에서 양자 컴퓨터가 해결하게 될 문제를 소개했습니다. 이번 레슨에서는 구체적인 비즈니스 분야별로 양자 컴퓨터에 어떤 활약이 기대되는지를 살펴보겠습니다.

이번 레슨의 포인트

금융 분야

금융 분야에는 도표 06-1에 열거된 과제들이 있는데, 그중에서도 포트폴리오 최적화 문제와 같이 여러 주식의 최적 조합을 골라내는 문제가 유명합니다. 또한, 금융 리스크 시뮬레이션에서 적은 계산량으로 고정밀 리스크 계산을 수행하여 계산량을 대폭 줄이고자 하는 문제도 있습니다. 아울러 금융 분야에서는 양자 컴퓨터에 의한 암호해독에 대비하는 시큐리티(보안)가 장차 중요한 분야로 떠오를 것으로 보입니다.

금융 분야에서의 기대 도표 06-1

해결할 문제	설명
포트폴리오 최적화	여러 주식 중에서 최적 조합을 선택
금융 리스크 시뮬레이션	적은 계산량으로 고정밀 리스크 계산을 수행
시큐리티 (보안) 문제	양자 텔레포테이션을 이용해 이론상 도청 불가능한 통신 실현

최적 조합을 구하는 문제 및 시큐리티 문제에서의 활용이 기대되고 있다.

이렇게 살펴보니 우리 생활과 관련된 많은 부문에서 양자 컴퓨터가 활용되고 있음을 알 수 있네요.

모빌리티 분야

모빌리티 분야에서 중요한 문제는 도표 06-2에 나와 있는 것과 같습니다. 대용량의 교통 데이터를 어떤 방식으로 최적화해 장래의 교통 문제나 MaaS(Mobility as a Service, 통합 교통 서비스)로 불리는 서비스에 적용할 수 있을지가 관건입니다.

그리고 재료 기반 연구로서 미래의 고성능 배터리 개발에 재료 계산을 응용하고자 하는 수요도 있습니다.

모빌리티 분야에서의 기대 도표 06-2

해결할 문제	설명
교통 최적화	교통정체 등의 교통 문제 해결
MaaS	카셰어링(Car Sharing) 등으로 이동 수단을 서비스화
배터리 개발	전기차를 위한 고성능 배터리 개발

최적화 및 재료 개발 분야에서 양자 컴퓨터의 활용이 기대되고 있다.

IT 및 네트워크 분야

IT 및 네트워크 분야에서는 지금까지 기존 컴퓨터로 처리해 왔던 추천 또는 분석 시스템 등을 생각해볼 수 있습니다. 조합 최적화를 응용한 문제나 머신러닝을 응용한 데이터마이닝 등에 활용 가능할 것으로 예상됩니다. 도표 06-3

IT 및 네트워크 분야의 기대 도표 06-3

해결할 문제	설명
추천	상품 구매 경향이나 검색 결과 등을 바탕으로 추천 정보를 제안
데이터마이닝	대량의 데이터를 분석하여 경향 및 미래 예측과 같은 유익한 정보를 제시

최적화(추천) 및 머신러닝에 의한 데이터 분석 등에 양자 컴퓨터의 활용이 기대되고 있다.

챕터 5에서 양자 컴퓨터 활용 사례를 더욱 자세하게 소개하겠습니다.

07 양자 컴퓨터를 도입하려면

많은 양자 컴퓨터가 클라우드를 경유해 이용할 수 있는 형태로 제공되면서 진입장벽이 큰 폭으로 낮아지고 있습니다. 자세한 것은 챕터 7에서 설명하겠지만, 이번 레슨에서는 양자 컴퓨터 도입에 필요한 것들에 관한 개요를 파악해 보겠습니다.

이번 레슨의 포인트

양자 컴퓨터의 진입장벽은 낮아지고 있다

실제로 양자 컴퓨터를 배우거나 비즈니스에 활용하고자 하는 수요가 늘고 있지만 어디서부터 시작해야 좋을지 몰라 주저하는 경우가 많습니다.

양자 컴퓨터 하드웨어는 거대한 냉각장치와 노이즈를 차폐하는 실드 패널 등으로 구성되어 있어 일반 가정이나 사무실에 설치하기는 어렵습니다. 하지만 현재 양자 컴퓨터 도입 진입장벽이 대폭 낮아지고 있습니다. 양자 컴퓨터가 클라우드, 즉 인터넷을 경유하여 이용 가능한 형태로 제공되고 있기 때문입니다. 도표 07-1

양자 컴퓨터 사용자가 양자 컴퓨터를 운용 중인 사업자의 프론트엔드 서버에 접속하여 양자 컴퓨터로 문제를 보내면 계산 완료 후 답이 회신됩니다. 즉, 사용자는 인터넷에 접속할 수 있는 일반적인 컴퓨터만 가지고 있으면 됩니다.

클라우드로 제공되는 양자 컴퓨터 도표 07-1

자사에 양자 컴퓨터 하드웨어를 도입하지 않더라도 클라우드를 경유하여 양자 컴퓨터를 이용할 수 있다.

준비할 소프트웨어

기존 컴퓨터에는 Excel과 같은 애플리케이션이 많이 있지만 양자 컴퓨터는 그렇지 않습니다. 아직까지 양자 컴퓨터는 프로그램을 직접 작성하여 움직이도록 하는 것이 일반적이기 때문에 양자 컴퓨터를 도입하기 위해서는 프로그래밍을 배워야 합니다.

양자 컴퓨터 개발 기업들은 양자 컴퓨터용 프로그램을 작성할 수 있도록 돕는 SDK(Software Development Kit, 소프트웨어 개발 키트)를 배포하고 있습니다. SDK는 Python(파이썬) 등의 프로그래밍 언어와 조합하여 이용합니다. 마이크로소프트사의 Q#(큐샤프)와 같이 전용 언어가 제공되는 경우도 있습니다.

지금은 간단한 계산을 할 때도 프로그램을 직접 작성해서 수행해야 하지만 언젠가는 누구나 사용 가능한 양자 컴퓨터용 애플리케이션이 등장할 것입니다.

학습 및 개발 단계

양자 컴퓨터 프로그램은 기존 컴퓨터의 프로그램과는 다른 부분이 많기 때문에 기존에 프로그래밍 경험이 있다고 해도 새롭게 공부해야 할 것입니다.

기본적으로는 일반적인 프로그래밍 학습과 마찬가지로 '우선 교재를 입수하고, 교재를 따라 SDK로 실제 양자 컴퓨터를 움직여 보면서 배워 나가는' 순서로 학습합니다.

다만, 새로운 개념이 많아 초기 단계에서 좌절하는 일도 적지 않을 것입니다. 그럴 때는 외부업자의 컨설팅에 따른 강의, 양자 컴퓨터에 관한 학원 강의, 그리고 무료 스터디 모임 등을 잘 활용하여 헤쳐나가길 바랍니다.

챕터 6에서 Blueqat과 Python을 이용한 양자 프로그래밍을 소개합니다. 시험 삼아 실습해 보기 바랍니다.

08 성장전략으로서의 양자 컴퓨터

이번 레슨의 포인트

양자 컴퓨터로 성과를 내는 것이 아직은 먼 미래의 이야기라고 해도 양자 컴퓨터 연구개발을 수행하는 것 자체가 기업의 성장 전략에 긍정적인 효과를 가져옵니다. 채용전략이나 자사의 IT 기술 향상, 중장기 사업계획의 축으로 삼는 것 등 여러 가지 이익을 기대할 수 있습니다.

최신 기술을 접할 수 있는 좋은 수행이 된다

양자 컴퓨터는 기존 컴퓨터의 연장선에 놓여 있으며, 향후 컴퓨터의 발전을 좌우하는 기술입니다. 양자 컴퓨터와 관련된 현장에는 항상 다양한 분야의 최신 기술이 도입되고 있습니다. 그러므로 양자 컴퓨터를 접하는 것은 양자 컴퓨터만이 아니라 다른 분야의 기술 동향까지 파악할 수 있는 좋은 기회입니다. 이처럼 최신 기술을 접할 수 있는 기회가 늘어나게 되면 필연적으로 사내 기술자의 스킬이 향상됩니다. 도표 08-1

양자 컴퓨터가 최신 기술을 불러온다 도표 08-1

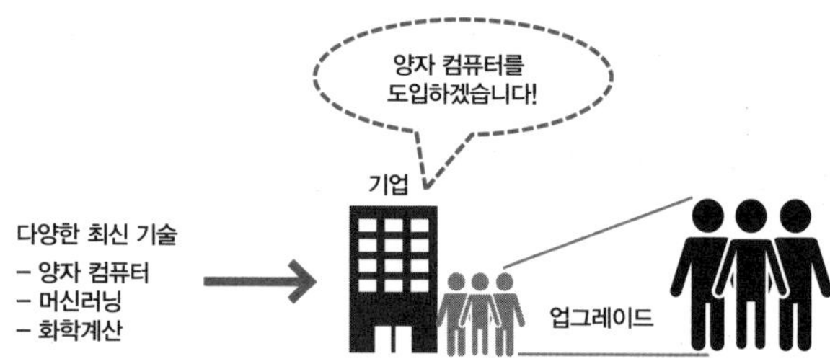

양자 컴퓨터 도입을 추진하는 것 자체만으로도 기업이나 사내 기술자들에게 탁월하게 좋은 기회를 제공할 수 있다.

채용전략으로서의 양자 컴퓨터

기업이 채용 활동의 일환으로 양자 컴퓨터를 취급하는 사례도 점점 늘고 있습니다. 양자 컴퓨터는 호기심을 자극하기 때문에 양자 컴퓨터를 취급하고 있는 기업에는 많은 지원자가 모입니다. 도표 08-2 기본적으로 양자 컴퓨터는 높은 수준의 기술이 요구되기 때문에 지원자들에게 그 기업의 기술 수준을 보이는 지표로서도 이용됩니다.

한편, 취직희망자 관점에서의 이점도 있습니다. 현재 양자 컴퓨터에 관한 대량의 자료와 기술리포트가 공개되어 있어, 누구나 그러한 정보를 토대로 양자 컴퓨터를 독학할 수 있습니다. 이직을 위해 양자 컴퓨터를 공부하여 기술 역량을 강화하는 데 목적을 두어도 좋을 것입니다.

양자 컴퓨터가 인재를 모으다 도표 08-2

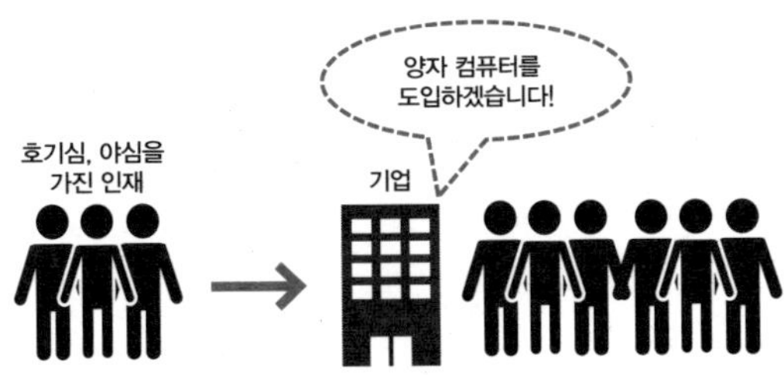
양자 컴퓨터를
도입하겠습니다!
호기심, 야심을
가진 인재
기업

양자 컴퓨터는 현재 주목받고 있는 테크놀로지 중 하나이기 때문에 이에 흥미를 가진 인재들이 늘고 있다.

인재가 기업을 성장시키고
기업 성장이 인재를 부르는
선순환의 계기가 될 것으로
기대됩니다.

사업전략으로서의 양자 컴퓨터

최근 양자 컴퓨터에서는 양자 어닐링형 활용 사례가 눈에 띄지만, 미래에는 다양한 알고리즘에 따라 폭넓게 활용 가능한 양자 게이트형이 주류가 될 것으로 예상됩니다. 이렇게 용도와 발전 상황을 확실히 이해하고 있다면 양자 컴퓨터를 단기 및 중장기 사업전략으로 통합할 수 있을 것입니다. 기존의 머신러닝 및 딥러닝 등 인공지능 분야의 최신 주제와 연계한다면 자사의 사업전략을 어렵지 않게 세울 수 있습니다.

양자 컴퓨터 도입부터 사업화까지 도표 08-3

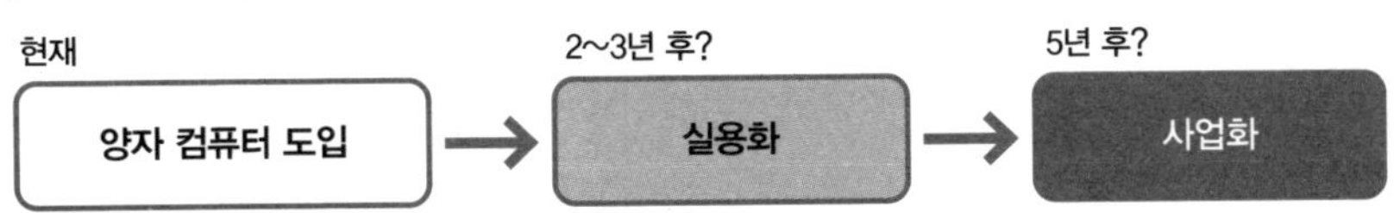
현재
양자 컴퓨터 도입
2~3년 후?
실용화
5년 후?
사업화

단기 및 중장기로 구분하여 전략을 세운다.

칼럼

양자 컴퓨터에 수학이 필요할까요?

결론부터 말하자면, 필요합니다.

단지 양자 컴퓨터 개념 파악만이 목표라면 불필요할지 모르나, 양자 컴퓨터의 활약이 기대되고 있는 분야는 머신러닝이나 양자 시뮬레이션이라는 분야입니다. 이들 분야 자체가 수학적 지식이 필수적인 분야이기 때문에 양자 컴퓨터를 본격적으로 다루고자 하면 수학을 피해 갈 수 없습니다. 도표 08-4

양자 컴퓨터 자체의 구동 원리에 필요한 최소한의 수학적 지식은 행렬 연산에 대한 것이지만 응용 분야에 따라 미적분이나 통계학적 지식까지 필요할 수 있습니다. 하지만 앞서 말했듯 단순히 양자 컴퓨터를 이해하는 것에 수학적 지식은 불필요하고, 이 책에서도 수식은 거의 나오지 않으므로, 그 점에 대해서는 안심해도 좋습니다.

'Linear Algebra in Quantum Computing(양자 컴퓨팅에서의 선형대수)' 저자가 운영하는 회사의 블로그 게시물 도표 08-4

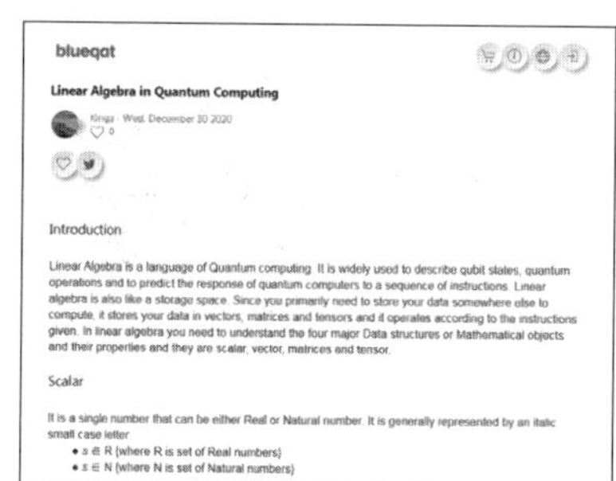

blueqat

Linear Algebra in Quantum Computing

Kinga · Wed, December 30 2020

Introduction

Linear Algebra is a language of Quantum computing. It is widely used to describe qubit states, quantum operations and to predict the response of quantum computers to a sequence of instructions. Linear algebra is also like a storage space. Since you primarily need to store your data somewhere else to compute, it stores your data in vectors, matrices and tensors and it operates according to the instructions given. In linear algebra you need to understand the four major Data structures or Mathematical objects and their properties and they are scalar, vector, matrices and tensor.

Scalar

It is a single number that can be either Real or Natural number. It is generally represented by an italic small case letter

- $s \in R$ (where R is set of Real numbers)
- $s \in N$ (where N is set of Natural numbers)

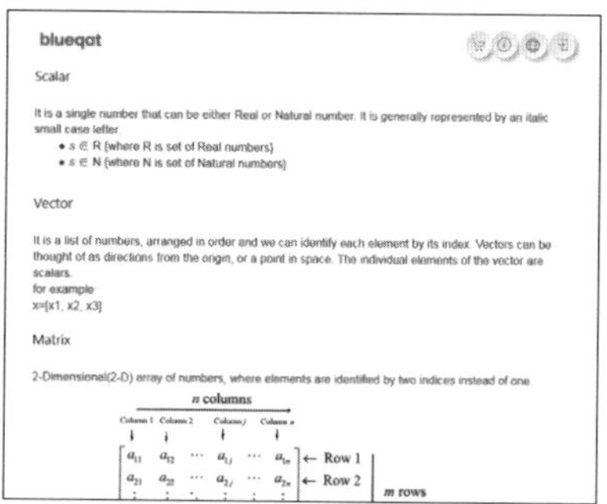

blueqat

Scalar

It is a single number that can be either Real or Natural number. It is generally represented by an italic small case letter

- $s \in R$ (where R is set of Real numbers)
- $s \in N$ (where N is set of Natural numbers)

Vector

It is a list of numbers, arranged in order and we can identify each element by its index. Vectors can be thought of as directions from the origin, or a point in space. The individual elements of the vector are scalars.
for example
x=[x1, x2, x3]

Matrix

2-Dimensional(2-D) array of numbers, where elements are identified by two indices instead of one

저자가 운영하는 회사의 블로그에서 양자 컴퓨터에 관한 수학적 지식을 정리해 놓은 자료를 볼 수 있습니다.
https://bit.ly/3iBDM6S

양자 컴퓨터를 도입하는 데 필요한 인재에 대해서는 챕터 8에서 설명하겠습니다.

Chapter 2

도대체 '양자'란 무엇인가?

양자의 세계에 적용되는 물리법칙을 '양자역학'이라고 부릅니다. 그리고 그것을 응용한 양자정보과학이 양자 컴퓨터의 기본 원리가 됩니다. 이번 챕터에서는 양자역학의 역사를 살펴보면서 양자란 무엇인지 설명하겠습니다.

09 양자의 성질에 대해 알아보자

이번 레슨의 포인트

양자란 우리가 사는 세상의 모든 물질을 구성하고 있는 아주 작은 단위입니다. 양자는 엄청나게 작아서 우리 눈에 보이는 물질과는 다르게 움직입니다. 우선 양자가 가진 성질을 이해해 보도록 합시다.

양자란 무엇인가?

'양자'란 전자와 광자 등 물리학에 등장하는 작은 단위의 물질들과 에너지 단위의 통칭입니다. 우리의 몸, 길가의 돌멩이, 식물 등 이 세상의 모든 물질은 작은 입자가 모여서 만들어진 것입니다. 그 입자의 정체는 원자나 전자, 양성자 같은 '양자'입니다. 도표 09-1

물질을 구성하는 단위 도표 09-1

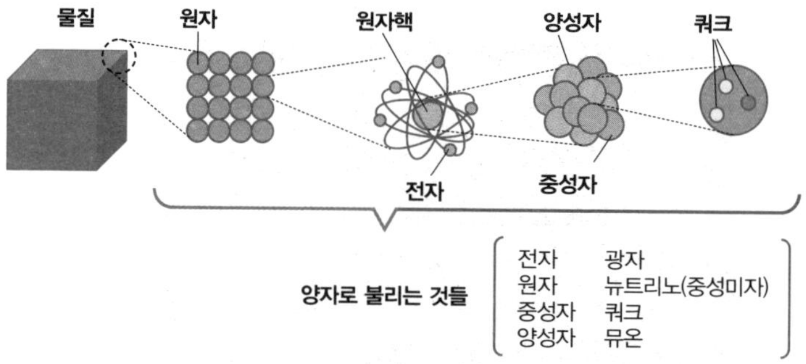

이들을 모두 '양자'라고 부른다. 양자는 한 종류만 가리키지 않고 극소의 물질과 에너지를 통칭한다.

입자와 파동의 성질을 모두 가지고 있다

'나노'라는 단어를 들어보셨나요? 나노는 10억 분의 1이라는 단위를 나타내는 말입니다. 양자는 나노미터로 표기됩니다. 즉 1미터의 10억 분의 1을 의미하는, 상상하기 어려울 정도로 작은 크기를 가지고 있어서 우리 눈에 보이는 세계와는 다른 물리법칙에 지배되고 있습니다. 이러한 양자의 성질 중 가장 특징적인 것이 '입자'와 '파동'의 성질을 모두 지니고 있다는 점입니다. 도표 09-2

도표 09-3 과 같이 '입자'는 물질로서의 성질을, '파동'은 상태로서의 성질을 나타냅니다. 양자는 '물질'과 '상태'의 성질을 함께 가지고 있어서 양자의 세계에는 우리 주변에서 볼 수 없는 무척 불가사의한 일이 벌어집니다.

양자의 세계에서는 물리법칙이 바뀐다 도표 09-2

우리 주변 세상의 물리법칙

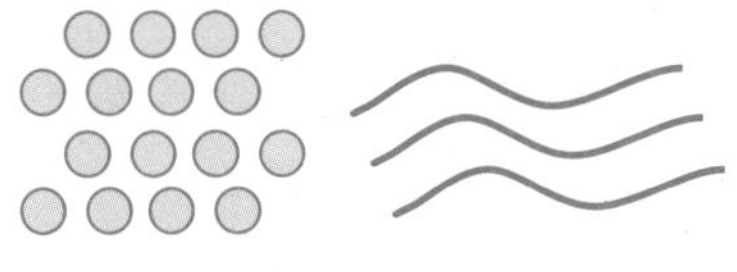

입자는 입자　　파동은 파동

양자 세계의 물리법칙

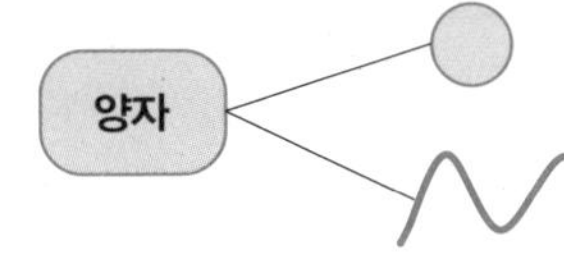

입자와 파동 양쪽 모두의 성질을 가진다.

입자와 파동의 성질 도표 09-3

입자의 성질

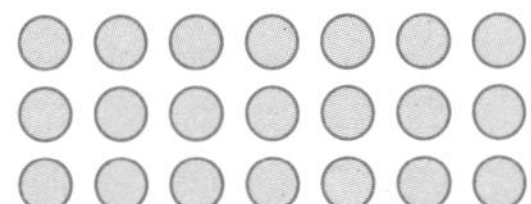

입자란 작은 알갱이 모양의 물체를 통칭한다. 입자의 성질은 한 장소에 존재한다는 것(국소성)이다.

파동의 성질

파동이란 같은 패턴이 공간에 전파되는 현상을 말한다. 파동 특유의 현상으로는 중첩의 원리, 정상파, 간섭 등이 있다.

양자가 지닌 입자와 파동의 이중성을 바로 납득하기 어려울 수도 있습니다. 하지만 다음 레슨에서 설명할 '이중 슬릿 실험'은 이러한 개념이 타당하다는 것을 실증하고 있습니다.

Lesson [입자와 파동의 성질]

양자의 성질을 검증하는 '이중 슬릿 실험'

양자가 지닌 입자와 파동의 이중성은 '이중 슬릿 실험'으로 검증할 수 있습니다. 예전에는 양자의 한 종류인 전자를 입자로서만 파악하고 있었지만, 이 실험으로 양자가 파동의 성질을 함께 가지고 있다는 것이 밝혀졌습니다.

이번 레슨의 포인트

이중 슬릿 실험이란?

이중 슬릿 실험이란 양자가 가진 입자와 파동의 이중성을 검증하는 실험입니다. 1961년 이후 여러 과학자에 의해 수차례 검증되었습니다. 도표 10-1과 같이 실험장치에서 전자를 발사해 전자가 진공 상태를 가로질러 반대편의 스크린에 도달하도록 합니다. 발사장치(전자총)와 스크린 사이에 슬릿을 2개 뚫어놓은 칸막이를 설치하고, 전자총에서 발사된 전자가 슬릿을 통과하여 스크린에 닿으면 어떻게 되는지 확인합니다.

이중 슬릿 실험의 내용 도표 10-1

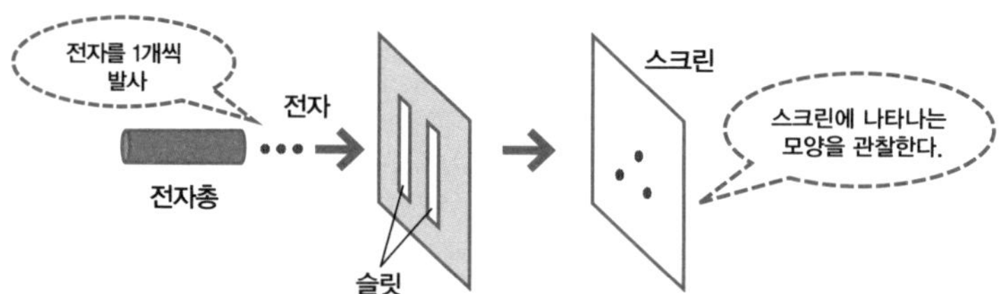

전자총으로 전자를 여러 번 발사한 후 전자가 중간에 있는 2개의 슬릿을 통과하고 나서 어떻게 되는지 관찰한다.

이 실험 이후로 입자와 파동의 이중성이 널리 알려지게 되었습니다.

실험으로 알게 된 것

전자는 하나씩 순서대로 발사됩니다. 그러면 전자가 스크린에 부딪히며 도표 10-3의 ①, ②와 같이 조금씩 자국을 남깁니다. 이것을 몇 번이고 계속 반복하면 어떻게 될까요? 직관적으로 예측한다면, 도표 10-2처럼 2개의 슬릿 모양과 같은 자국이 만들어지리라 생각할 수 있습니다. 가령 발사된 것이 쇠구슬이라면 발사장치와 슬릿을 연결한 직선상에 쇠구슬이 부딪칠 것입니다.

하지만 실제로는 도표 10-3의 ③과 같이 줄무늬가 나타났습니다. 이것은 파동이 서로 간섭하여 나타나는 간섭무늬와 같은 것으로, 전자가 파동의 성질을 가지고 있다는 것을 보여 줍니다.

한 발씩 발사할 때 알갱이와 같은 자국이 남는다는 점에서 '전자는 입자'라는 것을 알 수 있습니다. 그러나 몇 번이나 연속적으로 발사했을 때 파동 특유의 간섭무늬가 생기는 것으로부터 '전자는 파동'이기도 하다는 것을 알 수 있습니다. 즉, 이 실험결과를 통해 '전자는 입자이기도 하고, 파동이기도 하다'는 해석이 가능한 것입니다.

양자가 파동의 성질을 가지고 있지 않다고 가정하면... 도표 10-2

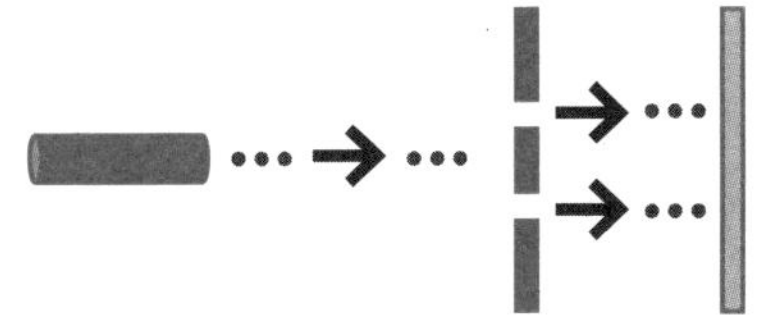
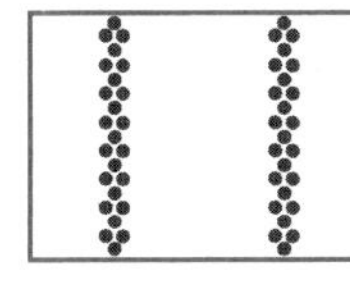

파동의 성질이 없다면, 슬릿 모양대로 자국이 남을 것이다.

하지만 실제 실험 결과는... 도표 10-3

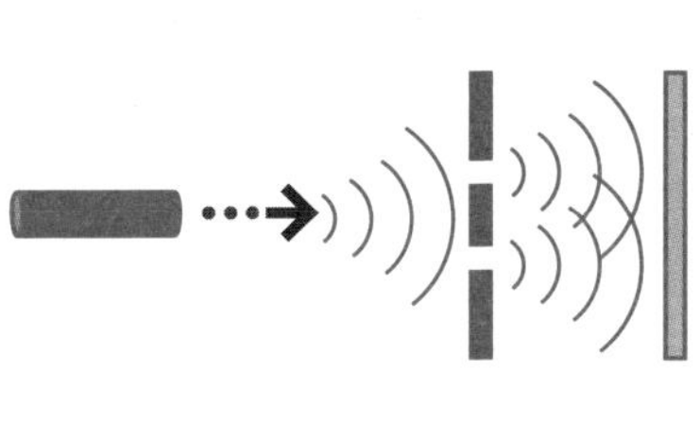

①
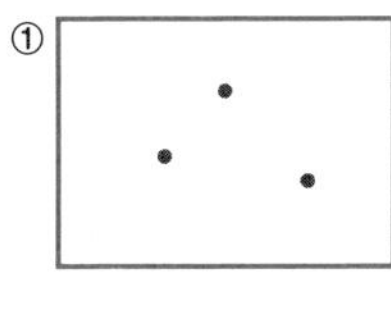

②
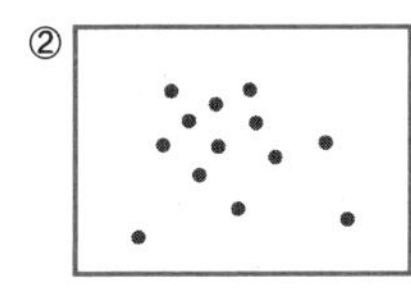

③
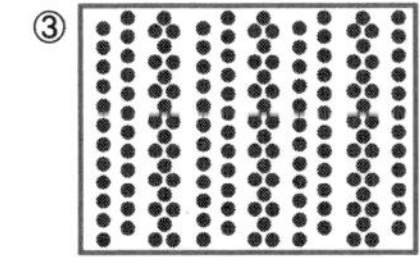

실제로는 간섭무늬가 나타난다는 점에서 양자가 '파동'의 성질을 가지고 있음을 알 수 있다.

Lesson 11 [양자정보과학]

양자역학에서 양자정보과학으로

이번 레슨의 포인트

양자의 세계에 입자와 파동의 이중성이 있다는 것을 알게 되었습니다. 이러한 성질을 정보과학에 응용하여 계산에 이용하고자 하는 것이 '양자정보과학'이며, 그것을 형상화한 것이 양자 컴퓨터입니다.

입자와 파동의 이중성을 계산에 응용하다

양자의 성질을 연구하는 물리학을 '양자역학'이라고 합니다. 양자역학은 도표 11-1에 나와 있는 것처럼 무척 넓은 범위를 아우르는 학문으로, 매우 난해합니다. 다행히 양자 컴퓨터를 이용하기 위해 양자역학 자체를 이해할 필요는 없습니다. 하지만 그 대신 양자의 성질을 계산에 활용하는 '양자정보과학'을 익혀야 합니다.

양자정보과학에서 주로 연구하는 것은 양자역학에 근거하되 범위를 좁혀 양자를 계산에 응용하는 것입니다. 즉, 양자역학을 통해 알게 된 법칙들을 계산에 어떻게 사용할 수 있을지 연구하는 것이 양자정보과학입니다.

기존 컴퓨터로는 할 수 없고 양자 컴퓨터로만 이용할 수 있는 기능 중에는 0과 1 중첩 계산이나 파동의 위상성분을 이용한 계산(레슨 22 참고)이 있습니다. 이것들을 이리저리 바꿔보면서 양자를 계산에 이용해 보려고 합니다.

양자역학과 양자정보과학의 범위 도표 11-1

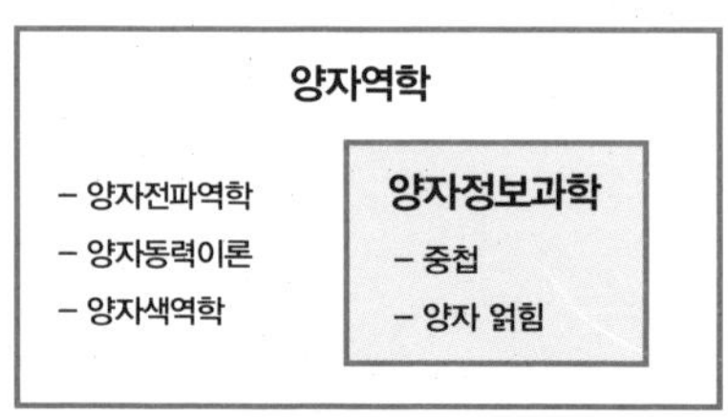

양자정보과학(=양자 컴퓨터)은 양자역학의 일부를 이용하여 계산을 수행한다.

양자 계산의 룰을 정하다

양자에는 '중첩'이나 '얽힘' 등과 같은 특징적인 원리가 있습니다. 양자정보과학은 양자의 성질을 이용하여 기존 계산보다 훨씬 빠른 속도로 계산하는 것을 목표로 합니다. 도표 11-2 양자정보과학의 법칙은 양자역학의 법칙에 어긋나지 않도록 신중하게 정해진 것으로, 굳건한 계산 기반을 형성하고 있습니다.

양자정보과학의 주요한 구성요소 도표 11-2

양자정보과학에서 사용되는 기본원리 (레슨 14 참고)

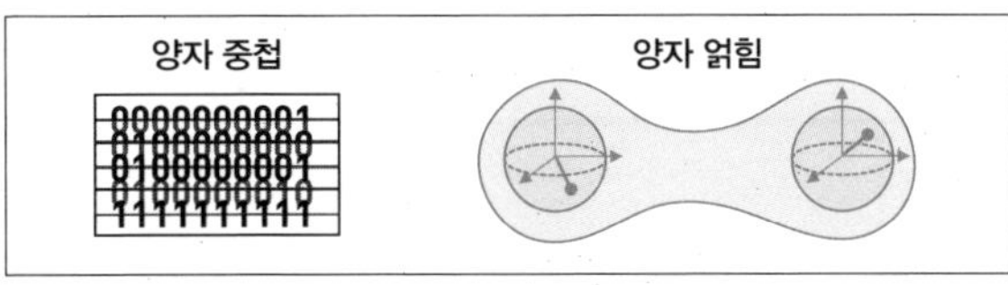

양자 상태의 시각화 (레슨 12 참고)

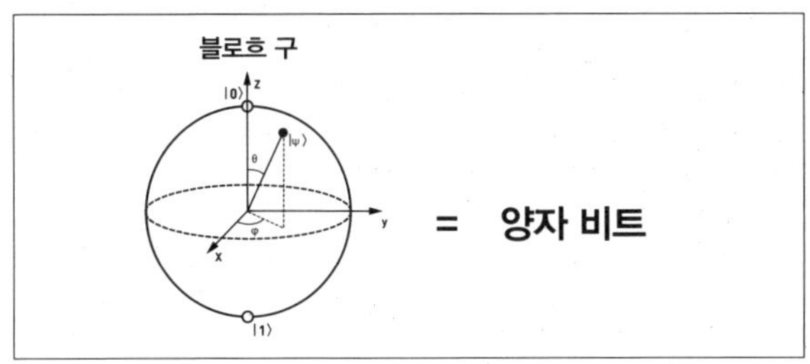

양자의 변환 (레슨 13 참고)

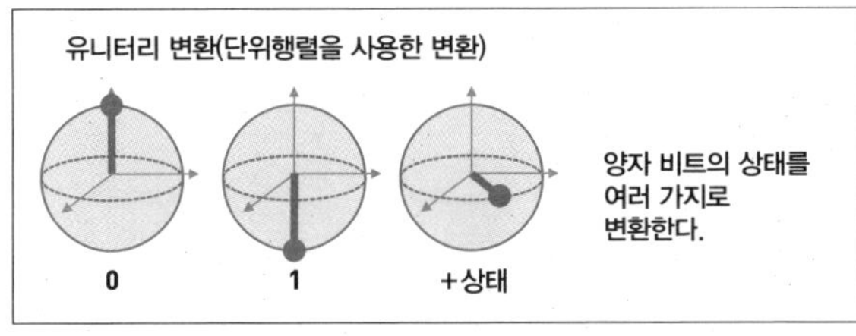

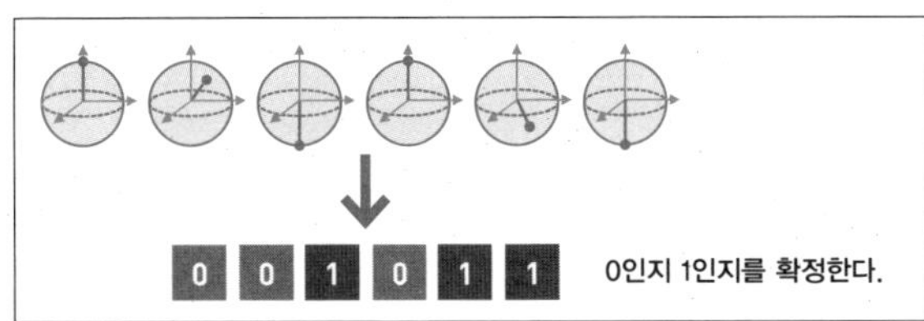

양자를 이용한 계산은 이러한 원리와 방법에 기초하여 수행한다.

Lesson [양자 연산의 시각화]

12 보이지 않는 양자의 연산을 '시각화'한다

양자정보과학은 양자역학으로 보증된 탄탄한 기반 위에 실제 계산원리를 조립해 나가는 것입니다. 우선, 양자로 정보를 나타내기 위한 '시각화'부터 확인해 보겠습니다.

이번 레슨의 포인트

양자는 보이지 않는다

양자로 계산을 하기 위해서는 수식 등의 정보를 양자의 상태('양자 상태'라 부릅니다.)로 나타내야 합니다. 그러려면 양자 상태를 확인해야 하는데 우리는 양자를 볼 수 없습니다.

양자 상태를 '시각화'하기 위해 도표 12-1 처럼 몇 번이고 측정을 반복하여 통계적으로 계산 결과를 도출합니다. 양자 중첩이나 양자 얽힘 같은 이상한 현상은 측정 결과로부터 '예측하는 것' 말고는 할 수 있는 것이 없습니다. '직접 보는 것'은 불가능합니다.

계산을 반복해서 해를 구한다 도표12-1

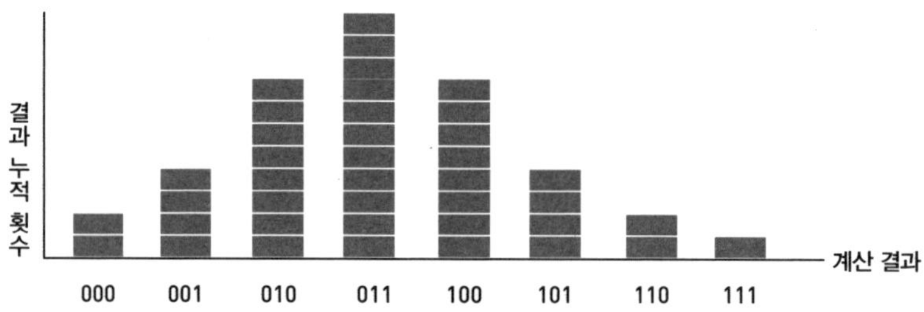

양자를 이용한 계산은 계산을 할 때마다 결과가 바뀌는 이상한 성질이 있다. 그래서 몇 번이고 계산을 반복해 그 경향으로부터 결과를 예측하는 방법밖에 없다.

양자 연산을 시각화하는 '블로흐 구'

계산 도중에 양자 상태를 볼 수 없습니다. 하지만 계산을 하기 위해서는 어떻게든 그 양자 상태를 시각화하여 다루어야 하며. 그것은 수학적으로 '상태 벡터'라고 불리는 숫자의 나열로써 표현할 수 있습니다.

상태 벡터를 통해 하나의 양자 또는 여러 양자의 다양한 양자 상태 및 현상을 수식으로 표현할 수 있습니다. 상태 벡터보다 시각적으로 파악하기 쉽도록 통상 양자 1개를 '블로흐 구'라고 불리는 구로 표현합니다. 도표 12-2

이 구는 세로축의 제일 윗부분이 0, 제일 아랫부분이 1에 대응하고, 중간은 1과 0의 중첩을 표현하고 있습니다. 블로흐 구로 양자 상태를 수학적으로 시각화하면 계산 도중의 상태를 파악하기가 쉬워집니다.

양자 세계에서는 0과 1을 별개로 취급하지 않고 연속적인 것으로 취급합니다. 이 점이 지금까지의 계산원리와 다른 점입니다. 한편, 우리의 세계는 이 블로흐 구의 세로 Z축 위에 있어서, Z축의 제일 위 0이나 제일 아래 1 중 어느 한쪽밖에 볼 수 없습니다.

양자 상태를 시각화한 블로흐 구 도표 12-2

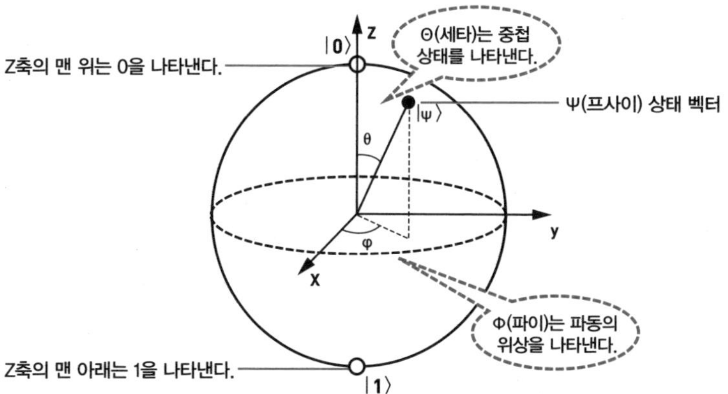
Z
|0⟩
Z축의 맨 위는 0을 나타낸다.
Θ(세타)는 중첩 상태를 나타낸다.
Ψ(프사이) 상태 벡터
|ψ⟩
θ
y
φ
X
Φ(파이)는 파동의 위상을 나타낸다.
Z축의 맨 아래는 1을 나타낸다.
|1⟩

화살표가 Z축상에 있으면 0 또는 1, Z축상에 있지 않으면 0과 1의 중첩 상태를 나타낸다.

블로흐 구나 상태 벡터는 수학적인 표현 중 하나입니다. 실제로 구나 화살표가 존재하는 것은 아닙니다.

13 양자의 변환으로 계산한다

기존 컴퓨터는 비트를 1 또는 0으로 변환하여 계산을 수행하고 있습니다. 양자 컴퓨터는 양자 비트의 상태를 변환하여 계산을 수행합니다. 또한, 계산의 결과는 측정에 의해 확정됩니다.

이번 레슨의 포인트

양자를 자유자재로 조종하는 '유니터리 변환'

양자에 대한 변환은 블로흐 구에 있는 어떤 화살표를 회전시키는 것을 떠올려 보면 됩니다. 화살표는 맨 위의 0부터 맨 아래의 1까지 자유롭게 움직일 수 있습니다. 그 화살표가 가리키는 위치에 따라 양자 상태가 표현됩니다. 제일 위를 가리키고 있을 때는 0, 제일 아래를 가리키고 있을 때는 1을 나타냅니다. 또한, X축 방향을 가리킬 때는 '+(플러스) 상태'라고 하고, 이는 0과 1이 겹쳐져 있는 상태를 나타냅니다. 이때 0과 1이 정말로 겹쳐있기 때문에 측정해 보면 0과 1이 각각 절반의 확률로 나옵니다. 볼 때마다 답이 변해버리기 때문에 계산하기 곤란하다고도 말할 수 있지만, 어쨌든 양자의 세계에서는 이러한 일이 일어나고 있습니다. 계산 결과를 파악하는 방법도 지금까지와는 전혀 다릅니다. 양자정보과학에서는 일정한 원리와 방식으로 이 화살표를 변환하여 양자정보처리를 수행합니다. 특히, 이 화살표를 움직이는 변환을 '유니터리 변환'이라고 부릅니다. 도표 13-1 구체적인 변환에 대해서는 다음 챕터에서 해설하겠습니다.

양자를 조종하는 유니터리 변환 도표 13-1

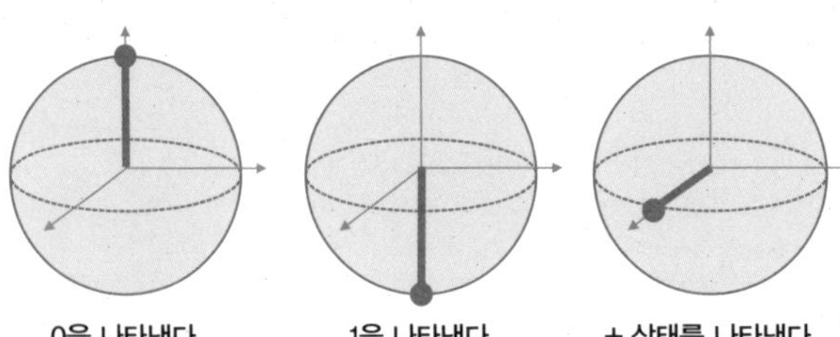
0을 나타낸다.
1을 나타낸다.
+ 상태를 나타낸다.

+ 상태의 양자를 측정하면 1과 0이 각각 50% 확률로 나옵니다.

블로흐 구의 화살표를 움직여 0, 1, + 상태를 나타낸다.

측정으로 답을 구한다

유니터리 변환으로 양자를 조종하면 초기 단계의 양자 상태로부터 변화합니다. 많은 변환을 하면 양자 상태가 초기 상태에서부터 대폭 변화하게 됩니다. 그러한 변환의 최종적인 결과를 얻기 위하여 실시하는 것이 '측정'입니다.

측정을 하면 블로흐 구의 화살표 방향은 Z축의 제일 위쪽 혹은 제일 아래쪽 중에 어느 한쪽, 즉 0이나 1로 확정됩니다. 측정 단계에서는 중첩이나 얽힘 같은 특수한 양자 상태가 모두 사라지고 0과 1이라는 매우 단순한 형태가 되어 우리가 볼 수 있습니다.

측정에 의해 최종적으로 답을 얻게 되지만, 어떤 결과가 도출될지는 계산 도중의 양자 상태에 따라 달라집니다. 게다가 그 답은 도표 13-2와 같이 매번 바뀔 수도 있습니다. 그것들은 '어떤 답'이 되기 쉽다는 경향성을 가지고 있지만 반드시 늘 같은 답이 나오는 것은 아닙니다. 그런 경우에는 몇 번이고 같은 계산을 수행하여 도출되는 답의 경향을 파악해야 합니다. 몇 번을 측정했을 때 올바른 답에 접근할 수 있는지는 계산의 종류에 따라 달라집니다.

이렇듯 계산 결과를 도출하는 변환에서도 지금까지의 계산과는 다른 원리로 움직이고 있다는 것을 알 수 있습니다.

측정으로 결과를 도출한다 도표 13-2

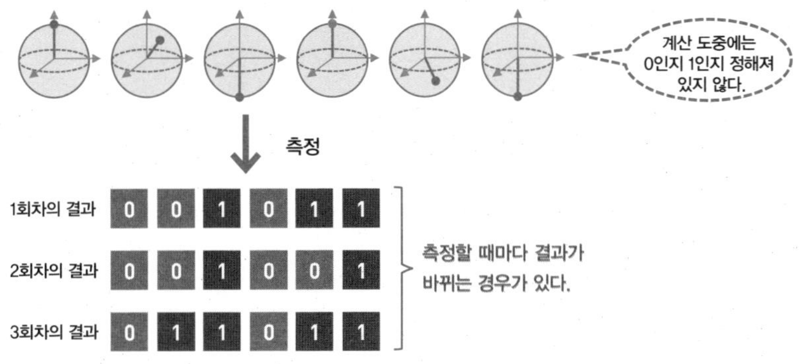

측정할 때마다 답이 바뀌는 성질은 불편하게만 생각될지도 모릅니다. 하지만 이 성질을 이용하면 기존 컴퓨터로는 실현 불가능한 속도로 계산할 수 있습니다.

14 양자 컴퓨터는 왜 고속 계산이 가능한 것인가?

이번 레슨의 포인트

양자 컴퓨터의 구조에 대해서는 챕터 3부터 구체적으로 설명하겠지만, 여기서는 그 원리인 '중첩'과 '양자 얽힘'에 대해 간단히 살펴보도록 하겠습니다.

양자 중첩에 의한 고속화

양자 컴퓨터가 이용하는 원리 중 하나는 양자의 '중첩'입니다. 양자 중첩이란 앞에서 블로흐 구 등을 사용해 나타낸 정보인 0과 1이 중첩된 상태를 가리킵니다. 이것을 이용하면 대량의 데이터가 중첩된 상태를 표현할 수 있습니다. 예를 들어 만 개의 데이터를 이용한 계산을 수행할 경우, 기존 컴퓨터로는 원칙적으로 계산을 만 번 수행해야 합니다. 그러나 양자 컴퓨터는 만 개의 데이터가 중첩된 상태를 만들어 훨씬 적은 계산으로 끝낼 수 있습니다. 도표 14-1

양자 중첩을 이용한 계산이란? 도표 14-1

기존 컴퓨터

00000000	00000001	00000010	00000011
00000100	00000101	00000110	00000111
	⋮		
11111000	11111001	11111010	11111011
11111100	11111101	11111110	1111111111

대량의 데이터를 각각 하나씩 계산해 나갈 수 밖에 없다.

양자 컴퓨터

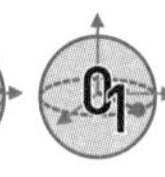

대량의 데이터를 중첩된 상태로 만들어, 단숨에 계산할 수 있다.

양자 얽힘으로 여러 양자를 연관시킨다

중첩과 마찬가지로 양자 컴퓨터가 이용하는 중요한 원리로 '양자 얽힘'이 있습니다. 양자 얽힘은 여러 양자 사이에 일어나는 현상으로, 양자 상태 변환에 의해 '어떤 양자를 측정했을 때 다른 양자의 상태에 영향을 주게 된다'는 특수한 성질입니다. 기존 컴퓨터에는 있을 수 없는 계산원리이며, 계산의 고속화에 도움이 될 것으로 기대되고 있습니다.

양자 얽힘이란? 도표 14-2

기존 컴퓨터

0 0 → 1 0

정보(비트)는 각각 독립되어 있다.

하나의 정보를 바꿔도, 다른 정보는 별도로 변환을 하지 않는 한 바뀌지 않는다.

양자 컴퓨터의 양자 얽힘

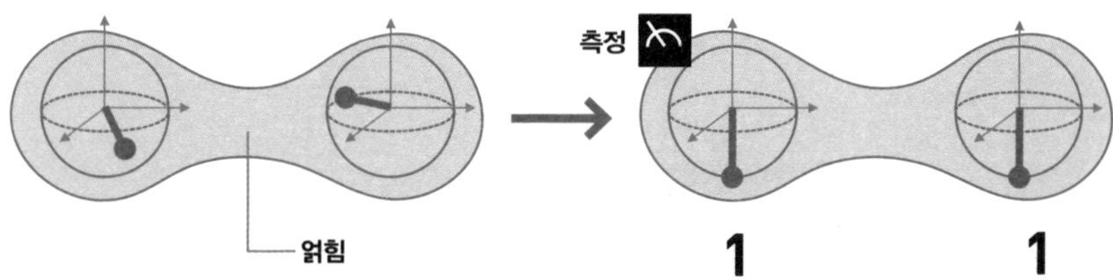

두 양자 사이 양자 얽힘을 일으킨다.

양자 하나를 측정하여 확정하면 얽힘 관계에 있는 다른 양자도 확정된다.

양자 얽힘 응용 예로 양자 텔레포테이션(레슨 39 참고)을 다루는 경우가 많지만, 양자 얽힘 자체는 기본적인 계산 처리에 사용되는 원리입니다.

칼럼

양자 컴퓨터에 대한 연구는 지금도 진행중

양자 컴퓨터는 양자 상태를 확실하게 관리하고 특정 규칙에 따라 변환을 하며 입자와 파동의 이중성, 양자 중첩 및 양자 얽힘으로 계산을 수행하는 계산기입니다.

양자 중첩이나 양자 얽힘은 양자 특유의 성질이므로 기존 컴퓨터에서는 이용할 수 없습니다. 그렇다 보니 양자 중첩이나 양자 얽힘을 이용한 계산 방법(양자 알고리즘)도 기존과는 완전히 다른 형태가 됩니다.

하드웨어 측면에서의 연구와 병행하여, 양자 컴퓨터를 활용한 계산 방법에 대한 연구도 계속 발전하고 있습니다. 양자 중첩이나 양자 얽힘을 어떻게 사용해야 기존 컴퓨터를 넘어서는 성능을 낼 수 있는가에 대한 연구개발이 전 세계에서 이루어지고 있습니다.

기존 컴퓨터로는 할 수 없는 계산이 가능합니다 도표 14-3

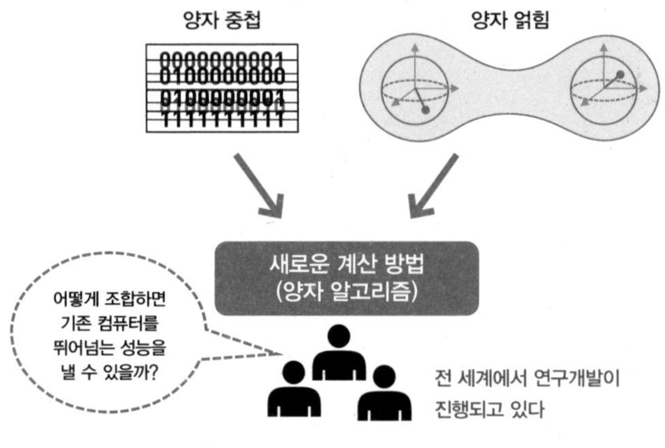
양자 중첩
양자 얽힘
새로운 계산 방법
(양자 알고리즘)
어떻게 조합하면
기존 컴퓨터를
뛰어넘는 성능을
낼 수 있을까?
전 세계에서 연구개발이
진행되고 있다

이러한 양자의 원리를 바탕으로 양자 컴퓨터가 어떻게 계산을 수행하는지 다음 챕터 3에서 살펴보겠습니다.

Chapter

3

원리로부터 풀어내는 양자 컴퓨터

양자 컴퓨터는 양자역학의 원리를 근간으로 하고 있지만 기존 컴퓨터와 공통된 부분도 있습니다. 우선 기존 컴퓨터가 어떻게 움직이고 있는지 알아보고, 이어서 양자 컴퓨터가 어떻게 계산을 수행하는지 설명하겠습니다.

15 컴퓨터 구조를 알아보자

이번 레슨의 포인트

기존 컴퓨터의 구조와 작동 방식을 알아 두면 양자 컴퓨터를 이해하는 데 도움이 됩니다. 이번 레슨에서는 컴퓨터의 기본적인 구성요소를 공부해 봅시다.

컴퓨터는 '계산기'이다

우리는 평소에 PC나 스마트폰 화면에 표시되는 사진이나 동영상, 문자, 그리고 기기에서 흘러나오는 음성 등에 별 관심을 두지 않지만, 생각해 보면 그것들은 모두 컴퓨터 내부에서 이루어지는 계산의 결과가 표시되고 있는 것입니다. 도표 15-1 이외에도 업무 장부나 전철 환승 경로 등 컴퓨터로 확인하는 모든 정보가 내부에서 계산되어 화면에 나타납니다. 계산은 컴퓨터 중앙에 있는 연산장치에서 수행되며, 이처럼 각종 연산을 수행하는 연산장치와 연산장치를 제어하는 제어장치를 합쳐 'CPU(중앙처리장치)'라고 부릅니다.

컴퓨터 역할의 개념도 도표 15-1

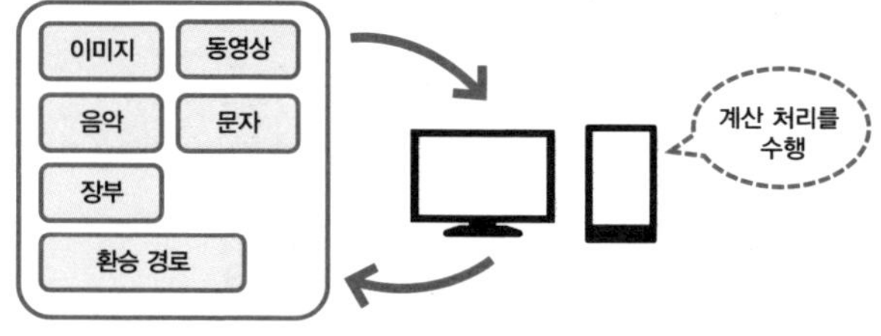

모든 정보를 수치로 변환하여 받아들이고, 계산 결과를 사람이 이해하기 쉬운 정보로 만들어 반환한다.

현재 컴퓨터로 다양한 업무를 할 수 있지만 컴퓨터의 본질은 '계산기'입니다.

컴퓨터의 구성요소

컴퓨터는 CPU 외에도 도표 15-2에 있는 몇 가지 주요한 부품들로 구성되어 있습니다. 연산장치와 제어장치, 연산 결과를 저장하는 기억장치, 데이터를 입력받는 입력장치, 그리고 계산 결과를 보여주는 출력장치입니다. PC나 서버용 컴퓨터, 스마트폰 등 대부분의 컴퓨터가 이러한 구조로 이루어져 있습니다.

컴퓨터의 5대 기능 도표 15-2

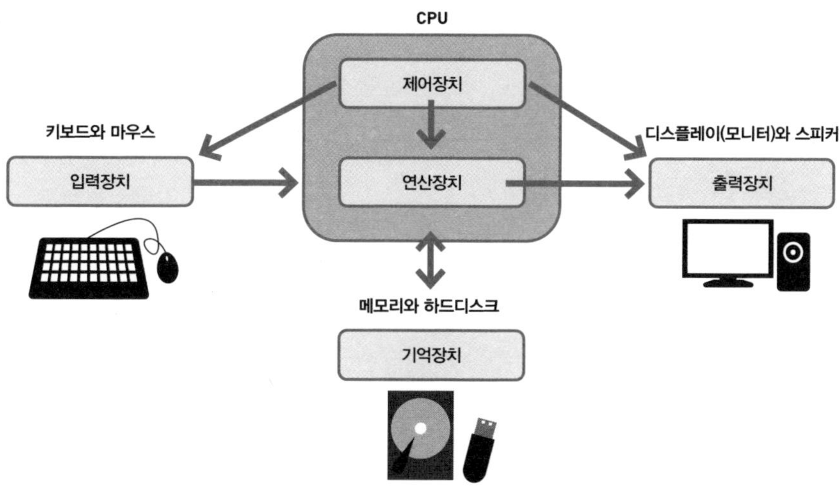

구성요소	기능
제어장치	기억장치에서 프로그램을 읽어와 각 장치에 지시를 내린다(CPU의 일부).
연산장치	각종 연산을 수행한다(CPU의 일부).
기억장치	데이터를 기억한다. 주기억장치(전원이 꺼지면 데이터가 지워지는 RAM 형태의 기억장치)와 보조기억장치(전원이 꺼져도 데이터를 유지할 수 있는 SSD, HDD 등의 기억장치)로 나뉜다.
입력장치	사용자의 동작에서 데이터를 입력받아 제어장치나 연산장치에 전달한다.
출력장치	영상이나 문자, 음성 등의 형태로 사용자에게 결과를 보여준다.

기존 컴퓨터(PC, 서버, 스마트폰 등)는 모두 이러한 기능들로 구성되어 있다.

양자 컴퓨터에는 연산장치밖에 없다

기존 컴퓨터와 양자 컴퓨터는 구성요소에 큰 차이가 있습니다. 양자 컴퓨터에는 컴퓨터의 구성요소 중 하나인 '연산장치'밖에 없습니다. 도표 15-3과 같이 연산장치의 핵심이 되는 양자 게이트 칩(반도체)만이 '양자역학'의 원리로 움직이고 있고, 그 이외의 장치는 양자 컴퓨터에 계산 수행을 지시하는 기능을 하고 있습니다.

양자 컴퓨터의 구성도 도표 15-3

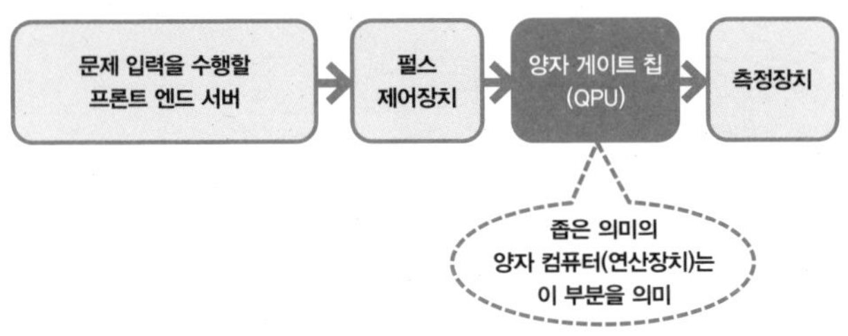

이러한 구성 중에서 양자역학의 원리로 움직이는 것은 QPU뿐이다.

양자 컴퓨터를 작동시키려면 거대한 냉각장치가 필요하기 때문에 사내에 두고 사용할 수 없습니다. 그래서 대개 인터넷을 경유하여 작동시킵니다.

원포인트

양자 컴퓨터 대 GPU

현재 양자 컴퓨터에는 연산장치만 있기 때문에 빠른 계산 속도만 요구되고 있습니다. 그러나 오늘날 계산의 고속화에 사용되는 컴퓨터는 양자 컴퓨터뿐만이 아니며 가장 가까운 곳에 GPU(Graphics Processing Unit)가 있습니다. GPU의 목적은 3D(3차원) 그래픽을 그리는 것이지만, 실체는 3차원 좌표를 대량으로 계산하기 위한 연산장치입니다. 그 연산회로를 딥러닝이나 블록체인, 물리현상 등의 계산에 사용하는 사례가 점점 늘고 있습니다. GPU는 기존 컴퓨터의 연장선상에 있는 것이므로 이론상 고속화의 한계가 있지만 현시점에서는 낮은 가격에 구하기 쉽다는 장점이 있습니다. 양자 컴퓨터에게 GPU는 의외의 장소에서 마주친 라이벌입니다.

양자 컴퓨터와 반도체

기존 컴퓨터의 CPU나 메모리가 실리콘 같은 반도체 재료로 만들어진다는 이야기를 많이 들어봤을 겁니다. 반도체는 전기가 통하는 '도체'와 전기가 통하지 않는 '부도체' 상태가 전환되는 소재로, 기존 컴퓨터는 반도체를 일종의 스위치나 배선으로 이용합니다. 양자 컴퓨터는 이용하는 양자의 종류에 따라 내부 구조가 달라지는데, 이 책에서 주로 설명하는 것은 전자를 양자로 이용하고 반도체를 칩 제작 재료로 쓰는 양자 컴퓨터입니다. 물론 전자를 이용한다고 해서 반드시 반도체를 사용할 필요는 없습니다. 그러나 반도체를 이용하면 이미 기존 컴퓨터를 위해 개발된 극세화 기술을 이용할 수 있다는 이점이 있습니다.

양자 컴퓨터는 아직 발전 단계에 있습니다. 이 책에서 설명하는 양자 컴퓨터는 그중 한 예이며, 어쩌면 미래에는 이와 전혀 다른 소재나 구조가 주류가 될지도 모릅니다.

원포인트

양자 컴퓨터의 소재는 종류에 따라 다양하다

반도체는 양자 컴퓨터에 사용되는 다양한 소재들 중 하나입니다. 이후에 소개하는 양자 컴퓨터는 '초전도 양자 비트형'이라고 불리는 것으로, 반도체로 만들어진 회로를 초전도 상태로 만들어 전하(쌓여 있는 전기의 양)로 양자 상태를 나타냅니다. 다만, 양자 컴퓨터라고 해서 반드시 반도체와 초전도를 사용하는 것은 아닙니다. 양자 컴퓨터에 필요한 것은 양자 상태를 유지하는 것이므로, 양자 상태를 유지할 수만 있다면 사용하는 소재와 기술은 무엇이든 관계 없습니다. 그렇기에 각 연구기관에 따라 다양한 소재와 기술이 시도되고 있습니다.

Lesson 16 [QPU]

양자 컴퓨터의 연산장치 QPU(Quantum Processing Unit)

이번 레슨의 포인트

QPU는 여러 양자 비트를 내포하는 프로세서입니다. 외부로부터 마이크로파를 조사해(쏘아서) 양자 비트의 상태를 변화시켜 다양한 계산을 수행합니다. 현시점에서는 양자 상태를 유지하기 위해 냉각장치 등의 대규모 설비가 필요합니다.

QPU에 대하여 알아봅시다

양자 컴퓨터의 심장부인 연산처리장치를 'QPU'라고 합니다. CPU가 'Central Processing Unit(중앙처리장치)'의 약어였듯이 QPU는 'Quantum Processing Unit(양자처리장치)'의 약어입니다. QPU도 CPU와 마찬가지로 명령을 받아 연산처리를 수행하는데, 그 명령을 내리는 장치를 펄스 제어장치라고 합니다. 도표 16-1

CPU가 주로 반도체 기술을 이용해서 데이터를 처리하는 데 비해, QPU는 반도체와 더불어 극저온에 의해 일어나는 초전도 상태를 이용하는 것이 특징입니다.

QPU의 구조 도표 16-1

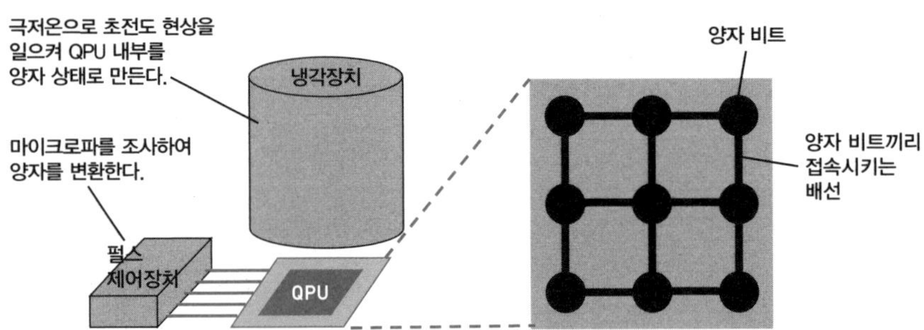
극저온으로 초전도 현상을 일으켜 QPU 내부를 양자 상태로 만든다.
냉각장치
마이크로파를 조사하여 양자를 변환한다.
펄스 제어장치
QPU
양자 비트
양자 비트끼리 접속시키는 배선

QPU 내부에는 양자 비트와 배선밖에 없기 때문에 외부에서 조사하는 마이크로파로 양자를 변환하여 원하는 계산을 하도록 한다.

초전도나 극저온은 무엇을 위해 필요한 것일까?

QPU 내에서 사용하는 신호는 매우 작은 에너지입니다. 그래서 도표 16-3과 같이 회로 안팎에서 발생하는 약간의 노이즈나 전기저항 등에 의해서도 영향을 받을 수밖에 없습니다. 그것을 방지하기 위해 이용하는 것이 초전도와 극저온입니다.

초전도(超電導)는 다른 한자를 써서 '초전도(超傳導)'라고도 하며, 물질을 냉각시켰을 때 전기저항이 제로가 되는 현상입니다. 전기저항이 제로가 되면 전기저항으로부터 발생하는 열이나 외부로부터의 자기장 등이 전자에 영향을 미치지 않게 됩니다. 즉 양자에 영향을 주는 노이즈를 줄이기 위해 초전도가 필요하고, 그 때문에 초전도 상태를 만들어 내는 극저온이 필요한 것입니다. 도표 16-4

기존 컴퓨터의 전자회로 도표 16-2

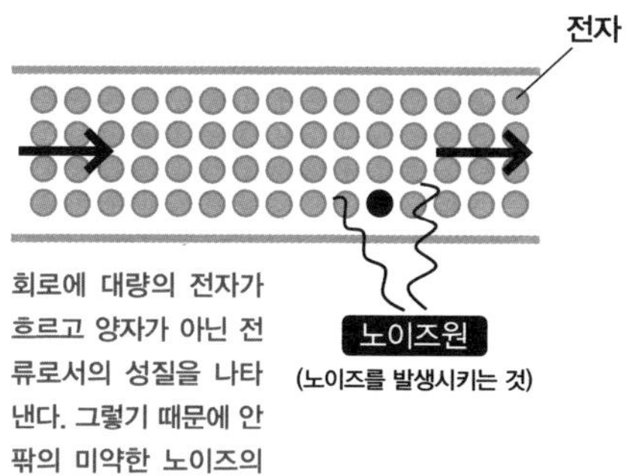

회로에 대량의 전자가 흐르고 양자가 아닌 전류로서의 성질을 나타낸다. 그렇기 때문에 안팎의 미약한 노이즈의 영향을 받지 않는다.

QPU의 회로 도표 16-3

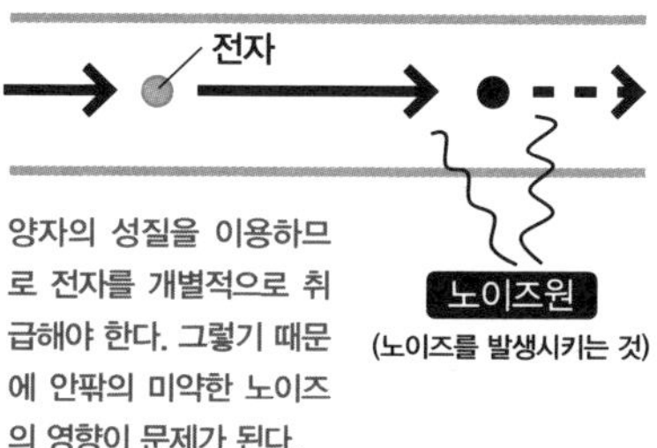

양자의 성질을 이용하므로 전자를 개별적으로 취급해야 한다. 그렇기 때문에 안팎의 미약한 노이즈의 영향이 문제가 된다.

극저온에 의한 초전도 상태 도표 16-4

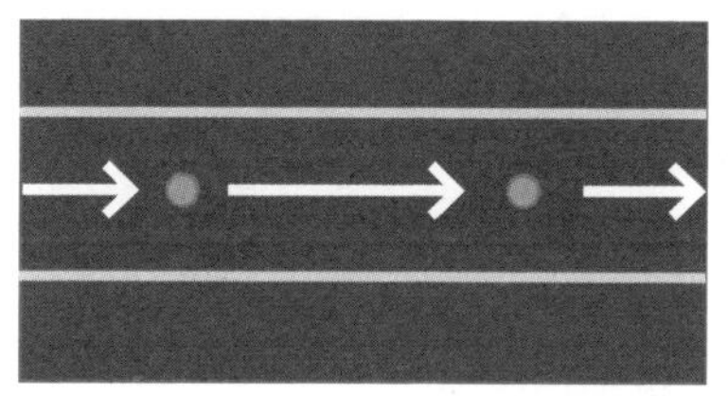

전기저항에 의한 열이나 자기장 등의 영향을 받지 않게 된다.

상온 초전도에 대한 연구도 진행되고 있으므로, 언젠가는 극저온으로 하지 않아도 되는 날이 올지도 모릅니다.

다음 페이지 →

양자 컴퓨터용 메모리가 없는 이유

양자 상태를 유지하는 시간을 '코히어런스 시간'이라고 합니다. 현재 기술로는 아주 짧은 시간 동안만 양자 상태를 유지할 수 있습니다. 코히어런스 시간은 양자 컴퓨터의 종류에 따라 크게 다르지만 100마이크로초(micro sec.) 또는 1밀리초(mili sec.)를 다투는 아주 짧은 순간입니다.

그렇다 보니 양자 컴퓨터에는 양자 상태를 기억하는 장치가 존재하지 않습니다. 양자 상태가 유지되는 짧은 순간 동안 모든 연산을 수행하고 측정해야 하기에 현재의 양자 컴퓨터는 기존 컴퓨터와 같이 보통의 메모리에서 데이터를 읽어내고, 연산을 수행하고, 측정 결과를 다시 기존 메모리에 기록하고 있습니다. 메모리에 기록하는 데이터는 양자성이 없는 보통의 '0'과 '1'입니다.

코히어런스 시간도 조금씩 늘어나고 있습니다. 양자 메모리가 실현될 가능성도 없지는 않습니다.

양자 비트로 연산을 수행한다

QPU 안에는 양자 상태를 유지하는 '양자 비트'가 있습니다. 이를 변환시켜 연산을 수행하는 것인데, 구체적인 변환 방법을 살펴보자면 도표 16-5와 같이 양자 비트에 외부로부터의 미약한 마이크로파를 쏘아 양자 상태를 변화시키는 것입니다.

앞으로도 설명하겠지만 양자 컴퓨터가 연산을 하는 원리는 이것이 전부입니다. 양자 비트가 많을수록 복잡한 연산을 할 수 있게 됩니다. 그래서 QPU 내 양자 비트 수를 늘리려는 연구가 계속되고 있습니다.

양자 비트의 구조 도표 16-5

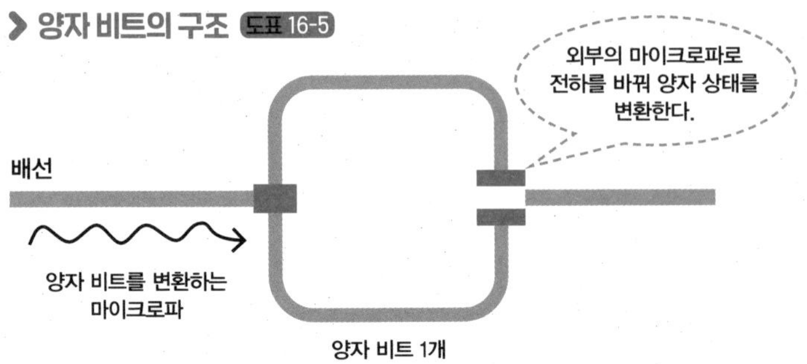

양자 비트에 마이크로파를 쏘아서 연산한다.

QPU가 계산한 결과를 측정하려면

양자 비트의 한쪽 끝에는 '읽기 장치'가 붙어 있습니다. 다른 끝에서 측정용 신호를 쏘아서 측정합니다. 도표 16-6 측정을 하면 양자 상태가 손상되기 때문에 측정하고 나면 계산을 이어서 계속할 수 없습니다.

양자 비트와 '읽기 장치' 도표 16-6

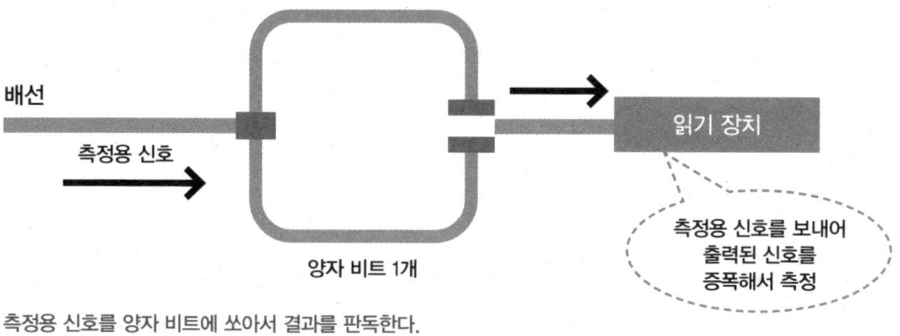

측정용 신호를 양자 비트에 쏘아서 결과를 판독한다.

QPU 속의 양자 비트를 '계란'에 비유하면

어려운 이야기는 잠시 멈추고 여기서는 예를 들어 이야기해 보겠습니다. 도표 16-7과 같이 '양자 비트'를 '계란'이라고 상상해 봅시다. '계란'의 껍질을 깨부수지 않는 한 그 안에 들어있는 내용물을 직접 변환할 수는 없습니다. 그렇기에 그 대신 외부에서 다양한 음악을 들려주며 '계란' 안에 든 내용물의 상태를 변화시킵니다. 변환이 끝나면 '계란'에서 부화한 병아리가 수컷인지 암컷인지 관찰합니다. 양자 컴퓨터에 의한 계산도 대체로 그런 느낌입니다. 어떻게 그러한 방법으로 다양한 문제의 답을 얻을 수 있는지는 이후에 살펴보도록 하겠습니다.

양자 비트를 계란에 비유한 이미지 도표 16-7

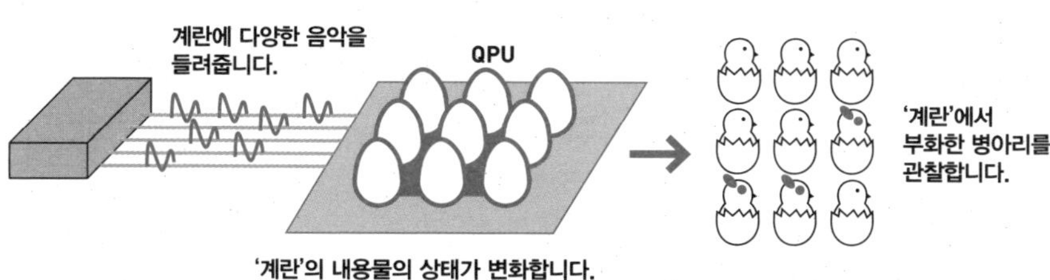

'계란'에 음악을 들려주고, 부화한 병아리를 관찰한다.

Lesson [비트의 기초]

17 컴퓨터의 정보단위 '비트'를 이해하자

컴퓨터에서는 비트라는 단위로 정보를 다룹니다. 양자 컴퓨터도 마찬가지이기 때문에 비트에 대한 이해가 필요합니다. 이번 레슨에서는 비트와 비트로 나타내는 2진수에 대해 설명하겠습니다.

이번 레슨의 포인트

컴퓨터는 모든 정보를 비트로 취급한다

컴퓨터로 취급하는 다양한 데이터는 모두 '0'과 '1'로 되어 있습니다. 이렇게 0과 1로 나타내는 정보의 단위를 '비트(bit)'라고 합니다. 기존 컴퓨터는 CPU 등의 회로를 흐르는 전기의 전압이 전환되면서 0과 1을 나타냅니다. 도표 17-1 또한, 메모리에 데이터를 기록할 때는 캐패시터(콘덴서)라고 하는 소자에 전기가 축적되어 있는지 아닌지를 가지고 0과 1을 나타냅니다. 오늘날 컴퓨터 회로에서는 주로 반도체가 쓰이지만 옛날 컴퓨터에서는 릴레이(전자석 스위치)나 진공관이 쓰였습니다. 여기서 중요한 것은 하드웨어의 구조가 아니라, 숫자, 글자, 이미지 모두 0과 1로 나타낸다는 점입니다.

비트란 무엇인가 도표 17-1

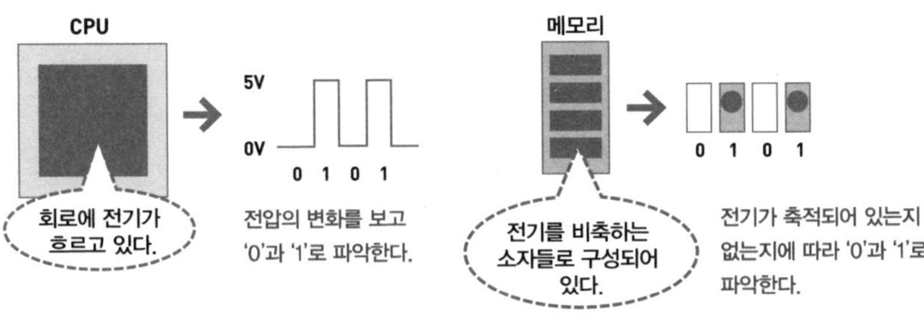

CPU
5V
0V
0 1 0 1
회로에 전기가 흐르고 있다.
전압의 변화를 보고 '0'과 '1'로 파악한다.
메모리
0 1 0 1
전기를 비축하는 소자들로 구성되어 있다.
전기가 축적되어 있는지 없는지에 따라 '0'과 '1'로 파악한다.

양자 컴퓨터에서도 최종적인 결과는 0과 1이라는 데이터로 나타납니다. 그러니 비트에 대한 이해는 필수입니다.

컴퓨터는 이미지와 소리를 어떻게 다룰까?

현재의 컴퓨터로 숫자, 텍스트, 이미지, 음악 등 다양한 데이터를 다룰 수 있는데, 그것은 0, 1과 어떤 관계가 있을까요? 우선 단순하게 흰색과 검은색으로만 나타내는 이미지를 예로 들어 생각해 보겠습니다.

도표 17-2 와 같이 이미지를 작은 점들의 모임이라고 생각하고, 하얗게 칠하는 부분을 0, 검게 칠하는 부분을 1로 나타냅니다. 텍스트나 음악, 컬러 이미지는 데이터를 수치화해서 진행해야 합니다. 도표 17-3 텍스트는 '영문자 h이면 104', '영문자 e이면 101'이라는 식으로 각 문자마다 숫자(문자 코드)를 할당해 숫자의 집합으로 표시합니다. 이것을 '2진수'의 형태로 변환하면 0과 1로 나타낼 수 있는 데이터가 됩니다. 마찬가지로 음악은 소리의 진동 크기, 컬러 이미지는 빛의 강도를 수치화하여 2진수로 변환합니다.

이미지를 0과 1로 나타낸다 도표 17-2

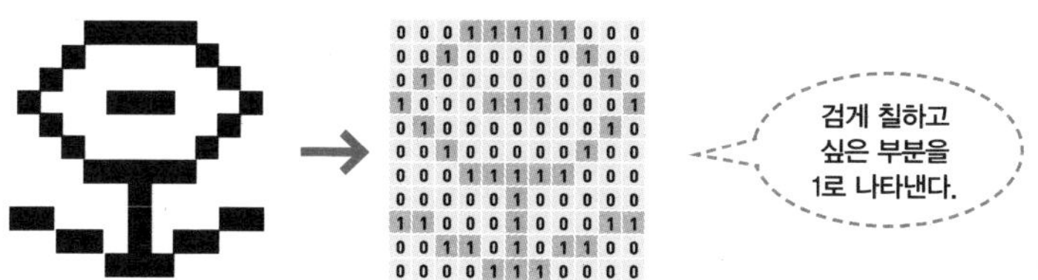

텍스트나 음악은 숫자들의 집합으로 바꾸어 0과 1로 나타낸다 도표 17-3

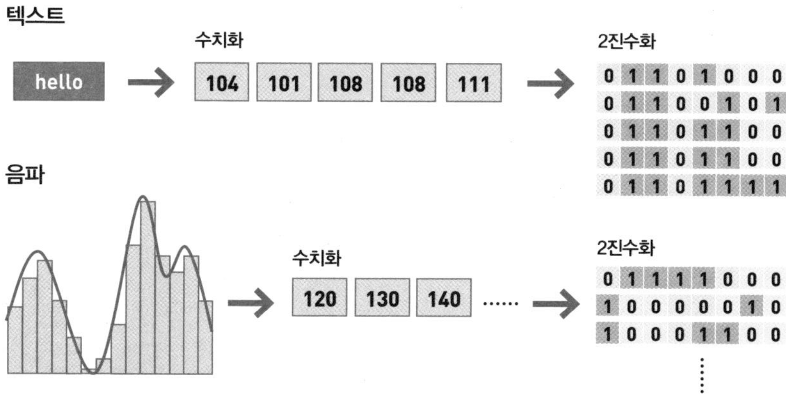

컴퓨터는 모든 정보를 0과 1의 비트로 표시한다.

2진수와 10진수

도표 17-4를 보면서 2진수에 대해 살펴보겠습니다. 2진수라는 것은 0과 1로만 나타내는 수치입니다. 우리가 일상적으로 사용하는 10진수와 마찬가지로 수치를 표현하는 방법 중 하나입니다. 0에서부터 1씩 증가해 9 다음에 자릿수가 한 자리 늘어나 10이 되는 10진수와 달리, 2진수는 0, 1 다음으로 곧바로 자릿수가 올라가서 10이 됩니다. 2진수로 표현한 10은 10진수로는 2에 해당합니다. 이번 레슨의 테마인 '비트'는 2진수로 나타낸 한 개의 자릿수에 해당하는 정보입니다. 비트가 많아질수록 나타낼 수 있는 수가 증가합니다. 2비트라면 '00', '01', '10', '11'이라는 4가지 수치를 나타낼 수 있고, 3비트라면 '000', '001', '010', '011', '100', '101', '110', '111'이라는 8가지 수치를 나타낼 수 있습니다.

0과 1만으로 수를 나타내는 2진수 도표 17-4

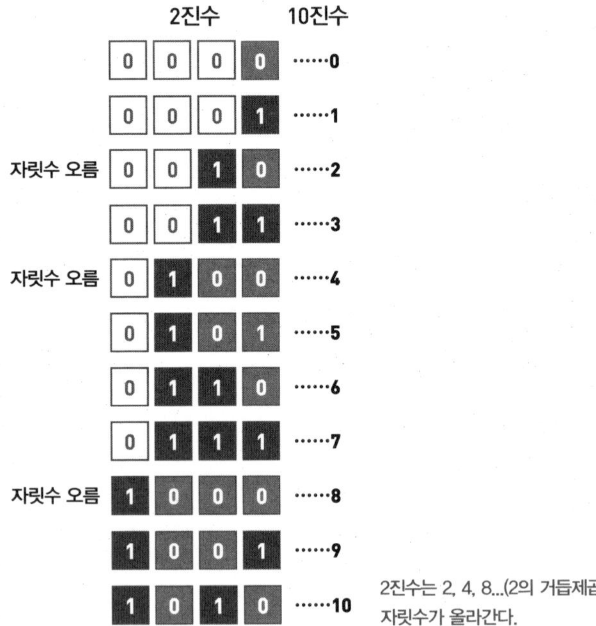

인간의 감각으로는 10진수가 더 간단하게 느껴지지만 실제로 더 간단한 회로로 실현할 수 있는 것은 2진수이기에 컴퓨터에는 10진수보다 2진수가 적합합니다.

비트 수가 클수록 한 번에 큰 수치를 다룰 수 있다

32비트 CPU나 64비트 CPU라는 말을 많이 들어보셨을 겁니다. 이것은 CPU가 한 번에 취급할 수 있는 데이터의 사이즈를 나타내는 것으로, 도표 17-5 32비트 CPU는 한 번에 최대 약 42억이라는 수치의 데이터를 취급할 수 있습니다. 도표 17-6

예를 들어 10만+10만이라는 계산을 할 때 32비트 이상의 CPU로는 한 번만 계산하면 되지만 16비트 CPU에서는 2회, 8비트 CPU에서는 4회의 계산이 필요합니다. 16비트 CPU는 약 6만 5천, 8비트 CPU에서는 255가 최대치이기 때문입니다.

비트 수는 물을 담는 양동이의 크기와 같습니다. 큰 양동이를 사용하면 적은 횟수로 많은 물을 퍼낼 수 있습니다. 마찬가지로 비트 수가 큰 컴퓨터를 사용하면 적은 횟수로 큰 계산이 가능한 것입니다.

○○비트 CPU가 의미하는 것 도표 17-5

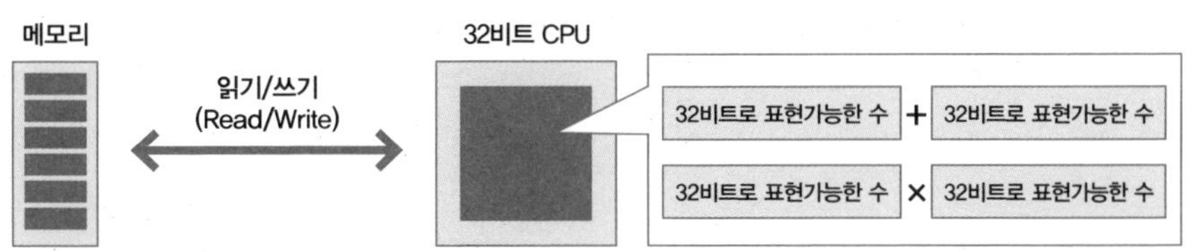

한 번에 32비트 데이터를 읽고 쓰고 한 번에 32비트 단위로 계산할 수 있다.

각각의 비트 수로 나타낼 수 있는 수치 범위 도표 17-6

8비트의 경우

1 1 1 1 1 1 1 1 ······ 0~255

16비트의 경우

1 1 1 1 1 1 1 1 1 1 1 1 1 1 1 1

······ 0~65,535

32비트의 경우

1 1 1 1 1 1 1 1 1 1 1 1 1 1 1 1 1 1 1 1 1 1 1 1 1 1 1 1 1 1 1 1

······ 0~4,294,967,295

64비트의 경우

1 1 1 1 1 1 1 1 1 1 1 1 1 1 1 1 1 1 1 1 1 1 1 1 1 1 1 1 1 1 1 1

1 1 1 1 1 1 1 1 1 1 1 1 1 1 1 1 1 1 1 1 1 1 1 1 1 1 1 1 1 1 1 1

······ 0~18,446,744,073,709,551,615

비트가 많을수록 큰 수를 다룰 수 있습니다.

18 연산 원리를 이해하자

기존 컴퓨터와 양자 컴퓨터는 기본적인 연산 방법이 다릅니다. 양자 컴퓨터의 구조를 이해하기 위해서는 우선 기존 컴퓨터에서의 기본적인 연산 원리를 이해해야 합니다.

이번 레슨의 포인트

연산이란 무엇인가

레슨 15에서 컴퓨터의 5대 기능을 살펴보았습니다. CPU는 '연산장치'와 '제어장치'를 갖추고 있지만 QPU는 '연산장치'만을 가집니다. 그렇다면 양쪽에 공통되는 '연산'이란 무엇일까요? 컴퓨터의 연산은 아주 간단히 말해 덧셈이나 뺄셈과 같은 사칙연산을 포함하는 계산입니다. 단, 컴퓨터의 사칙연산을 하는 회로는 도표 18-1과 같이 논리연산이라는 회로를 조합하여 만들어집니다. 따라서 컴퓨터에서 연산은 '사칙연산'과 '논리연산'을 통칭하는 것으로 생각할 수 있습니다.

덧붙여 QPU가 가지고 있지 않은 '제어장치'는 순차적 처리나 조건 분기, 반복과 같은 프로그램의 흐름을 제어하는 것입니다. 양자 컴퓨터와는 상관없는 내용이기에 자세한 설명은 생략하겠습니다.

사칙연산, 논리연산의 기본 예 도표 18-1

사칙연산

0 0 0 1 ……1
\+ 0 0 0 1 ……1
0 0 1 0 ……2

사칙연산은 일반적인 계산과 다르지 않다.

논리연산

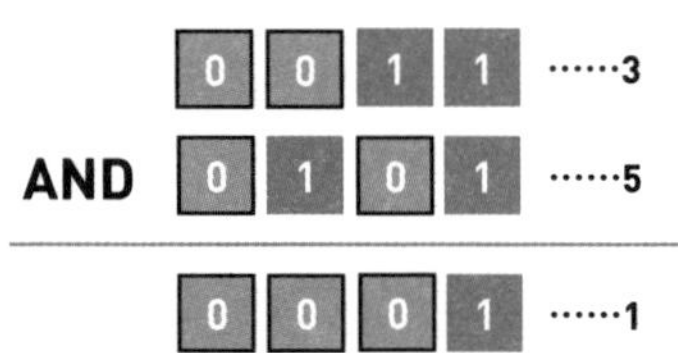

논리연산의 일종인 AND 연산에서는 대응하는 비트(여기에서는 상하로 늘어선 비트)가 양쪽 모두 1일 때만 1이 된다.

논리연산을 수행하는 회로

도표 18-2를 보며 연산장치의 기초가 되는 논리회로에 대해 좀 더 자세하게 설명하겠습니다. 회로는 '전기가 흐르는 길'입니다. 전기가 흐르는 방향이 정해져 있고 '입력'과 '출력'이 있습니다. 입력된 후 특정 로직(논리)에 따라 출력하는 것을 논리회로라고 합니다.

기본적인 논리회로 3가지는 'AND(앤드)', 'OR(오어)', 'NOT(낫)'입니다. 그 외에 'XOR(엑스오어)' 등의 회로도 사용됩니다. AND 회로는 입력단 A와 B에 1과 1이 입력되었을 때만 1을 출력하고, 그 이외는 0을 출력합니다. OR 회로는 입력의 어느 쪽이든 1이 있다면 1을 출력하고 입력이 둘 다 0일 때만 0을 출력합니다. NOT 회로는 입력을 반전시켜 출력하는 회로로, 0을 입력하면 1을 출력하고 1을 입력하면 0을 출력합니다. 또한 XOR 회로는 입력단 A, B에 입력된 값이 0, 0 또는 1, 1로 같을 때 0을 출력하고, 입력한 값이 서로 다를 때 1을 출력합니다.

기본 논리회로 도표 18-2

AND 회로

입력이 둘 다 1일 때 1을 출력한다.

A	B	X
0	0	0
1	0	0
0	1	0
1	1	1

OR 회로

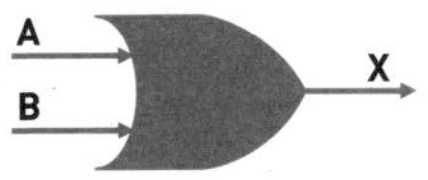

입력의 어느 쪽이든 1일 때 1을 출력한다.

A	B	X
0	0	0
1	0	1
0	1	1
1	1	1

NOT 회로

입력을 반전시켜 출력한다.

A	X
0	1
1	0

XOR 회로

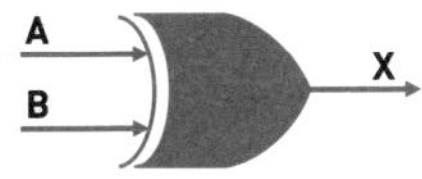

입력이 같을 때 0, 다를 때 1을 출력한다.

A	B	X
0	0	0
1	0	1
0	1	1
1	1	0

논리회로는 사람의 뇌세포처럼 여러 개가 조합되어 하나의 장치로서 작용합니다.

다음 페이지 →

연산장치로 덧셈을 수행한다

사칙연산 회로는 기본적인 논리회로의 조합으로 만들어집니다. 그 예시로 도표 18-3에서 덧셈을 수행하는 회로를 확인할 수 있습니다. 덧셈 회로는 **한 자릿수의 덧셈을 실시하는 '가산기'를 복수 조합해 만듭니다.** 8비트로 표현되는 숫자끼리 덧셈을 할 경우 가산기가 8개 필요합니다. 가산기에는 '반(半)가산기'와 '전(全)가산기'가 있으며, 이 두 가지는 하위로부터의 자릿수 올림에 대응하느냐 아니냐의 차이가 있습니다. 예를 들어 2진수 '0'과 '1'을 더할 때는 자릿수 상승이 발생하지 않지만, '1'과 '1'을 더하면 자릿수가 상승하여 '10(10진수의 2)'이 됩니다. 그러므로 그 다음 자리의 계산을 하는 가산기는 그러한 자릿수 상승을 감안하고 덧셈을 해야 합니다. 이렇게 하위로부터의 자릿수 올림에 대응하여 덧셈하는 것이 전가산기입니다. 정리하면 가장 아랫자리만 반가산기를 사용하고 나머지 자리는 전가산기를 사용합니다.

덧셈을 수행하는 회로의 동작 이미지 도표 18-3

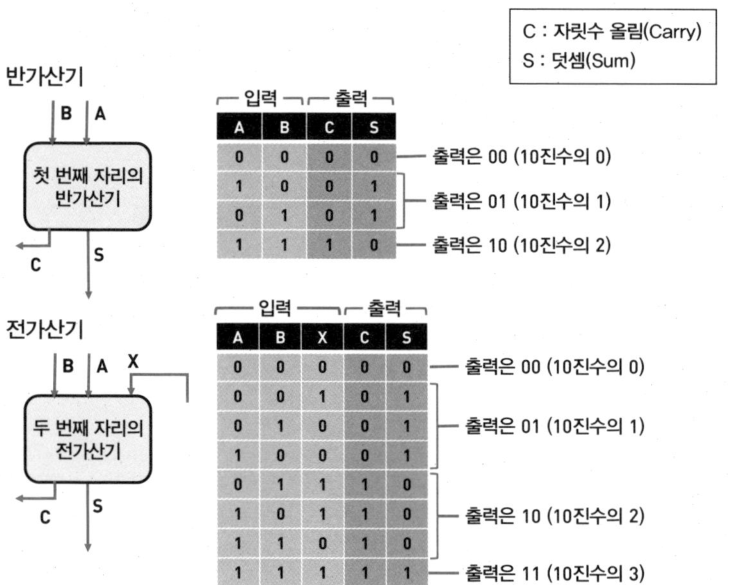

반가산기

입력		출력		
A	B	C	S	
0	0	0	0	출력은 00 (10진수의 0)
1	0	0	1	출력은 01 (10진수의 1)
0	1	0	1	
1	1	1	0	출력은 10 (10진수의 2)

전가산기

입력			출력		
A	B	X	C	S	
0	0	0	0	0	출력은 00 (10진수의 0)
0	0	1	0	1	출력은 01 (10진수의 1)
0	1	0	0	1	
1	0	0	0	1	
0	1	1	1	0	출력은 10 (10진수의 2)
1	0	1	1	0	
1	1	0	1	0	
1	1	1	1	1	출력은 11 (10진수의 3)

전가산기는 하위로부터의 자릿수 올림(X)를 포함한 덧셈을 수행한다.

가산기의 출력을 자세히 보면 입력의 총합을 2진수로 나타내고 있는 것을 알 수 있습니다.

덧셈을 수행하는 흐름을 보자

3비트끼리의 덧셈을 실시하는 회로를 예로 삼아 계산의 흐름을 봅시다. 도표 18-4 3비트 덧셈을 수행하려면 반가산기 1개와 전가산기 2개를 조합해 자릿수 올림 출력 C를 전가산기의 입력 X에 연결합니다. 이 상태에서 A와 B에 더하고 싶은 숫자의 비트를 한 자리씩 입력합니다. 가령 '3+2'라는 계산을 한다면 각 가산기의 A에 '011', B에 '010'을 입력합니다. 계산은 최하위 비트부터 순서대로 이루어집니다. 최하위의 반가산기로 '1+0→01'과 같은 계산이 이루어지며, 반가산기의 자릿수 올림 출력 C는 두 번째 자릿수 전가산기의 입력 X에 전달됩니다. 이어서 '0+1+1→10', '1+0+0→01'이라는 결과가 출력되고, 지금까지의 모든 출력 S를 합쳐 최종적으로 '101(10진수의 5)'이 출력됩니다.

'3+2=5'를 계산한다 도표 18-4

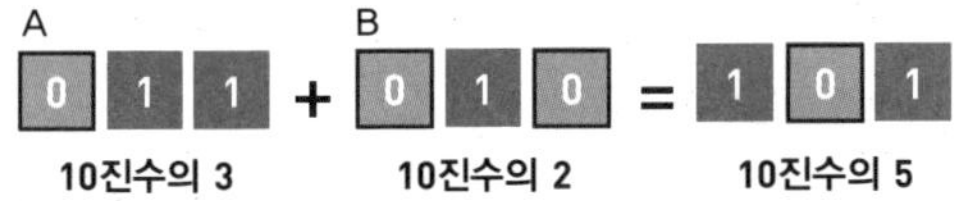

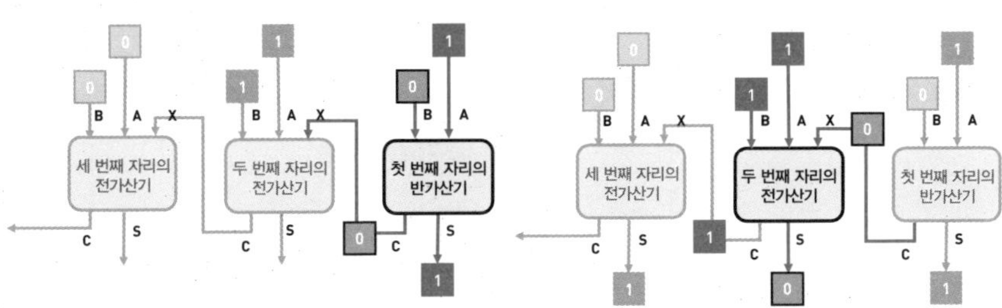

❶ 첫 번째는 '1+0'이기 때문에 결과는 'C가 0, S가 1'

❷ 두 번째는 '0+1+1'이기 때문에 결과는 'C가 1, S가 0'

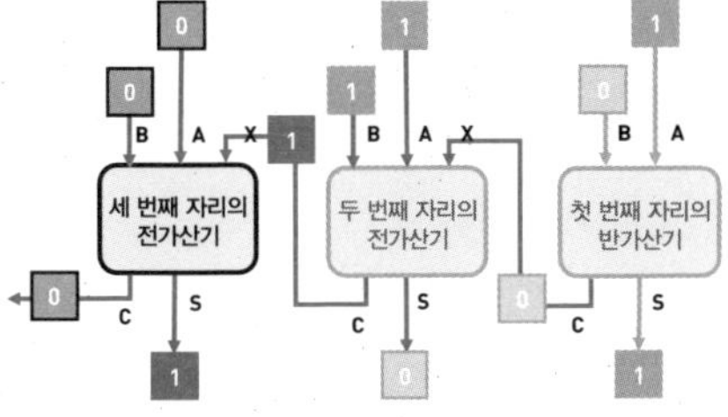

❸ 세 번째는 '1+0+0'이기 때문에 결과는 'C가 0, S는 1'

한 자리씩 차례로 계산해 나갑니다. 입력과 출력의 흐름을 따라가며 알아보겠습니다.

덧셈을 하는 데 필요한 회로

구조가 간단한 반가산기를 예로 들어 보겠습니다. 반가산기는 하위로부터의 자릿값 올림에 대응하지 않기 때문에 입력이 2개, 출력이 2개입니다. 회로를 만드는 데 있어서의 주안점은 앞서 도표 18-3에서 제시한 반가산기와 동일한 결과를 내는 논리회로가 없는지 찾아보는 것입니다. 반가산기 출력 S와 출력 C를 나누어 살펴보면, 각각 XOR 회로와 AND 회로의 결과가 일치합니다. 거기에서 도표 18-5와 같이 XOR 회로와 AND 회로를 조합하면 된다는 아이디어가 도출됩니다. 회선은 여러 개로 분기할 수 있기 때문에 XOR 회로와 AND 회로 양쪽에 입력 A와 입력 B를 연결합니다. 두 논리회로의 출력을 합치면 덧셈이 이루어집니다. 이와 같이 사칙연산은 여러 개의 논리회로를 조합하여 실현됩니다.

XOR 회로와 AND 회로를 조합한 덧셈 회로(반가산기) 도표 18-5

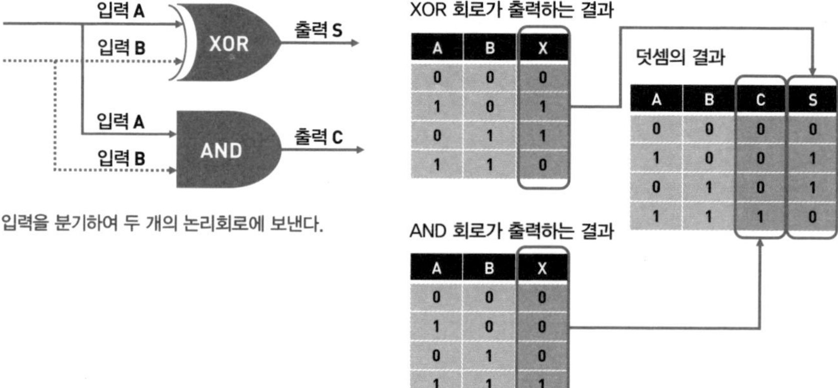

XOR 회로가 출력하는 결과

A	B	X
0	0	0
1	0	1
0	1	1
1	1	0

AND 회로가 출력하는 결과

A	B	X
0	0	0
1	0	0
0	1	0
1	1	1

덧셈의 결과

A	B	C	S
0	0	0	0
1	0	0	1
0	1	0	1
1	1	1	0

입력을 분기하여 두 개의 논리회로에 보낸다.

두 개의 논리회로의 출력을 조합하면 덧셈의 결과가 나온다.

기존 컴퓨터의 연산장치가 작동되는 원리를 익혔으니 다음 레슨 19부터는 양자 컴퓨터의 연산장치를 살펴보겠습니다. 회로를 조합한다고 하는 점에서는 같지만, 그 실체는 상당히 다릅니다.

원포인트

양자 컴퓨터에도 컴파일러가 필요할까?

양자 컴퓨터 프로그래밍에서는 QPU 내의 양자 비트 변환 프로세스를 기술합니다. 이것은 기존 컴퓨터의 초기 프로그래밍과 같은 수준으로 알려져 있습니다. 기존 컴퓨터도 CPU 레벨에서 보면 0과 1로 구성된 명령인 '기계어'를 사용하여 CPU 내의 각 회로에 지시를 내립니다.

기존 컴퓨터가 처음 등장했던 무렵에는 프로그래머도 '기계어'로 프로그램을 작성했습니다. 그런데 오늘날 대부분의 프로그래머가 기계어가 아니라 Python이나 C언어 같은 고급언어로 프로그래밍하고 있습니다. 고급언어는 기계어에 비하면 인간의 언어에 가까운 것으로, '이런 수식을 계산하라', '이 파일을 저장하라', '이미지를 화면에 표시하라' 등 높은 수준의 명령문을 사용할 수 있습니다.

고급언어를 사용하면 최종적으로 컴파일러 같은 프로그램이 그것을 기계어로 번역하여 CPU에 지시를 전달하기에 프로그래머가 CPU 내부 회로를 의식하지 않아도 됩니다. 컴파일러가 시스템이 효율적으로 작동할 수 있도록 최적화해 주기 때문이죠.

아직은 양자 컴퓨터 전용 고급언어나 컴파일러가 드물지만 그것을 연구하는 사람들이 있습니다. 언젠가는 양자 컴퓨터에서도 QPU와 같은 하드웨어 부분을 그다지 의식하지 않은 채 프로그램을 작성할 수 있게 될지도 모릅니다.

프로그래밍 방식이 다르다 도표 18-6

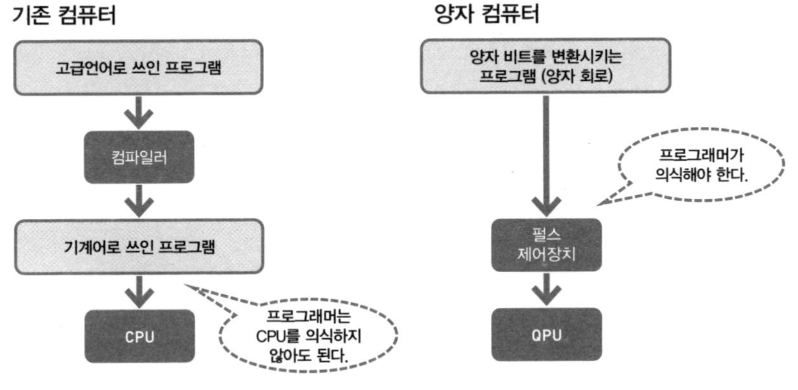

현재 대부분의 양자 컴퓨터에는 컴파일러에 해당하는 것이 없습니다.

19 양자 컴퓨터의 계산단위 '양자 비트'

이번 레슨의 포인트

기존 컴퓨터는 비트라는 단위로 연산을 수행하지만 양자 컴퓨터는 '양자 비트'라는 단위를 이용해 계산합니다. 챕터 2에서 배운 양자역학의 기본을 생각하면서 읽어보기 바랍니다.

클래식 비트와 양자 비트의 차이

양자 비트는 양자 컴퓨터에서 이용되는 정보의 최소 단위입니다. 그것과 구별하기 위해 기존 컴퓨터에 사용되는 비트를 '클래식 비트'라고 부르겠습니다. 양자 비트는 '상태 벡터'라는 벡터로 표현됩니다. 도표 19-1 벡터는 방향을 나타내며, 0과 1 사이의 다양한 상태를 가집니다.

클래식 비트의 0과 1은 확정된 값이지만 양자 비트는 상태 벡터에 의해 값이 0과 1 중 어느 것이 될지 불분명합니다. 측정할 때마다 나오는 값이 달라집니다.

벡터는 전문적으로는 수학의 행렬을 사용하여 표현합니다. 그러나 이 책에서는 시각적으로 이해하기 쉽게 챕터 2에서 소개한 블로흐 구로 설명합니다.

클래식 비트와 양자 비트 도표 19-1

클래식 비트

1비트 = 1 또는 0

양자 비트

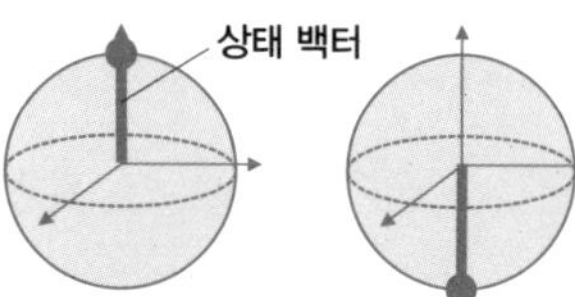

100% 확률로 0이 나오는 상태

100% 확률로 1이 나오는 상태

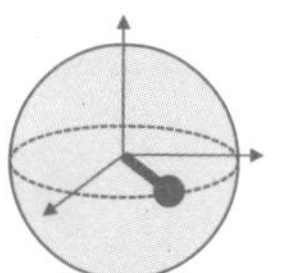

0과 1이 나올 확률이 각각 50%인 상태 (+ 상태)

양자 비트의 변환을 나타내는 '양자 회로'

양자 컴퓨터에도 논리회로에 해당하는 '양자 회로'가 있지만 이것은 전류 따위가 흐르는 통로라는 의미의 회로는 아닙니다.

양자 회로도는 오선지와 비슷하고, 양자 비트에 실시하는 변환과 변환 시점을 나타낸 모식도로 되어 있습니다. 도표 19-2 양자 회로도에 따라 펄스 제어장치가 QPU 안에 있는 특정 양자 비트에 마이크로파를 쏘아 양자 상태를 변화시킵니다. 그리고 최종적으로 측정을 하면 확정된 '0'과 '1'을 얻을 수 있습니다.

양자 회로도는 양자 비트 변환을 나타낸다 도표 19-2

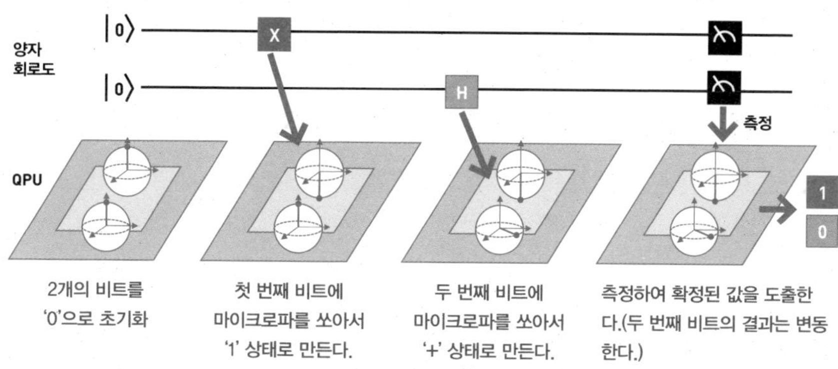
양자
회로도
|0⟩
|0⟩
X
H
측정
QPU
1
0
2개의 비트를
'0'으로 초기화
첫 번째 비트에
마이크로파를 쏘아서
'1' 상태로 만든다.
두 번째 비트에
마이크로파를 쏘아서
'+' 상태로 만든다.
측정하여 확정된 값을 도출한
다.(두 번째 비트의 결과는 변동
한다.)

'X'나 'H'와 같은 기호의 의미는 다음 레슨에서 설명하겠습니다.

원포인트

양자 회로도에서 빼놓을 수 없는 '브라켓 표기법'

브라켓 표기법은 양자 상태를 수식으로 나타내는 표기법의 하나입니다. 자주 사용되는 표기로는 관측 결과가 100% 확률로 '0'이 됨을 나타내는 |0⟩(켓-0)과 100% 확률로 '1'이 됨을 나타내는 |1⟩(켓-1)이 있습니다.

브라켓 표기법 도표 19-3

$|0\rangle$

100% 확률로 '0'이 되는 상태

$|1\rangle$

100% 확률로 '1'이 되는 상태

20 양자 컴퓨터에서 계산의 흐름

이번 레슨의 포인트

양자 컴퓨터의 계산은 '초기화', '연산', '측정'이라는 3단계 절차로 수행됩니다. 연산은 양자 회로라는 일종의 프로그램에 의해 수행되며, 연산으로 양자 비트의 상태가 변화합니다. 마지막으로 측정 단계를 거치면 결과를 얻을 수 있습니다.

양자 비트의 계산 순서는 크게 3단계

양자 정보 계산은 도표 20-1과 같이 ①초기화, ②연산, ③측정의 3단계로 수행됩니다. ① 초기화 단계에서는 각 양자 비트 상태를 |0⟩(측정 시 100% 확률로 '0'을 출력)으로 만듭니다. 그다음 ②연산 단계에서는 '양자 게이트'(레슨 21 참고)라고 불리는 연산을 적용합니다. 방법은 앞서 설명한 것처럼 양자 비트에 마이크로파를 쏘아 상태를 변화시킵니다. 양자 게이트에는 몇 가지 종류가 있으며 조합에 따라 다양한 양자 계산을 실시합니다. 마지막은 ③측정 단계입니다. 양자 계산 도중에는 양자 상태라고 불리는 특수한 상태가 유지되는데, 측정으로 그 양자 상태를 깨뜨리고 계산 결과를 추출하면 계산이 끝납니다.

양자 회로도 및 3단계 도표 20-1

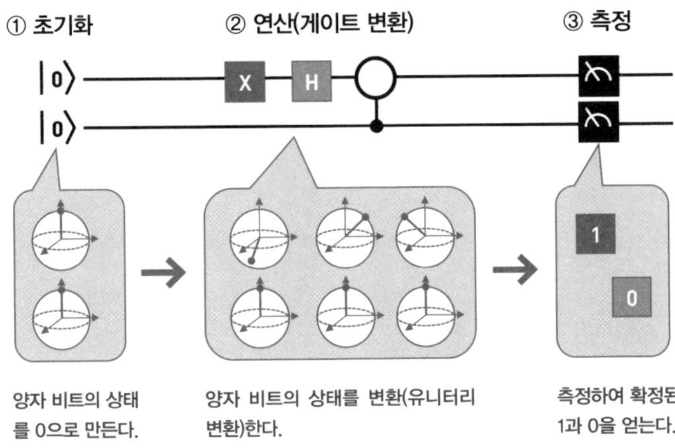
① 초기화
② 연산(게이트 변환)
③ 측정
|0⟩
|0⟩
X
H
1
0
양자 비트의 상태를 0으로 만든다.
양자 비트의 상태를 변환(유니터리 변환)한다.
측정하여 확정된 1과 0을 얻는다.

기존 컴퓨터의 연산장치와의 사고방식의 차이

지금까지의 설명을 바탕으로 기존 컴퓨터의 연산장치와의 차이를 다시 확인해 봅시다. 기존 컴퓨터의 연산장치나 그 안의 논리회로는 CPU 안에 실재하는 것입니다. 매우 작아 손가락으로 만질 수는 없지만 반도체 소자의 조합으로서 실제로 존재하고 있습니다.

그에 비해 양자 컴퓨터의 QPU 안에 실재하는 것은 양자 비트뿐이며, 양자 게이트는 존재하지 않습니다. 양자 회로상의 양자 게이트는 양자 비트에 대한 변환을 나타내는 가상의 게이트입니다.

또한, CPU 내의 논리회로는 제조 후에 재조합할 수 없습니다. 덧셈이나 곱셈 등을 실시하는 회로가 미리 만들어져 있어 프로그램의 지시에 따라 어느 회로를 사용할지가 정해집니다. 그에 비해 양자 회로의 양자 게이트는 가상적인 것이므로 자유롭게 재조합할 수 있습니다. 즉 양자 회로는 프로그램인 것입니다.

양자 회로도와 QPU의 관계 도표 20-2

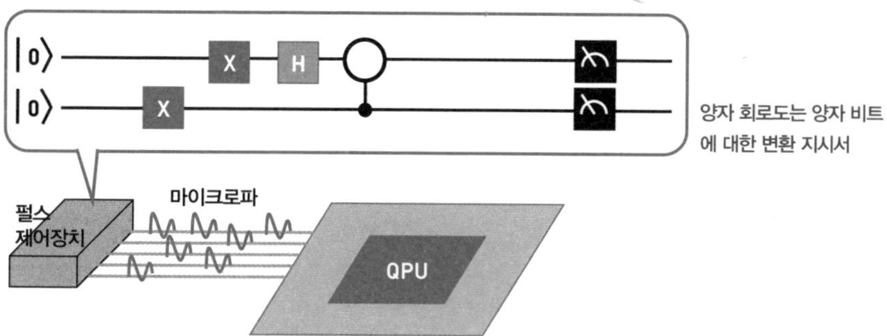

QPU 안에는 양자 비트와 배선밖에 없다.

원포인트

양자 회로에 입력할 데이터를 준비하려면

컴퓨터로 연산을 수행할 경우 계산을 하기 위한 초깃값이 필요합니다. 초기화 단계에서 모든 양자 비트가 0 상태가 되었으므로, 필요에 따라 양자 게이트를 이용해 상태를 |1⟩(측정 시 100% 확률로 '1'을 출력)로 설정합니다. 즉, 초깃값 설정도 도표 20-1의 ②연산 단계의 일부라고 할 수 있습니다.

Lesson [양자 게이트]

21 기본적인 양자 비트 변환을 수행하는 양자 게이트

양자 컴퓨터로 연산을 하려면 '양자 게이트'를 조합해 양자 회로도를 작성합니다. 우선 양자 게이트를 이용해 양자 비트를 0에서 1로 만들거나 중첩 상태로 만드는 방법을 설명하겠습니다.

이번 레슨의 포인트

양자 게이트는 양자 비트를 변환한다

양자 게이트는 양자 컴퓨터의 논리회로로 연산의 핵심입니다. 수많은 양자 게이트를 조합하고 프로그래밍하여 알고리즘이나 애플리케이션을 구축합니다. 양자 게이트의 종류는 여러 가지입니다. 1개의 양자 비트에 작용하는 '1양자 비트 게이트'와 여러 양자 비트에 관련된 변환을 실시하는 '2양자 비트 게이트', '3양자 비트 게이트'가 있습니다. 도표 21-1

양자 게이트를 나타내는 기호 도표 21-1

파울리 게이트

X Y Z

아다마르 게이트

H T

2양자 비트 게이트

3양자 비트 게이트

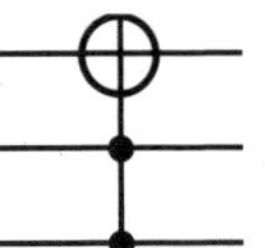

이러한 양자 게이트들은 펄스 제어장치에서 나오는 마이크로파의 종류를 나타낸다.

옆으로 펼쳐진 오선지 같은 선들은 각각 다른 양자 비트를 나타냅니다.

X, Y, Z 축으로 180도 반전하는 파울리 게이트

주요 게이트를 차례로 살펴보겠습니다. 파울리 게이트는 상태 벡터를 각각의 축에 따라 180도 반전시키는 작업을 합니다. X, Y, Z라는 3종류의 게이트가 있으며, X 게이트는 X축 중심으로 반전, Y 게이트는 Y축 중심으로 반전, Z 게이트는 Z축 중심으로 반전시키는 변환에 대응합니다. 도표 21-2

각 축에서 반전하는 파울리 게이트 도표 21-2

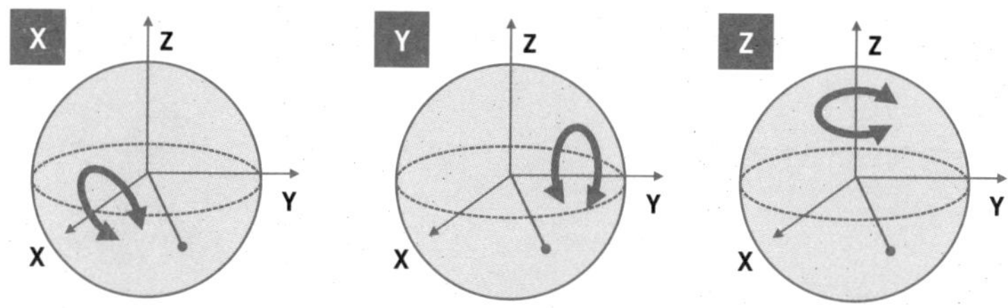

파울리 게이트의 X, Y, Z는 블로흐 구의 각각의 축을 나타낸다.

X 게이트에서 0을 1로 만든다

'축을 따라 반전한다'는 것은 연산과 어떤 관계가 있을까요? 실제로 어떻게 쓰이는지 보겠습니다. 예를 들어 X 게이트는 양자 비트의 0과 1을 전환하기 위해 사용됩니다. 도표 21-3 초기화 후의 |0⟩를 블로흐 구로 나타내면 상태 벡터가 Z축을 따라서 바로 위를 향하고 있습니다. 이 상태에서 X축을 따라 180도 반전하면 100% 확률로 '1'이 나오는 상태인 |1⟩이 됩니다. 3개의 양자 비트가 '101'을 나타내도록 하고 싶으면 X 게이트를 2개 사용한 양자 회로를 만들면 됩니다.

X 게이트를 이용하여 0을 1로 만든다 도표 21-3

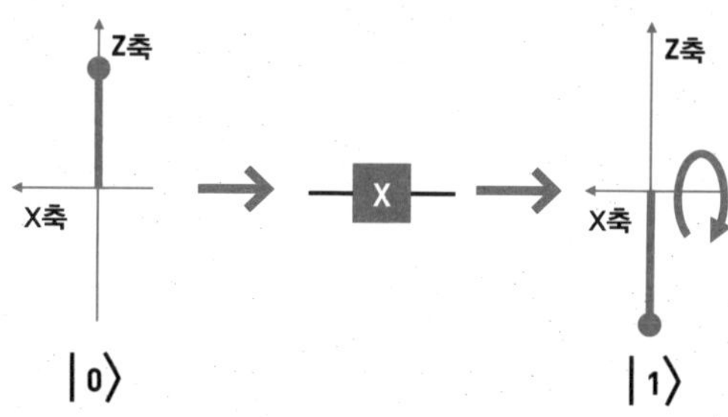

블로흐 구의 Z축은 양자성이 없는 상태를 나타내고 있다. 즉, 기존 방식 컴퓨터의 0, 1과 똑같다.

축 3개로 이루어진 그림은 어렵게 느껴지니 축 하나만으로 생각해 봅시다.

H 게이트에서 양자 비트를 중첩 상태로 만든다

X 게이트만 사용해서는 기존 컴퓨터와 다를 바가 없습니다. 여기에 H 게이트(아다마르 게이트)를 조합하면 양자성을 가진 상태(중첩 상태)로 만들 수 있습니다. H 게이트의 움직임은 블로흐 구를 비스듬히 횡단하는 축을 따라 180도 반전합니다. 도표 21-4

H 게이트(아다마르 게이트) 도표 21-4

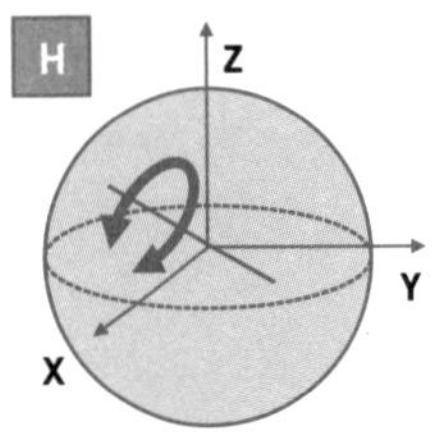

H 게이트를 사용하면 중첩 상태를 만들어 낼 수 있다.

아다마르 게이트의 이름은 프랑스의 수학자 인 자크 아다마르(Jacques Hadamard)의 이름을 따서 지어졌습니다.

0과 1이 50% 확률로 나오는 상태를 만들 수 있다

H 게이트는 중첩 상태를 만들어 내기 위해 사용합니다. 예를 들면 초기화 후의 Z축이 바로 위를 향한 상태(100% 확률로 '0'이 나오는 상태)일 때 H 게이트를 적용하면 상태 벡터는 X축을 따라가는 상태가 됩니다. 도표 21-5 이것은 챕터 2에서도 소개한 0과 1이 각각 50% 확률로 나오는 +(플러스) 상태입니다. 이러한 '중첩'이라는 양자의 성질을 이용해 연산을 할 수 있습니다.

H 게이트를 이용하여 + 상태로 만든다 도표 21-5

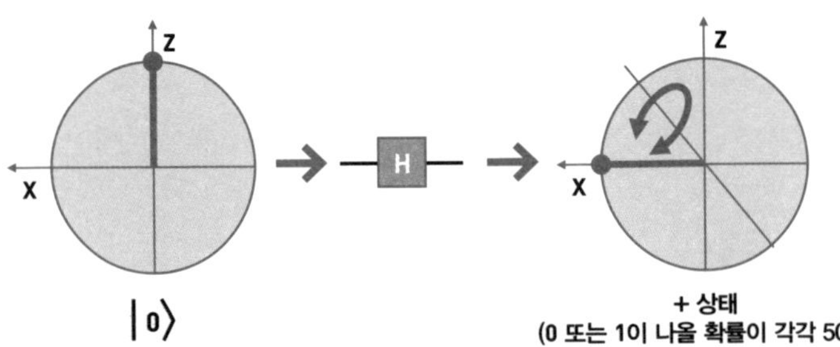

양자 비트를 초기화하여 H 게이트를 적용하면 + 상태가 된다.

+(플러스) 상태의 반대인 -(마이너스) 상태도 있다

Z축이 바로 아래를 향한 상태(100% 확률로 '1'이 나오는 상태)일 때 H 게이트를 적용하면 도표 21-6과 같이 상태 벡터가 X축을 따르는 상태가 됩니다. 다만 벡터의 방향은 + 상태와 반대로 되기 때문에 '–(마이너스) 상태'라고 부릅니다. – 상태에서도 0과 1이 50%씩 나온다는 점은 변함이 없습니다. – 상태의 양자 비트에 한 번 더 H게이트를 적용하면 + 상태로 변환되는 것이 아니라, 중첩이 해제됩니다.

H 게이트를 이용하여 – 상태로 만든다 도표 21-6

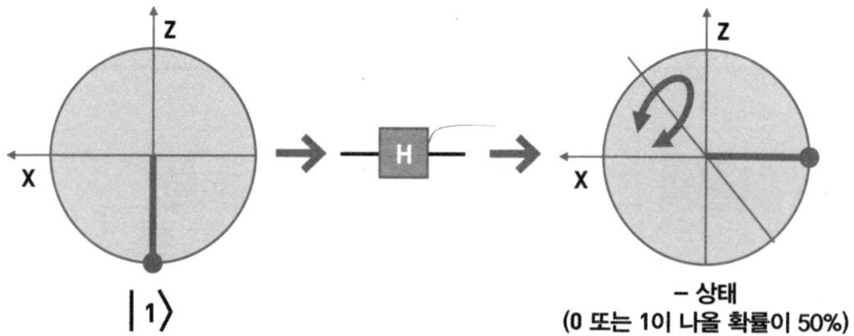
Z
X
H
Z
X
|1⟩
– 상태
(0 또는 1이 나올 확률이 50%)

양자 비트를 1로 만들고 H 게이트를 적용하면 – 상태가 된다.

H 게이트를 두 번 적용하면 중첩이 해제된다

+ 상태 또는 – 상태의 양자 비트에 한 번 더 H 게이트를 적용하면 다시 |0⟩ 또는 |1⟩로 돌아옵니다. 도표 21-7 블로흐 구를 비스듬히 통과하는 축을 따라 180도 반전하기 때문에 원래대로 돌아가는 것입니다. 다르게 얘기하면, 중첩 상태를 해제하는 것입니다.

H 게이트를 이용하여 |0>으로 되돌린다 도표 21-7

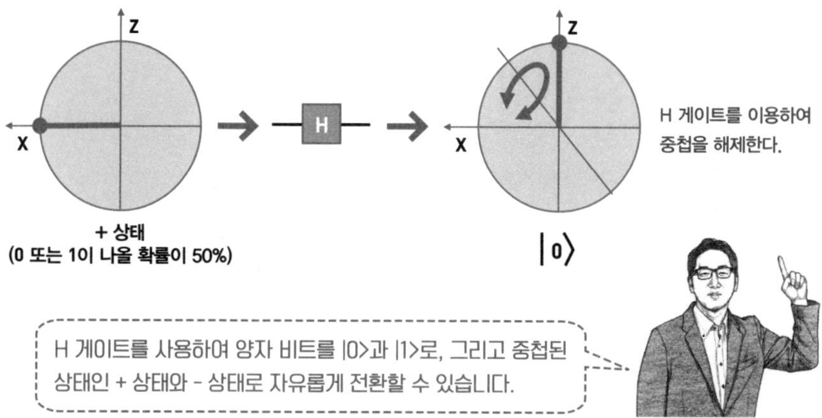
Z
X
H
Z
X
H 게이트를 이용하여
중첩을 해제한다.
+ 상태
(0 또는 1이 나올 확률이 50%)
|0⟩
H 게이트를 사용하여 양자 비트를 |0>과 |1>로, 그리고 중첩된
상태인 + 상태와 - 상태로 자유롭게 전환할 수 있습니다.

22 조금 더 복잡한 변환을 수행하는 양자 게이트

기본적인 양자 비트 변환에 이어, 2양자 비트 게이트와 T 게이트를 소개합니다. 구조가 조금 복잡하지만 연산을 수행하기 위해서는 이러한 게이트도 함께 조합하여 사용해야 합니다.

이번 레슨의 포인트

2개의 양자 비트를 연동시키는 CNOT 게이트

CNOT(씨낫) 게이트는 2개의 양자 비트에 사용하는 2양자 비트 게이트의 일종입니다. CNOT 게이트는 컨트롤 비트와 타겟 비트라는 두 게이트를 사용하며, 컨트롤 비트의 값에 따라 움직임이 달라집니다. 컨트롤 비트가 1인 경우에만 타겟 비트를 반전시키고, 컨트롤 비트가 0일 때는 아무런 변환을 하지 않습니다. 이러한 기능으로 2개의 양자 비트를 연동시켜 변환할 수 있습니다. 도표 22-1

CNOT 게이트 도표 22-1

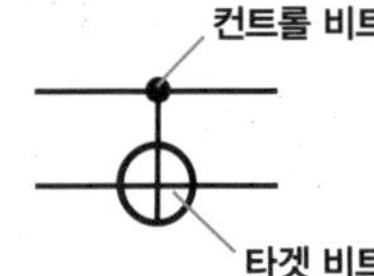

2양자 비트 게이트. 컨트롤 비트의 상태에 따라 타겟 비트를 변환한다.

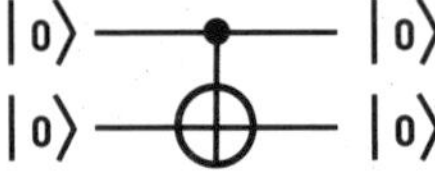

컨트롤 비트가 1일 때만 반전한다.

챕터 4에서 설명하겠지만, CNOT 게이트를 사용해 양자 얽힘을 일으킬 수 있습니다.

T 게이트와 T† 게이트는 파동의 계산에 사용된다

T 게이트는 도표 22-3과 같이 Z축 중심으로 회전하는 게이트로, π/4만큼 회전합니다. T† 게이트는 역방향으로 −π/4만큼 회전하는 게이트입니다. (†는 '다가(Dagger)'라는 기호입니다.)

π는 180도를 의미하므로 π/4는 45도입니다. 이것만으로는 X 게이트나 H 게이트와 큰 차이가 없는 것 같지만, Z축 중심의 회전은 '파동의 위상'을 의미합니다. 이 정보는 파동(파의 움직임)을 계산할 때 이용할 수 있습니다.

T 게이트와 T† 게이트 도표 22-3

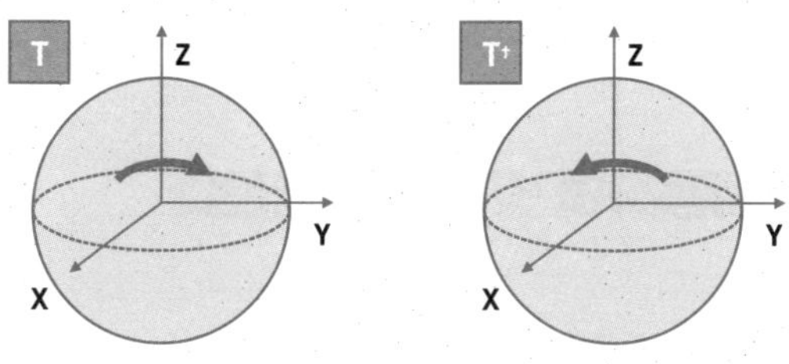

T 게이트와 T† 게이트를 적용하면 Z축을 중심으로 회전합니다.

파동의 계산은 기존 컴퓨터로 계산할 때 시간이 오래 걸리는 계산 중 하나입니다.

조합해서 필요한 게이트를 만든다

이외에도 다양한 양자 게이트가 고안되고 있지만 양자 컴퓨터의 종류에 따라 기본적으로 제공되는 양자 게이트가 각기 다릅니다. 필요한 양자 게이트가 없는 경우에는 이용 가능한 양자 게이트를 조합해서 만듭니다. 예를 들면 도표 22-4는 '토폴리 게이트'라고 불리는 3양자 비트 게이트지만 CNOT 게이트, T 게이트 등을 조합해서 만들 수 있습니다.

양자 게이트를 조합한다 도표 22-4

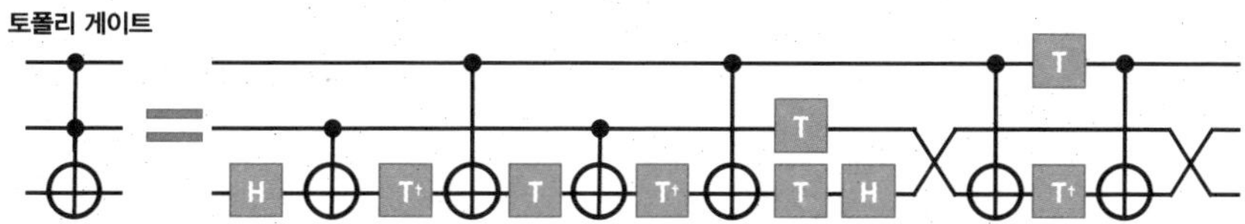

양자 게이트의 조합으로 토폴리 게이트를 만든다.

23 양자 컴퓨터로 하는 덧셈

이번 레슨의 포인트

양자 회로 만드는 방법을 머릿속에 그려보기 위해 기존 컴퓨터와 같은 방식으로 덧셈을 하는 회로를 살펴보겠습니다. 레슨 22에서 설명한 CNOT 게이트와 토폴리 게이트를 조합하여 만들 수 있습니다.

기본적인 논리회로를 사용하여 덧셈을 실현한다

양자 컴퓨터에서도 1+1을 수행할 수 있습니다. 양자 컴퓨터가 가지는 '범용성' 덕분에 기존 컴퓨터로 수행할 수 있는 연산을 재현할 수 있기 때문입니다.

레슨 18에서는 기존 컴퓨터의 반가산기를 설명했지만 여기서는 2개의 양자 비트끼리 덧셈을 수행하는 회로를 설명합니다. 도표 23-1 0+0=0, 0+1=1, 1+0=1, 1+1=2가 실현되면 성공입니다.(2진수로 표현하면 0+0=00, 0+1=01, 1+0=01, 1+1=10입니다.)

덧셈을 수행하는 회로(반가산기) 완성 이미지 도표 23-1

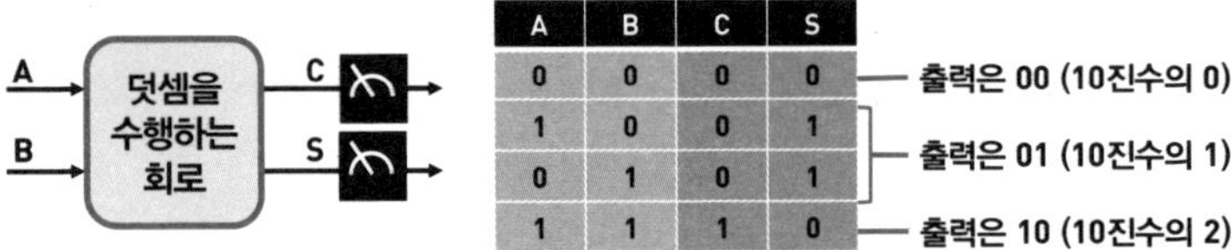

A	B	C	S
0	0	0	0
1	0	0	1
0	1	0	1
1	1	1	0

입력과 출력만 놓고 보면 기존 컴퓨터의 반가산기와 똑같다.

방식이 달라도 기존 컴퓨터의 가산기와 같은 결과를 낼 수 있으면 양자 컴퓨터로 덧셈할 수 있습니다.

덧셈에 사용할 CNOT 게이트와 토폴리 게이트

양자 컴퓨터에서 덧셈을 할 때 사용하는 것은 'CNOT 게이트'와 '토폴리 게이트'입니다. 이 게이트들은 '컨트롤 비트'와 '타겟 비트'를 가지며, 컨트롤 비트의 상태에 따라 타겟 비트의 상태를 변화시킵니다.

CNOT 게이트는 컨트롤 비트가 1일 때 타겟 비트를 반전시킵니다. 도표 23-2 그리고 컨트롤 비트를 2개 가지고 있는 토폴리 게이트는 컨트롤 비트 2개 모두 1일 때 타겟 비트를 반전시킵니다. 도표 23-3

CNOT 게이트 도표 23-2

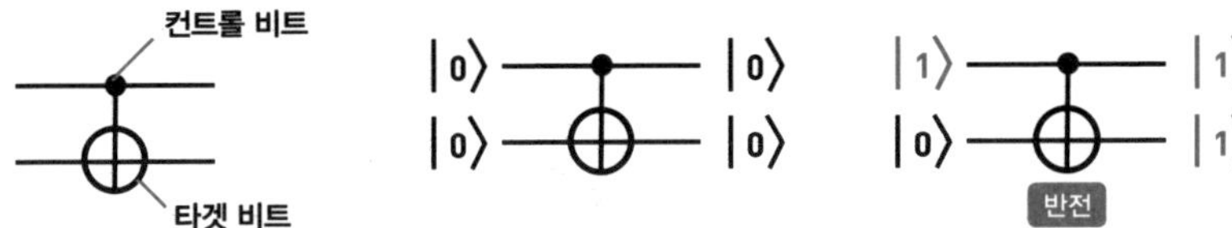

컨트롤 비트가 1일 때만 타겟 비트를 반전시킨다.

토폴리 게이트 도표 23-3

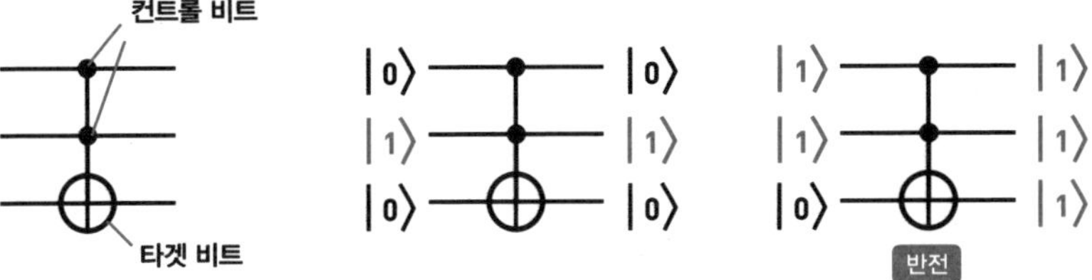

두 개의 컨트롤 비트가 모두 1일 때만 타겟 비트를 반전시킨다.

우선 이 두 가지 게이트의 작동 원리를 이해하고 나서 다음으로 넘어가십시오.

양자 게이트를 조합하여 덧셈을 실현한다

덧셈 회로는 '최하위 비트의 덧셈(S)'과 '두 번째 자리의 비트 처리(자릿수 올림 C)' 부분으로 나눌 수 있습니다. 또한 입력 담당 양자 비트와 출력 담당 양자 비트로 나뉘기 때문에 총 4개의 양자 비트가 필요합니다. 우선 완성된 양자 회로도를 살펴보겠습니다. 도표 23-4

A, B, S, C라는 4개의 양자 비트를 사용합니다. A와 B에는 더하는 값이 들어가고 S와 C에는 결괏값이 들어갑니다.

여기서 게이트의 순서는 의미가 없습니다. CNOT 게이트와 토폴리 게이트의 순서를 뒤섞어도 같은 결과가 나옵니다.

CNOT 게이트와 토폴리 게이트를 조합한 덧셈 회로 도표 23-4

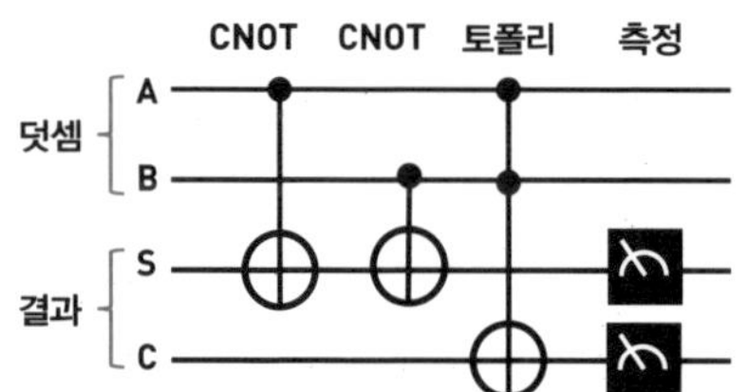

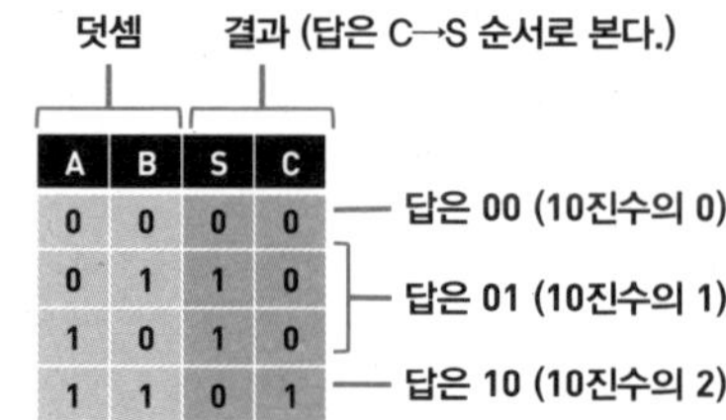

A	B	S	C
0	0	0	0
0	1	1	0
1	0	1	0
1	1	0	1

A와 B의 출력은 무시하고 S와 C를 측정한다.

두 번째 자리의 비트 처리 (자릿수 올림)

자릿수 올림 처리는 매우 간단해서 토폴리 게이트 하나로 실현할 수 있습니다. 자릿수가 올라가는 것은 A와 B 양쪽 모두가 1일 때뿐입니다. 즉 도표 23-5와 같이 A와 B 양쪽 모두 1일 때 C를 1로 하면 되는 것입니다. 이것은 토폴리 게이트의 동작 그 자체와 다름없습니다.

자릿수 올림 처리 도표 23-5

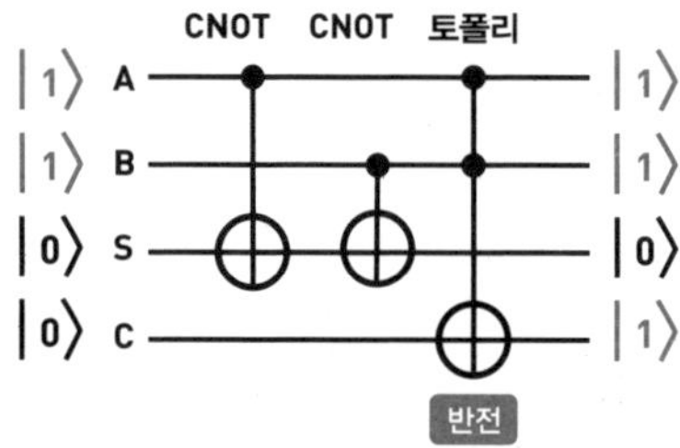

A와 B 양쪽 모두 1일 때만 C가 1이 된다.

최하위 비트의 덧셈 처리

다음은 최하위 비트의 덧셈을 살펴보겠습니다. 이것은 CNOT 게이트를 2개 사용하기 때문에 약간 복잡합니다. 최하위 비트는 '0+1'이나 '1+0'일 때 1, '0+0'이나 '1+1'일 때 0이 되어야 합니다. 도표 23-6을 보면서 양자 비트의 변화를 살펴보도록 합니다.('0+0'은 양자 비트가 전혀 변화하지 않으므로 생략합니다.)

2개의 CNOT 게이트는 각각 A와 B에 컨트롤 비트를 배치했습니다. 그렇기 때문에 A와 B 중 어느 한쪽만 1이면 1회 반전해 S는 1이 됩니다. 그러나 A와 B 양쪽 모두 1이면 2회 반전하기 때문에 S는 0이 됩니다.

최하위 비트를 구하는 구조 도표 23-6

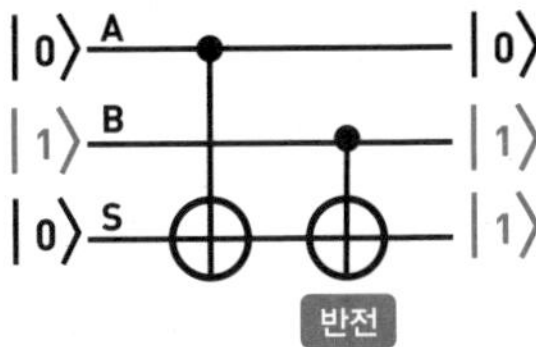

B만 1이므로 1회 반전해 S는 1이 된다.

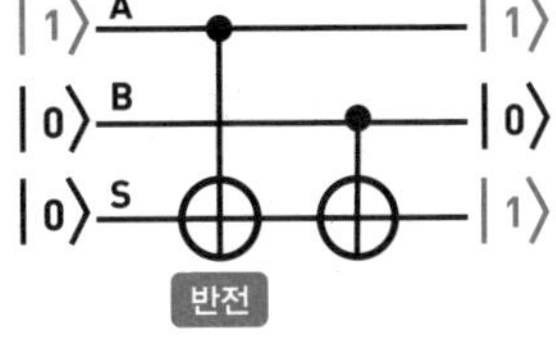

A만 1이므로 1회 반전해 S는 1이 된다.

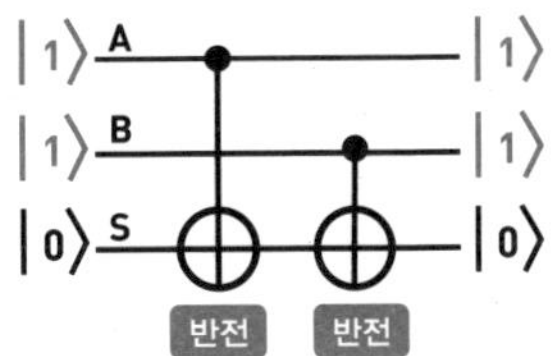

A와 B 양쪽 모두 1이므로 2회 반전해 S는 0이 된다.

기존 컴퓨터의 반가산기와 계산 방식이 상당히 다르지만 도출되는 답은 같습니다. 이것이 '양자 컴퓨터는 범용성을 가진다'고 말하는 이유입니다.

Lesson 24 [측정]

양자 비트의 결과를 보는 방법

이번 레슨의 포인트

기존 컴퓨터의 비트 0과 1은 연산 도중의 상태 그대로 결괏값이 됩니다. 양자 컴퓨터의 양자 비트도 측정한 결과가 0이나 1 중 어느 하나로 확정된다는 점에서는 같지만, 양자 회로에서의 결괏값이 상태 벡터에 따라 결정된다는 점에서 다릅니다.

상태 벡터가 Z축상에 있을 때

지금까지 몇 번이나 설명했듯이 상태 벡터가 Z축의 정확히 위를 향하고 있는 |0⟩인 상태에서는 몇 번을 측정해도 결과는 0이 됩니다. 반대로 상태 벡터가 Z축의 정확히 아래를 향하고 있는 |1⟩인 상태에서는 몇 번을 측정해도 결과는 1이 됩니다. 도표 24-1

즉, 상태 벡터가 Z축 위에 있는 한 기존 컴퓨터와 같이 확실하게 0과 1이 됩니다. 챕터 2에서 양자 컴퓨터는 측정할 때마다 결과가 바뀐다고 했지만, 중첩 상태가 되지 않도록 주의하면서 양자 회로를 만들고 최종적인 상태가 |0⟩과 |1⟩이 되도록 하면 결과가 바뀌는 일도 없어집니다.

항상 같은 결과가 나오는 상태 도표 24-1

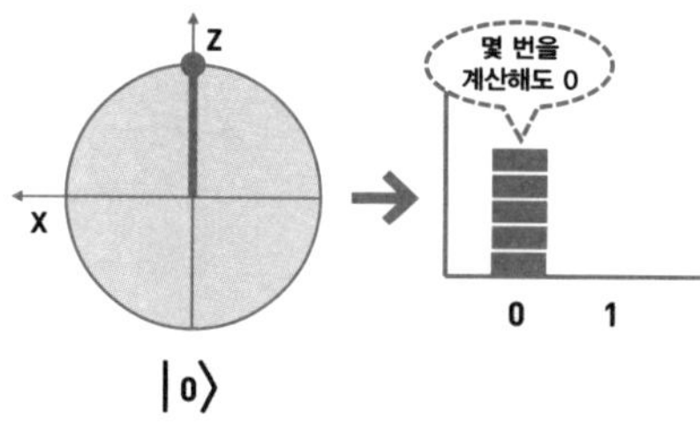

상태 벡터가 Z축의 정확한 위 방향일 때는 반드시 0

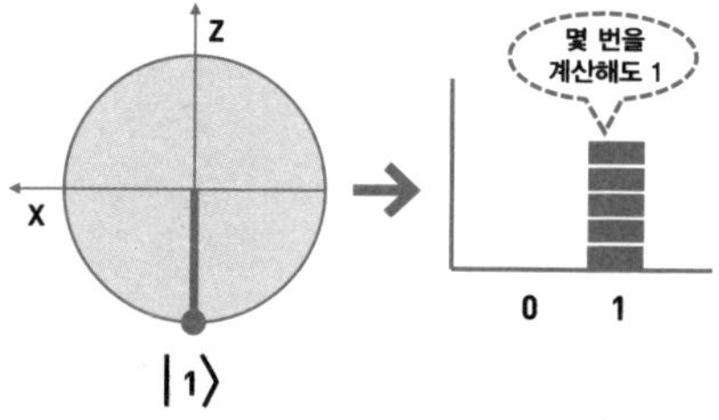

상태 벡터가 Z축의 정확한 아래 방향일 때는 반드시 1

그림에서 Y축을 표시하지 않은 것은 Y축은 0이나 1이 나오는 확률과 관련이 없기 때문입니다.

상태 벡터가 X축상에 있을 때

상태 벡터가 X축상에 있는 상태를 + 상태 또는 − 상태라고 불렀습니다. 이 경우 도표 24-2와 같이 0이나 1이 나올 확률은 각각 50%입니다. 실제로 양자 컴퓨터로 연산 작업을 수행해 보면 약간의 불균형이 생기지만, 시도 횟수를 늘릴수록 50%에 가까워지는 것을 확인할 수 있습니다.

0과 1이 나올 확률이 50% 도표 24-2

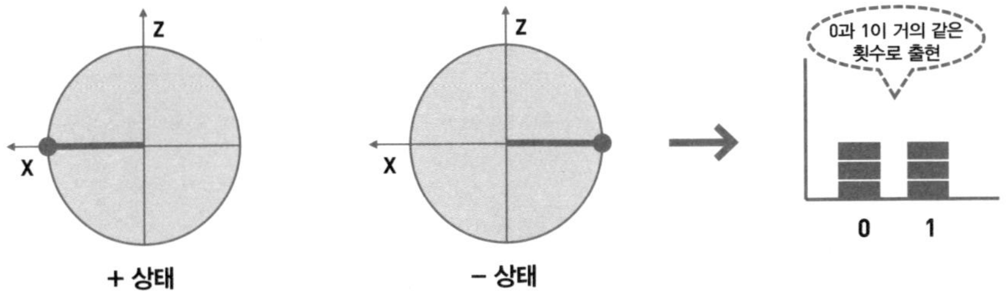

+ 상태든 − 상태든 0과 1은 같은 확률로 나온다.

상태 벡터가 어중간한 곳에 있을 때

상태 벡터가 Z축 위도 아니고 X축 위도 아닌 어중간한 위치에 있는 경우, 0과 1이 나올 확률에 차이가 생깁니다. Z축의 정확한 위 방향에 가까울수록 0이 나올 확률이 올라가고, 정확한 아래 방향에 가까울수록 1이 나올 확률이 올라갑니다. 도표 24-3

상태 벡터가 어중간한 위치에 있을 때 도표 24-3

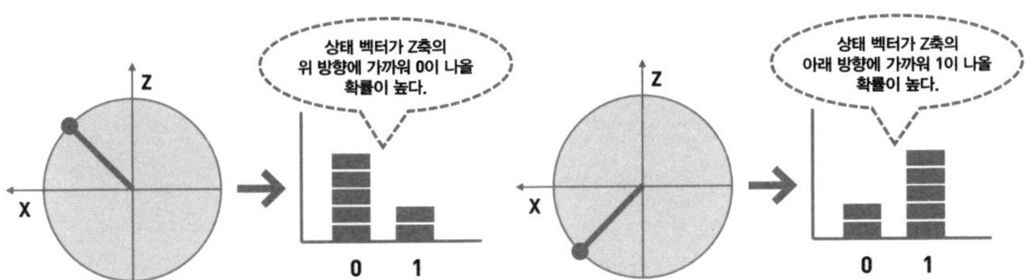

0과 1이 나올 확률은 Z축 위와 아래 중 어느 쪽에 가까운지에 따라 바뀐다.

양자 게이트의 기능이나 결과를 읽는 방법에 대한 설명은 여기까지입니다. 하지만 이것만으로는 양자 컴퓨터의 탁월함을 알아채기 어려우니 다음 챕터 4에서 양자 컴퓨터의 특성을 살린 연산에 관해 설명하겠습니다.

칼럼

다양한 종류의 양자 컴퓨터

챕터 3에서 초전도형 양자 비트로 연산을 수행하는 QPU에 대해 설명했습니다. 그러나 이는 양자 컴퓨터의 한 가지 종류에 지나지 않습니다. 챕터 2에서도 언급했듯이 양자에는 전자나 광자 등 다양한 종류가 있습니다. 또한, 양자 상태를 유지해 양자 비트를 변환하는 방법도 도표 24-4와 같이 다양한 것들이 연구되고 있습니다.

양자 컴퓨터의 종류 도표 24-4

양자 컴퓨터의 종류	개요
초전도형 양자 비트	초전도 상태로 회로에 전류를 흘려 전하로 양자 상태를 나타낸다. 초전도를 위한 극저온 환경이 필요하지만 초전도형 양자 비트 기술을 도입한 회사가 많아서 연구개발이 활발히 진행되고 있다.
이온 트랩형 양자 비트	레이저로 이온을 보충하고 들뜨게 해 양자 상태를 나타낸다. 게이트의 신뢰성은 높지만 많은 수의 레이저 기기가 필요하며 가동이 느리다.
실리콘형 양자 비트	실리콘에 전자를 삽입해 전자파로 양자 상태를 제어한다. 극저온을 유지해야 하고 양자 얽힘을 만들기 어렵다는 단점이 있다.
토폴로지컬 양자 비트	준입자를 이용하여 양자 상태를 나타낸다. 현시점에서는 기술적인 한계로 인해 이론으로만 다루어지고 있다.
다이아몬드 결손형 양자 비트	전자를 이용하여 양자 상태를 나타낸다. 상온에서 가동된다는 장점이 있지만, 양자 얽힘을 만들기 어렵다는 단점이 있다.

현재 양자 컴퓨터의 애플리케이션 개발이 빠르게 이루어지는 한편, 여러 가지 과제도 나오고 있습니다. 그러한 과제를 해결하는 방법으로서 하드웨어 관점의 검증도 진행되고 있습니다. 다양한 방식의 양자 컴퓨터를 통해 어느 종류의 양자가 애플리케이션 개발에 좀 더 용이한지 살펴보는 것이지요. 앞으로 어떤 방식이 발전을 이어갈지 알 수 없지만 하루가 다르게 새로운 방식이 출현하며 개발 경쟁이 이루어지고 있는 상황입니다.

Chapter

4

양자 알고리즘의 작동 방식을 알아봅시다

양자 컴퓨터는, 기존 컴퓨터에서는 원리적으로 불가능한 계산을 하기 위해서 고안되었습니다. 원리적으로 불가능하다는 것은 현실적인 시간 안에 계산을 마치는 것이 불가능하다는 의미입니다. 여기서는 양자 컴퓨터의 '고속성'을 실현하는 양자 알고리즘을 소개합니다.

Lesson [범용성, 고속성]

25 양자 컴퓨터의 2가지 성질 '범용성'과 '고속성'

이번 레슨의 포인트

챕터 3에서 주로 설명한 양자 컴퓨터의 '범용성'이라는 원리는 기존 컴퓨터와 비슷한 성질이었습니다. 챕터 4부터는 양자 컴퓨터의 독자적인 성질인 '고속성'에 대해 살펴보도록 하겠습니다.

'범용성' = 기존 컴퓨터와 같은 연산

챕터 3에서 설명한 것처럼 양자 컴퓨터에서도 기존 컴퓨터와 같은 연산을 수행할 수 있습니다. 이것을 양자 컴퓨터의 '범용성'이라고 합니다. 도표 25-1

이는 양자 비트의 상태 |0⟩과 상태 |1⟩만 사용하여 연산하는 것입니다. 그러면 '0'이나 '1'이 관측할 때마다 바뀌는 일은 없기 때문에 기존 컴퓨터로 '0'과 '1'을 취급하는 것과 전혀 다르지 않습니다. 같은 방법으로 계산할 수 있고, 같은 결과를 얻을 수 있습니다.

주의할 것은 기존 컴퓨터와 같은 연산을 수행하고 있는 한 양자 컴퓨터를 사용해도 고속화는 바랄 수 없다는 것입니다. 오히려 이미 손에 익은 기존 컴퓨터의 하드웨어로 더욱 빠르게 결과를 낼 수 있을 것입니다. 즉, 양자 컴퓨터를 사용하는 의미가 사라져 버립니다.

양자 컴퓨터의 두 가지 성질 도표 25-1

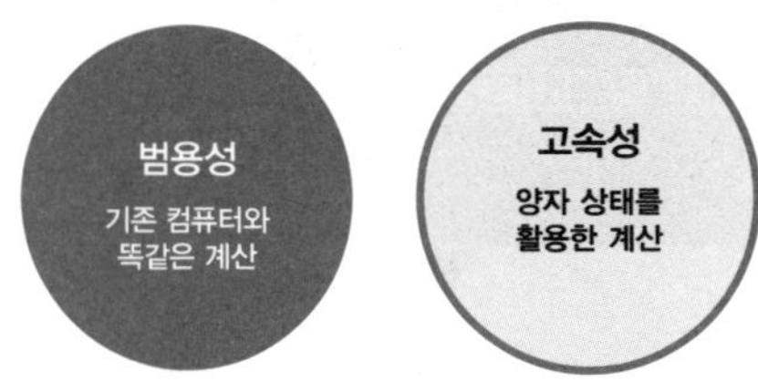

양자 컴퓨터를 이용해 기존 컴퓨터와 똑같은 연산 처리를 할 때 계산 속도는 특별히 빨라지지 않습니다. 양자 컴퓨터만의 특성을 살린 연산 방법이 필요합니다.

'고속성' = 양자 상태를 활용한 연산

양자 컴퓨터의 또 다른 성질인 '고속성'이란, 상태 |0⟩과 상태 |1⟩ 이외의 중간적인 상태도 이용하여 연산을 수행하는 것입니다.

기존 컴퓨터가 한 번에 실시할 수 있는 연산은 원칙적으로 1개뿐입니다. 가령 '0+0'과 '1+1'을 동시에 계산할 수 없습니다. 하지만 양자 컴퓨터는 0이기도 하고 1이기도 한 상태를 이용해서 '0+0'과 '1+1' 양쪽 모두의 의미를 가지는 계산을 수행할 수 있습니다. 단, 이것은 병렬 연산과는 다릅니다. 결과적으로 관측을 할 때 얻을 수 있는 답은 하나뿐이기 때문입니다.

이번 챕터 4에서는 고속성을 살린 알고리즘을 소개하는데, 이를 이해하기 위해서는 기존 컴퓨터와는 전혀 다른 사고방식이 필요합니다.

레슨 1에서 설명한 것처럼 양자 컴퓨터는 데이터를 '부풀려서' 계산한 다음 '짜내어' 답을 얻는 것으로 고속화를 구현합니다.

원자나 전자의 계산도 양자 컴퓨터의 특기

기존 컴퓨터가 약한 분야로 원자, 전자 등의 계산이 있습니다. 기존 컴퓨터로 원자나 전자 계산의 답을 구하려고 하면 몇 시간, 며칠, 몇 년 등 터무니없이 긴 시간이 걸립니다. 그런데 이러한 원자 및 전자 등의 계산은 양자 컴퓨터가 강점을 보이는 분야입니다. 원자나 전자는 양자이기 때문에 양자의 성질을 이용하여 계산하는 양자 컴퓨터에 있어서는 익숙한 것입니다.

또한, 클래식 비트는 0이나 1이라는 정보밖에 가질 수 없지만 양자 비트는 X, Y, Z의 3축분에 해당하는 정보를 가질 수 있습니다. 이것을 이용해 다룰 수 있는 정보량을 큰 폭으로 늘리고자 하는 아이디어도 있습니다.

'양자' 컴퓨터인 만큼 양자에 대한 계산이 특기입니다.

26 알고리즘이란?

이번 레슨의 포인트

양자 알고리즘을 설명하기에 앞서 컴퓨터 분야에서 알고리즘이란 무엇인지 알아보겠습니다. 알고리즘은 문제를 해결하는 방법으로, 기존 방식과 양자를 활용한 방식을 불문하고 컴퓨터에 없어서는 안 되는 것입니다.

알고리즘이란?

어떤 문제가 발생하면 문제의 답을 찾게 되는데, 그 문제의 답을 효율적으로 찾기 위한 방법을 알고리즘이라 부릅니다. 알고리즘은 답을 얻기 위한 구체적인 순서를 부여합니다. 예를 들면, 도표 26-1과 같이 어떠한 출발점(Starting Point)에서 목적지(Goal or Destination)까지의 최단 경로를 탐색한다고 해봅시다. 가장 간단하게 생각할 수 있는 탐색 방법은 모든 경로를 따라가 가장 짧은 것을 찾는 것입니다. 그러나 이 방법은 경로가 복잡해질수록 탐색에 걸리는 시간이 폭발적으로 증가합니다. 탐색 시간 단축을 위해 이미 탐색한 경로를 생략하는 등의 방법을 사용할 수 있는데, 이러한 아이디어에 따라 알고리즘 전체의 효율이 크게 달라집니다.

최단 경로를 탐색하는 알고리즘 도표 26-1

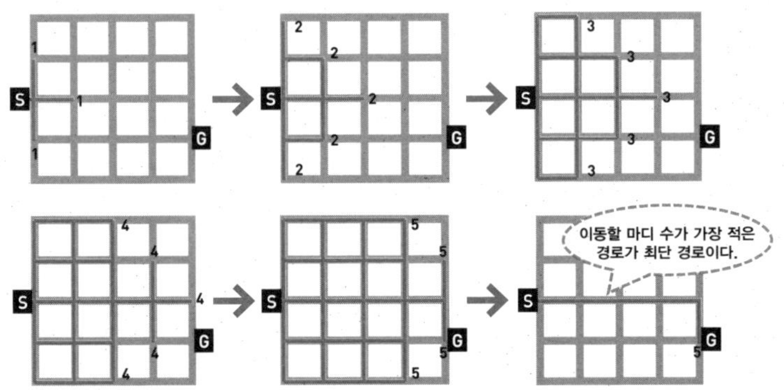

출발점(S)에서 목적지(G)까지의 몇 가지 경로 중에서 최단 경로를 찾는다.

알고리즘을 사용하면 편리해진다

알고리즘은 같은 목적을 달성하는 데 더욱 효율적인 방법을 제시합니다. 도표 26-2 일상생활에서 알고리즘이 사용되는 예를 들어보자면, 알고리즘은 전철을 타고 목적지로 가는 최단 경로를 제시하거나 웹사이트에 입력한 정보와 가장 가까운 것을 우선적으로 표시하는 데 쓰입니다. 또한, 쇼핑 사이트에서 고객 맞춤 추천 상품을 표시하는 것도 알고리즘의 기능입니다.

알고리즘은 컴퓨터에서 많이 쓰이는 용어이지만 사람이 하는 모든 일에 알고리즘이 있다고도 할 수 있습니다. 사람이 수작업으로 하는 일이라도 더 효율적으로 마치고자 노력했다면 알고리즘을 개량한 것과 다름없습니다.

대표적인 알고리즘 도표 26-2

알고리즘의 종류	개요
정렬 알고리즘	데이터를 오름차순 혹은 내림차순으로 정렬한다.
탐색 알고리즘	대량의 데이터 속에서 원하는 데이터를 찾는다.
데이터 압축 알고리즘	데이터를 작게 압축한다.
암호 알고리즘	데이터를 해독하지 못하도록 암호화한다.
조합 알고리즘	최적의 조합을 찾아낸다.
계산 알고리즘	여러 가지 수학 문제를 푼다.

양자 컴퓨터의 성능을 살리는 알고리즘

챕터 3에서도 설명한 것처럼 양자 컴퓨터는 '범용성'이 있으므로, 기존 컴퓨터를 위해 만들어진 알고리즘을 사용할 수도 있습니다. 하지만 양자 컴퓨터에 기대되는 것은 '고속성'이라는 성질을 살려 기존 컴퓨터에서는 현실적인 시간 내에 풀 수 없는 문제를 빠르게 풀어내는 것입니다.

기존 컴퓨터로는 현실적인 시간 내에 실행할 수 없는 알고리즘을 이용해 지금까지 보여준 것 이상으로 사회에 막대한 영향을 미치고 커다란 이익을 가져올 것으로 기대되고 있습니다.

현시점에서 범용성으로 승부하면 양자 컴퓨터는 기존 컴퓨터를 이길 수 없습니다. 고속성을 살린 알고리즘이 필요합니다.

27 알고리즘의 기초와 구성요소를 이해해 보자

알고리즘은 기본적으로 양자 게이트의 나열로 표현됩니다. 각 게이트의 의미를 이해하고 게이트가 특정 순서로 나열되었을 때 어떤 의미를 갖는지 확인하며 알고리즘을 만들어 보겠습니다.

이번 레슨의 포인트

양자 알고리즘의 개요

양자 알고리즘이든 기존 컴퓨터의 알고리즘이든 '어떠한 문제를 효율적으로 해결한다'는 점에서 목적이 같습니다. 다만, 기존 컴퓨터는 연산장치와 더불어 메모리나 제어장치 등도 활용할 수 있지만 양자 컴퓨터에는 연산장치밖에 없습니다. 도표 27-1 그러므로 연산만으로 완결되는 알고리즘을 고안해야 합니다.

기존 컴퓨터 알고리즘과 양자 알고리즘의 차이 도표 27-1

기존 컴퓨터의 알고리즘

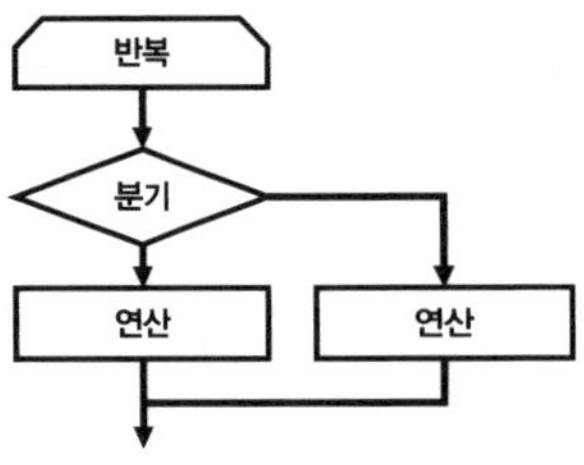

제어장치에 의한 반복 및 분기 가능

양자 컴퓨터의 알고리즘

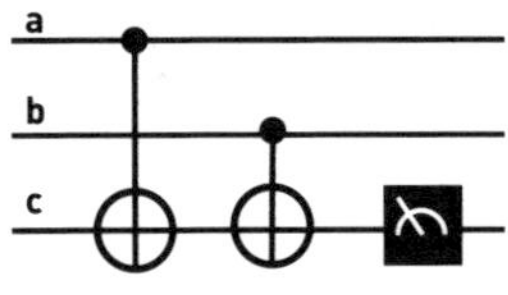

양자 회로에 의한 연산만으로 완결

기존 컴퓨터의 알고리즘을 그대로 양자 컴퓨터에서 사용할 수는 없습니다. 단순히 이식하는 것이라 해도 연구가 필요합니다.

양자 알고리즘 만드는 법

양자 알고리즘은 양자 게이트들을 조합한 '양자 회로'로 표현됩니다. 도표 27-2 챕터 3에서 소개했던 기본 게이트를 기억하면서 게이트를 어떤 조합이나 순서로 사용할 때 무슨 기능이 나타나는지 확인하고 조립합니다. 여기에 여러 알고리즘을 더해, 즉 복잡한 회로나 긴 회로를 조립해 더욱 복잡한 문제를 풀 수 있습니다.

양자 게이트를 조합하여 회로를 만드는 예(그로버 알고리즘) 도표 27-2

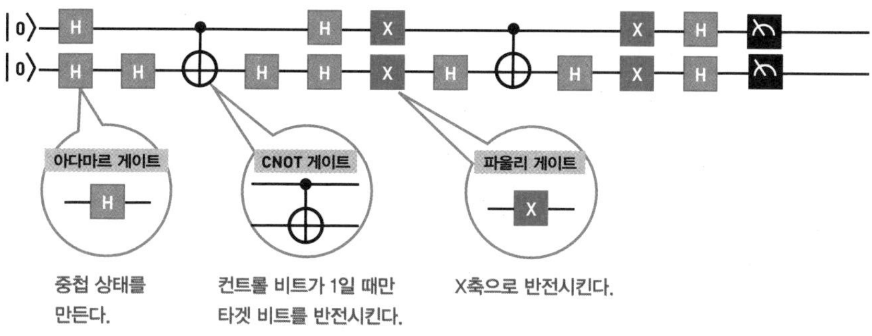

기존 컴퓨터를 조합하는 하이브리드형

최근 들어 양자 컴퓨터의 새로운 사용법으로 양자 컴퓨터의 연산장치와 기존 컴퓨터를 인터랙티브하게 결합하여 이용하는 하이브리드형이 제안되고 있습니다. 하이브리드형은 기존 컴퓨터로 계산한 후에 양자 컴퓨터로 계산하고 그 연산 결과를 바탕으로 다시 기존 컴퓨터를 활용하는 순서로 연산을 진행합니다. 도표 27-3 양쪽이 각각 강점을 보이는 분야를 살려 효율적인 알고리즘을 작성할 수 있을 것으로 기대되고 있습니다.

하이브리드형 도표 27-3

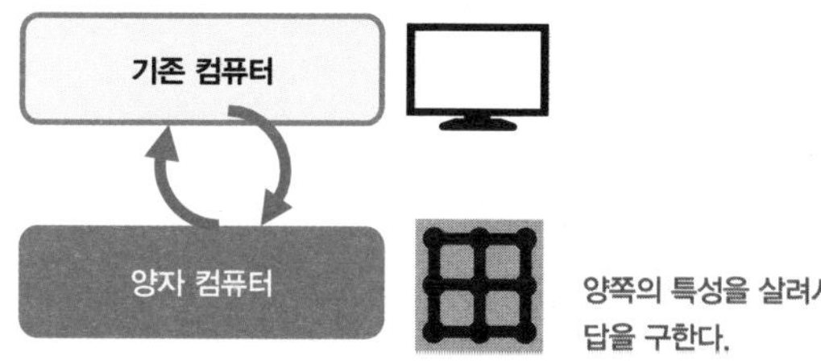

양쪽의 특성을 살려서 답을 구한다.

양자 알고리즘의 유형

양자 알고리즘은 도표 27-4와 같이 크게 '만능형'과 'NISQ형'으로 분류할 수 있습니다. 만능형은 오류 정정 기능을 가진 이상적인 양자 컴퓨터를 전제로 한 알고리즘으로, 현재의 하드웨어에서는 올바른 답을 얻을 수 없습니다. 그에 비해 현재의 하드웨어에서도 해를 얻을 수 있도록 고안한 것이 NISQ형입니다.

이들은 다시 계산 방식에 따라 '위상 추정형'과 '그로버형'으로 나뉩니다. '위상 추정형'은 각종 문제의 '최소 비용'을 구하는 것으로 쇼어, VQE, QAOA가 해당됩니다. 최소 비용은 양자 컴퓨터와 관련된 입장에 따라 '최소 에너지'나 '행렬의 고윳값'이라 칭해지는데, 그러한 표현은 모두 목적 달성에 필요한 가장 작은 수치를 의미합니다. 문제들은 대개 최소 비용 탐색을 목적으로 하기 때문에 이것이 문제의 답이 됩니다.

다른 하나는 그로버형으로, 계산을 반복함으로써 기존 컴퓨터보다 고속으로 결과를 냅니다.

대표적인 양자 알고리즘과 그 목적 도표 27-4

대분류	만능형		NISQ 형	
계산 방식	그로버형	위상 추정형	위상 추정형	위상 추정형
알고리즘	그로버 알고리즘	쇼어 알고리즘	VQE 알고리즘	QAOA 알고리즘
목적	데이터 검색	소인수분해	수식의 최소 비용 도출	조합 최적화 문제 해결
용도	데이터베이스 검색 처리 고속화	암호해독	양자 화학 계산	다양한 조합 문제 해결

양자 알고리즘은 만능형과 NISQ형으로 나뉘며, 다시 그로버형과 위상 추정형으로 나뉜다. 그로버형에는 그로버 알고리즘밖에 없지만 위상 추정형에는 쇼어, VQE, QAOA와 같은 알고리즘이 있다.

날마다 새로운 종류의 알고리즘이 개발되고 있습니다.

알고리즘에는 연구가 필요하다

같은 알고리즘이나 기능이더라도 그것을 구현하는 방법에는 여러 가지가 있습니다. 또한, 현재의 양자 컴퓨터에서는 코히어런스 시간이 수백 마이크로초에 불과해 양자 회로가 너무 길면 실행 시간이 양자 상태를 유지할 수 있는 시간을 초과해 버릴 수 있다는 우려가 있습니다. 그러므로 자신이 원하는 계산 결과에 따라 회로를 길게 할지, 짧게 할지에 관한 연구가 필요합니다. 도표 27-5

문제의 난이도에 따라서도 결과가 달라지니 어떻게 조정하면 좋은 답이 나올 수 있을지 살펴보는 것도 중요합니다. 이에 대한 정답은 없기 때문에, 실현하고자 하는 용도에 맞추어 조정하는 등 자신이 사용하기 쉬운 알고리즘을 개발함으로써 업무의 효율화를 꾀할 수 있습니다.

회로를 길게 하거나/짧게 하는 연구 도표 27-5

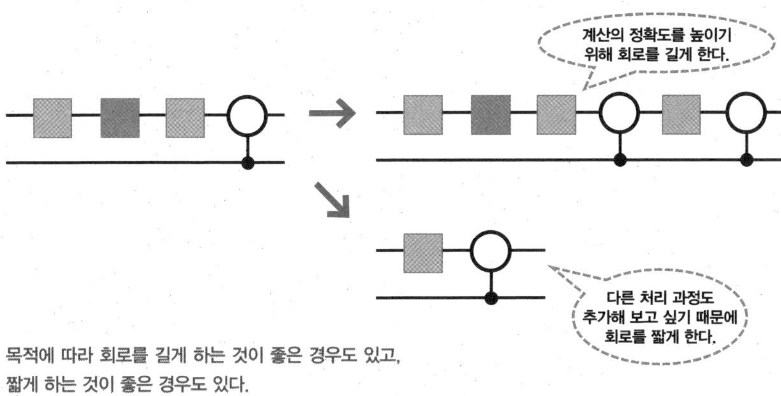

계산의 정확도를 높이기 위해 회로를 길게 한다.
다른 처리 과정도 추가해 보고 싶기 때문에 회로를 짧게 한다.

목적에 따라 회로를 길게 하는 것이 좋은 경우도 있고, 짧게 하는 것이 좋은 경우도 있다.

원포인트

현재의 양자 컴퓨터 = NISQ

양자 컴퓨터의 연산 중에는 다양한 노이즈가 발생하며, 회로가 길수록 연산 결과에 미치는 노이즈의 영향이 커집니다.

다만, 현재의 양자 컴퓨터에는 노이즈의 영향을 제거하는 오류 정정 기능이 없습니다. 오류 정정 기능을 가지지 않는 양자 컴퓨터를 NISQ(Noisy Intermediate-Scale Quantum Computer)라고 부릅니다. 오류 정정 기능에 대한 연구도 이미 상당 부분 진전이 있어서 곧 진정한 양자 컴퓨터의 등장이 기대되고 있습니다.

28 '양자 중첩'으로 여러 데이터를 동시에 나타낸다

이번 레슨의 포인트

'양자 중첩'은 양자의 가장 기본적인 원리로, 여러 값을 동시에 나타낸 상태를 가질 수 있습니다. 그것만으로는 의미가 없지만 연구를 통해 대량의 병렬 연산과 동등한 결과를 얻을 수 있습니다.

양자 중첩과 아다마르 게이트

'양자 중첩'이란 0과 1이 겹친 상태입니다. 양자 알고리즘에서 가장 기본적인 기능 중 하나로, 양자를 이용한 연산에서 종종 이용합니다. 양자 중첩을 구현하는 양자 회로는 매우 간단합니다. 아다마르 게이트를 적용해 중첩을 구현할 수 있습니다.

도표 28-1과 같이 양자 비트가 |0⟩일 때 아다마르 게이트로 중첩을 구현하면 양자 비트는 + 상태가 되어 측정 결과는 0과 1이 각각 50%의 확률로 출현하게 됩니다. 즉, 계산을 100회 수행하면, 약간의 변동이 있다고 해도 측정 결과는 대체로 0이 50회, 1이 50회가 된다는 것입니다.

아다마르 게이트에 의한 양자 중첩 도표 28-1

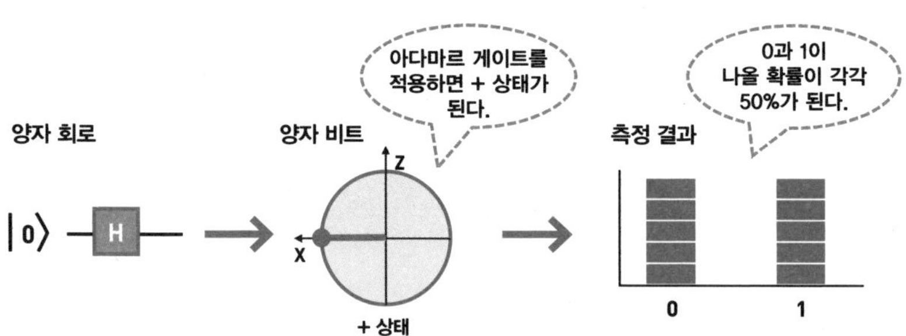

아다마르 게이트를 적용했을 때뿐만 아니라 상태 벡터가 정확히 위쪽이나 아래쪽 외의 방향을 향하고 있는 상태일 때도 양자가 겹쳐져 있다고 말할 수 있다.

여러 개의 양자 비트로 중첩을 이용한다

양자 비트를 여러 개 이용하는 경우를 생각해 봅시다. 예를 들어 3개의 양자 비트가 있으면 2진수로 000(10진수의 0)부터 111(10진수의 7)까지 8개의 상태를 나타낼 수 있습니다. 여기서 아다마르 게이트를 이용해 양자 비트를 중첩 상태로 만들면 각각의 양자 비트가 50%의 확률로 0이나 1이 되어, 000~111이 각각 같은 확률로 측정됩니다. 도표 28-2

도표 28-3 과 같이 3양자 비트끼리 덧셈 등의 사칙연산을 하는 경우를 생각해 봅시다. 이 경우 000과 111 사이의 피연산자 2개로 계산된 결과가 나옵니다. 그것은 1+2일 수도 있고 4+3일 수도 있지만, 어느 것이든 1개의 답이 나오게 됩니다. 사칙연산에 적용할 때는 그다지 이점이 없으나, 이처럼 중첩을 이용해 다양한 피연산자 간 연산을 한 번에 병렬 처리할 수 있다는 점이 양자 컴퓨터 고속성의 기초가 됨을 기억하길 바랍니다.

3양자 비트로 표현하는 중첩 상태 도표 28-2

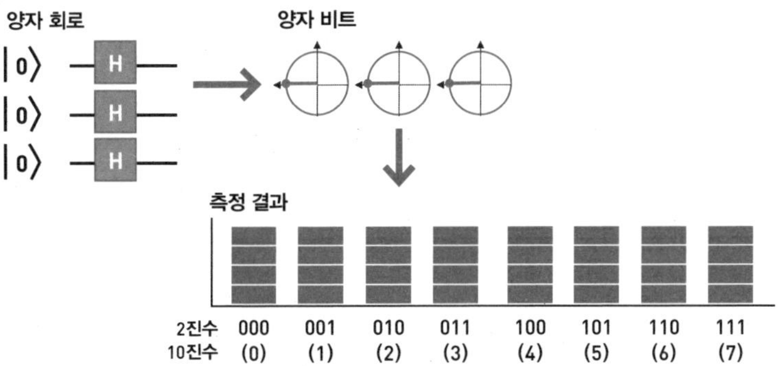

+ 상태의 양자 비트가 3개 있으면, 000~111이 같은 확률로 출현한다.

만약 3양자 비트 두 그룹으로 사칙연산을 하면 도표 28-3

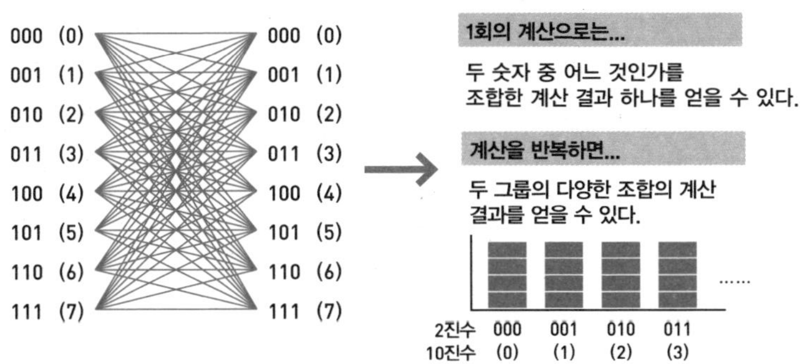

1회의 계산에서는 한 개의 답을 얻을 수 있지만, 여러 번 계산하면 다양한 조합의 답을 얻을 수 있다.

29 '양자 얽힘'으로 결과를 짜낸다

이번 레슨의 포인트

양자 얽힘은 2개 이상의 양자 비트 간 상호작용과 관련된 원리입니다. 보통 양자 텔레포테이션으로 설명되는 경우가 많지만 계산 결과의 범위를 좁히는 기본적인 처리에도 이용됩니다.

양자 얽힘이란?

양자 얽힘을 일으키면 한쪽의 양자 비트를 변환시켰을 때 다른 한쪽의 양자 비트에도 순식간에 영향을 미치게 됩니다. 양자를 얽히게 만드는 양자 회로 중 가장 간단한 것은 아다마르 게이트와 CNOT 게이트를 조합한 것입니다. 도표 29-1

CNOT 게이트는 컨트롤 비트가 0이면 아무것도 하지 않고, 1이면 타겟 비트의 상태를 반전시킵니다. 즉, 컨트롤 비트가 0일 때는 초기 상태 그대로 0인 채로 있으므로 2양자 비트의 측정 결과는 00이 되며, 컨트롤 비트가 1일 때는 초기 상태의 0을 반전시키기 때문에 측정 결과는 11이 됩니다. 01이나 10이라는 답은 절대 나오지 않습니다. 이것이 양자 얽힘이 발생한 상태입니다.

아다마르 게이트와 CNOT 게이트에 의한 양자 얽힘 도표 29-1

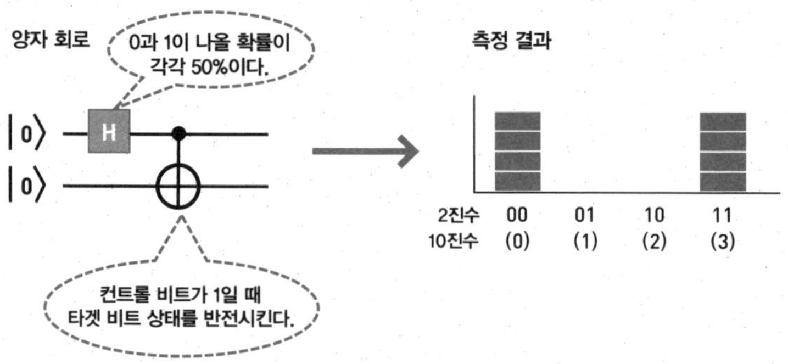

H 게이트로 중첩 상태를 만들고, CNOT 게이트로 양자 얽힘을 일으키면 00 또는 11만 나오게 된다.

양자 얽힘으로 결과의 범위를 좁힐 수 있다

도표 29-2처럼 3개 이상의 양자 비트에서도 양자 얽힘을 일으킬 수 있습니다. 그리고 이렇게 3개 이상의 양자 비트의 양자 얽힘 상태를 전문적 용어로 GHZ(그린버거-혼-차일링거) 상태라고 합니다. 3양자 비트가 단순히 중첩된 경우에 측정 결과는 000(10진수의 0)~111(10진수의 7)이라는 범위 내에서 하나가 나오는 데 비해, 도표 29-2의 회로의 결과는 000(10진수의 0) 또는 111(10진수의 7) 중 하나가 나옵니다. 즉, 결과(해답)의 범위를 좁힐 수 있는 것입니다.

3양자 비트에 의한 양자결합(GHZ 상태) 도표 29-2

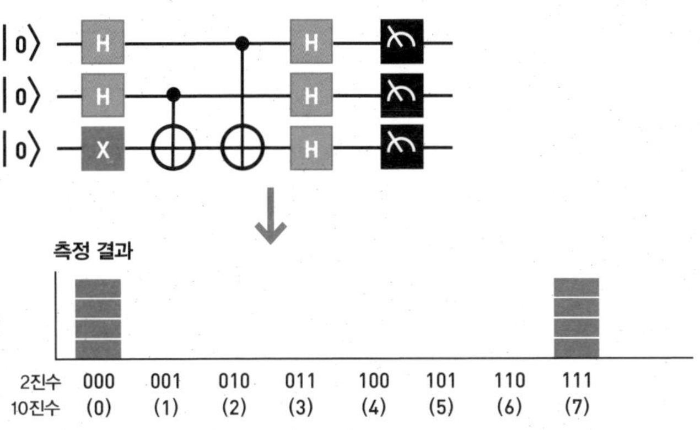

3양자 비트의 양자 얽힘을 일으켜 000과 111 중 하나로 답의 범위를 좁힌다.

결과의 범위를 좁히면 무엇이 좋을까?

여기까지 읽었을 때 결과가 좁혀지는 것은 알겠지만 거기에 무슨 의미가 있는 건지 모르겠다는 생각이 들 수도 있습니다. 그럼 이번에는 반대로, 좁힐 수 없는 경우의 단점을 생각해 보겠습니다. 결과의 범위를 좁힐 수 없으면 000(10진수의 0)과 111(10진수의 7)으로만 연산하고 싶은 경우에도 001(10진수의 1)~110(10진수의 6)이라는 상태가 섞이게 됩니다. 한 번의 측정으로는 1개의 답밖에 얻을 수 없기 때문에 원하는 결과를 얻기 위해서 연산 수행 횟수를 늘려야만 합니다. 이와 달리 필요한 수치만으로 범위를 좁히게 되면, 연산 수행 횟수를 줄일 수 있습니다.

양자 얽힘도 기본 원리의 하나이므로 결과를 좁히는 것 이외에도 다양한 목적으로 사용됩니다.

Lesson 30 [양자 알고리즘 ③]

데이터를 검색하는 그로버 알고리즘

이번 레슨의 포인트

그로버 알고리즘은 주로 무질서한 데이터 중에서 검색을 통해 특정 데이터를 추출하는 데 사용됩니다. 기존 컴퓨터보다 빠르게 검색을 수행할 수 있는 것으로 알려져 있습니다.

그로버 알고리즘이란?

그로버 알고리즘은 특정한 데이터를 효율적으로 찾기 위한 알고리즘으로, 1996년에 롭 그로버가 개발했습니다. 예를 들어, 정리정돈되지 않은 전화번호부에서 특정 번호를 찾는 등의 용도로 사용됩니다.

그로버 알고리즘은 양자 중첩 원리를 이용하여 데이터를 처리합니다. 우선 모든 데이터를 중첩 상태로 만든 다음, 원하는 데이터를 탐색하기 위한 회로를 만들고 특정 데이터를 마킹합니다. 마킹이 끝나면 모든 양자 비트에 전체적으로 공통된 조작을 반복적으로 수행함으로써 찾으려는 데이터만 떠오르게 합니다. 마킹 표시는 양자 상태에서 이루어진 것이기에 직접 측정할 수는 없습니다. 그러므로 양자 상태에서 마킹된 표시가 보이게 하려면 그 데이터를 떠오르게 해야 합니다. 도표 30-1에서 흐름을 확인해 보기 바랍니다.

그로버 알고리즘 흐름 도표 30-1

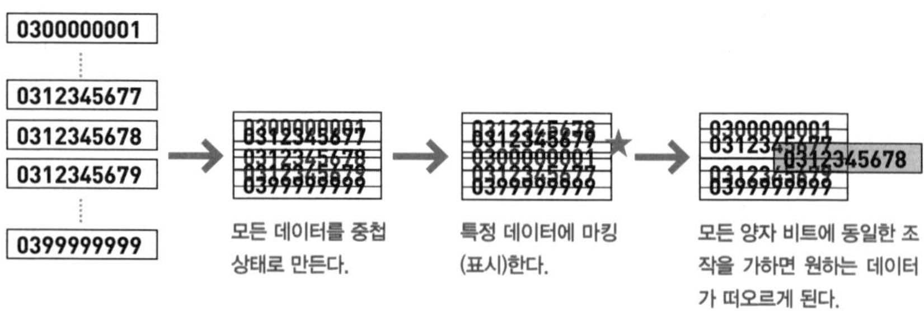

0300000001
0312345677
0312345678
0312345679
0399999999
0312345678
모든 데이터를 중첩 상태로 만든다.
특정 데이터에 마킹(표시)한다.
모든 양자 비트에 동일한 조작을 가하면 원하는 데이터가 떠오르게 된다.

기존 컴퓨터에 있어서 검색 처리란?

그로버 알고리즘을 살펴보기 전에 기존 컴퓨터의 검색 처리가 어떤 것인지 알아보는 시간을 갖도록 하겠습니다. 매우 단순한 방법으로는 처음부터 순서대로 데이터를 비교해 나가는 선형 탐색(Linear Search)이 있는데, 이 방법은 데이터의 수가 증가할수록 검색 시간이 길어집니다. 그 외에도 미리 데이터를 정렬해 놓고 중앙값과 비교해 검색을 효율화하는 이진 탐색(Binary Search), 해시 값이라는 특수한 색인 데이터를 이용하는 해시 테이블(Hash Table) 등이 있습니다. 하지만 어떤 방법을 쓰더라도 데이터의 수가 증가하면 할수록 검색 시간이 길어지게 됩니다.

기존 컴퓨터의 검색 처리의 이러한 한계로 그로버 알고리즘이 주목받게 되었습니다.

기존 컴퓨터에 대한 어드밴티지

그로버 알고리즘은 데이터 수를 N이라고 할 때 $\sqrt{N}$의 계산량으로 탐색이 완료된다고 알려져 있습니다. 따라서 데이터가 클수록 데이터 탐색 시간을 대폭 절약할 수 있습니다. 기존 컴퓨터에서는 이러한 경우에 N에 비례하는 실행 시간이 필요합니다. 즉, 데이터베이스의 자료량이 만 배가 되면 탐색에 걸리는 시간도 만 배가 되는 것입니다. 그러나 그로버 알고리즘을 사용하면 N의 제곱근에 비례하는 실행 시간만으로 탐색이 가능해서 자료량이 만 배일 경우라도 만의 제곱근인 100배의 실행 시간에 탐색이 끝납니다. 도표 30-2

실행 시간이 기존보다 압도적으로 짧아진다 도표 30-2

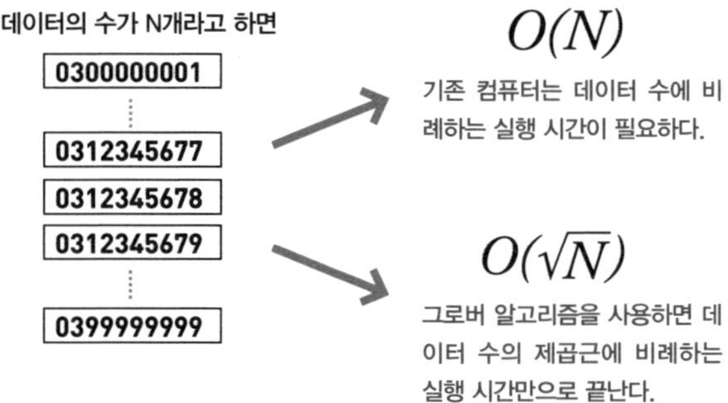
데이터의 수가 N개라고 하면
0300000001
0312345677
0312345678
0312345679
0399999999
O(N)
기존 컴퓨터는 데이터 수에 비례하는 실행 시간이 필요하다.
O(√N)
그로버 알고리즘을 사용하면 데이터 수의 제곱근에 비례하는 실행 시간만으로 끝난다.

※ 빅 오 표기(big-O notation) : O는 알고리즘이 하나의 처리를 수행하는 데 걸리는 시간을 나타내며, 알고리즘에 따라 다르다.

마킹과 확률 진폭의 반전

그로버 알고리즘은 '마킹'과 '진폭 증폭 반전'이라는 두 가지 처리로 구성되어 있습니다. 마킹은 표시를 하는 것입니다. 다만, 양자 상태에서 표시를 해도 측정하면 모든 조합이 같은 확률로 나와 버립니다. 그렇기 때문에 거기서 평균치를 축으로 값을 반전시키는 '진폭 증폭 반전' 처리를 반복하여 마킹한 데이터의 출현 확률을 높입니다. 도표 30-3

그로버 알고리즘의 구조 도표 30-3

① 중첩 상태 → 처음에는 어떤 상태도 같은 확률

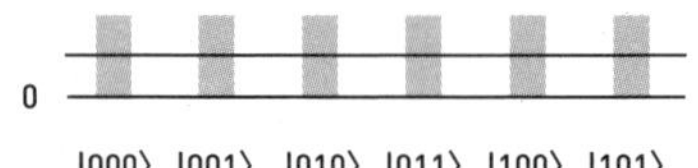

② 마킹(찾으려는 값이 |010⟩일 경우)

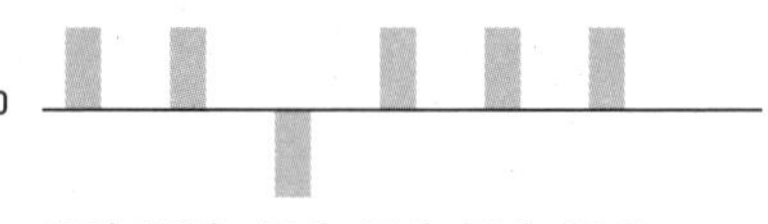

③ 평균값을 축으로 한다.

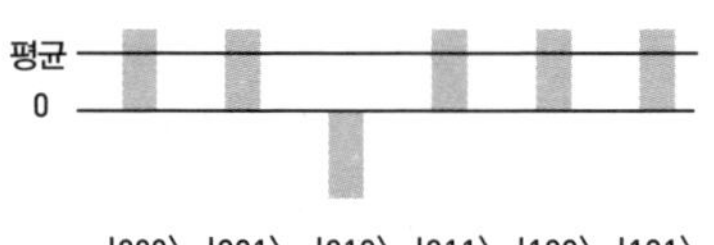

④ 확률 진폭을 반전시킨다.

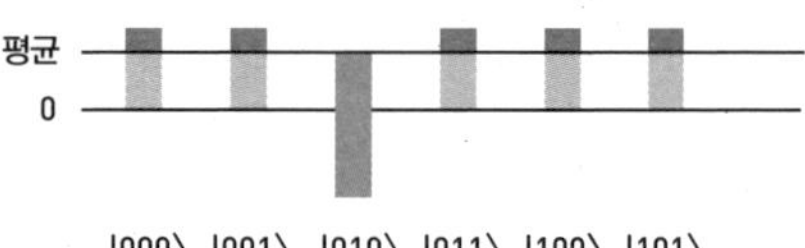

⑤ 평균값을 축으로 하여 확률 진폭을 반전시키는 처리를 반복한다.

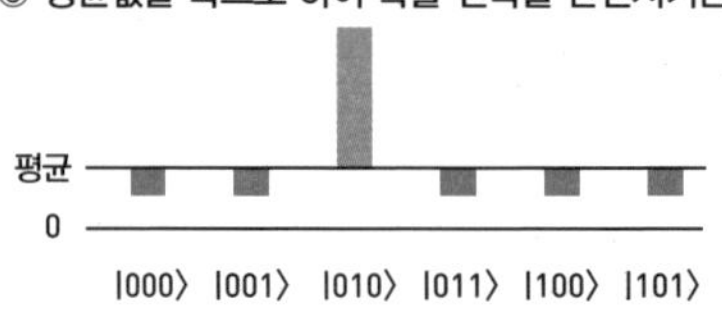

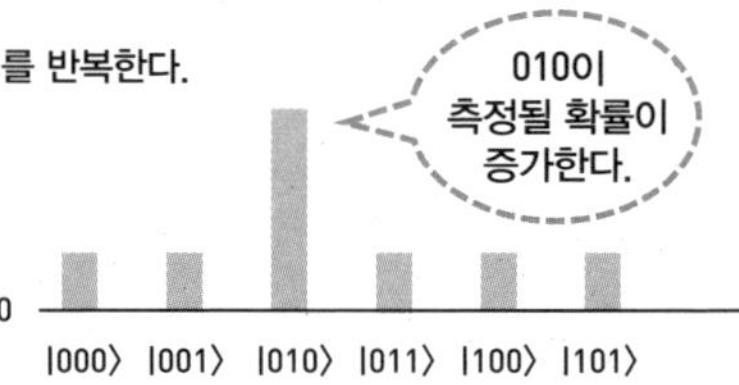

'진폭 증폭 반전'을 반복하여 원하는 데이터의 출현 확률을 높인다. '|●●●⟩'은 여러 양자 비트의 값을 설명할 때 사용되며, 왼쪽부터 순서대로 양자 비트의 0 또는 1의 값을 나타낸다. 가령 '|000⟩'은 모든 양자 비트가 0인 것이고, '|101⟩'은 첫 번째와 세 번째 양자 비트가 1, 두 번째 양자 비트가 0이라는 의미이다.

'진폭 증폭 반전'과 같이 찾고자 하는 양자 비트 조합을 관측 가능한 데이터로 만들기 위한 조작은 많은 알고리즘에서 볼 수 있습니다.

그로버 알고리즘의 양자 회로

그로버 알고리즘은 다양한 방법으로 구현될 수 있습니다. 도표 30-4에 등장하는 양자 회로 역시 상당히 간단하게 구성한 하나의 예에 지나지 않습니다. 주로 '마킹'과 '진폭 증폭 반전' 두 가지로 구성되므로, 그것들을 의미하는 'U1', 'U2'로 표현하기도 합니다. 도표 30-5

그로버 알고리즘 양자 회로 예 도표 30-4

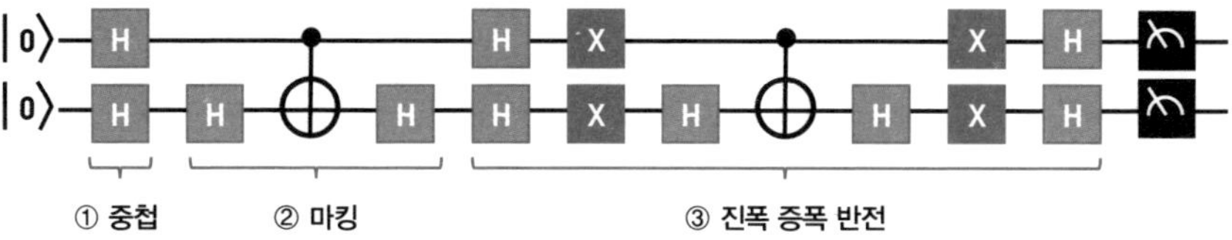

그로버 알고리즘의 간략한 표현 도표 30-5

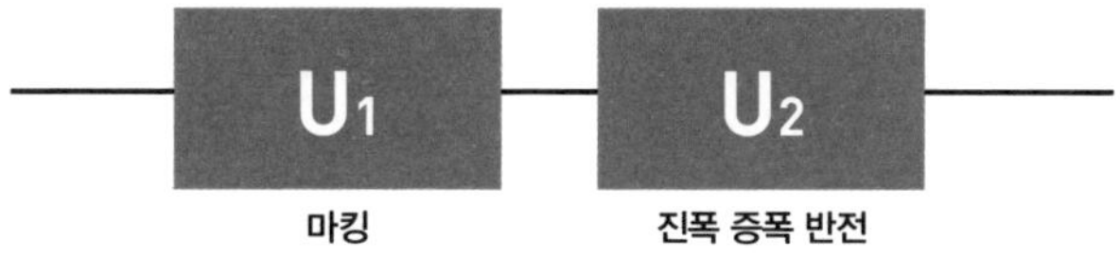

도표 30-4의 ②와 ③은 각각 U1, U2로 표기할 수 있다.

마킹이란 검색 조건을 설정하는 것이다

도표 30-3의 예를 보면서 '010'이라는 데이터를 마킹하여 '010'이 측정되도록 조작하는 건 미리 답을 정해두는 것이나 마찬가지니 굳이 연산을 수행할 의미가 있는지 의문이 든 분도 계실 것입니다. 여기서 '010으로 마킹한다'는 것은 간단하게 예로 든 것일 뿐, 실제로 설정되는 것은 훨씬 더 복잡한 검색 조건입니다. 어떠한 문제를 나타내는 수식을 설정하면 문제를 푸는 데 사용할 수도 있습니다.

검색이라고 하는 것보다 어떠한 문제의 해를 찾는 알고리즘이라고 부르는 편이 더 적절할지도 모릅니다.

Lesson [양자 알고리즘 ④]

31 소인수분해를 푸는 쇼어 알고리즘

이번 레슨의 포인트

쇼어 알고리즘은 주로 암호해독 분야에서 사용되는 유명한 알고리즘입니다. 여러 알고리즘의 조합으로 구성되어 있으며, RSA라 불리는 암호체계를 효율적으로 무력화할 수 있다고 알려져 있습니다.

쇼어 알고리즘과 소인수분해

쇼어 알고리즘은 기존 컴퓨터로는 풀기 어렵다고 하는 소인수분해를 처리하는 알고리즘입니다. 소인수분해란 도표 31-1과 같이 어떤 숫자를 소수(Prime Number)의 곱셈 형태로 나타내기 위한 계산입니다. 거대한 소수 두 개를 곱해서 만든 수를 소인수분해해 원래의 소수를 되찾는 것은 슈퍼컴퓨터로도 처리하기 매우 어려운 작업입니다. 이러한 소인수분해의 어려움을 이용한 것이 인터넷 인증 등에 이용되고 있는 공개키 암호 방식의 대표격인 RSA 암호입니다.

양자 컴퓨터를 이용하면 소인수분해를 현실적인 속도로 계산할 수 있기 때문에 RSA 암호를 깰 수 있다고 합니다.

소인수분해 도표 31-1

소인수분해란

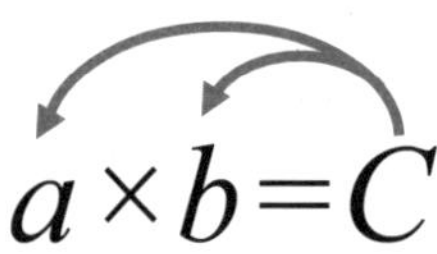

답 C에서 소수 a와 b를 구한다.

RSA 암호에서 사용되는 수치는 아래와 같다.

Key 사이즈	Key의 강도 (암호화 강도, 보안 강도)
512비트	저강도 Key
1024비트	중강도 Key
2048비트	고강도 Key
4096비트	초고강도 Key

흔히 말하는 '32비트'가 최대 약 42억이라는 숫자를 나타내므로 RSA 암호에 사용되는 수치가 엄청나게 크다는 것을 알 수 있습니다.

쇼어 알고리즘이란?

소인수분해의 이면에는 주기성이 있습니다. 주기란 곧 파동을 의미하며, 파동의 성질을 사용하여 해를 찾아내는 것이 쇼어 알고리즘의 원리입니다. 도표 31-2

알고리즘의 전반부는 주기성을 찾는 '위상 추정' 회로로 구성되고 후반부는 '주기'를 '비트'로 변환하는 '양자 푸리에 변환' 조작으로 구성됩니다. 즉, 파동의 주기성을 이용해 정수의 주기성을 푸는 것으로, 양자가 지닌 파동의 성질을 잘 사용하고 있습니다.

그러나 이러한 쇼어 알고리즘은 이상적인 양자 컴퓨터를 상정하여 고안된 것이라 아직 발전 단계에 있는 현재의 양자 컴퓨터 하드웨어(NISQ)에서는 실행할 수 없습니다. 양자 오류(레슨 27 참고)의 영향을 제거할 수 없고, 쇼어 알고리즘이 요구하는 정밀도로 연산할 수 없기 때문입니다. 그렇기에 쇼어 알고리즘을 활용하려면 정밀도가 더욱 향상된 하드웨어의 출현을 기다려야 합니다.

소인수분해의 주기성을 바탕으로 해를 구한다 도표 31-2

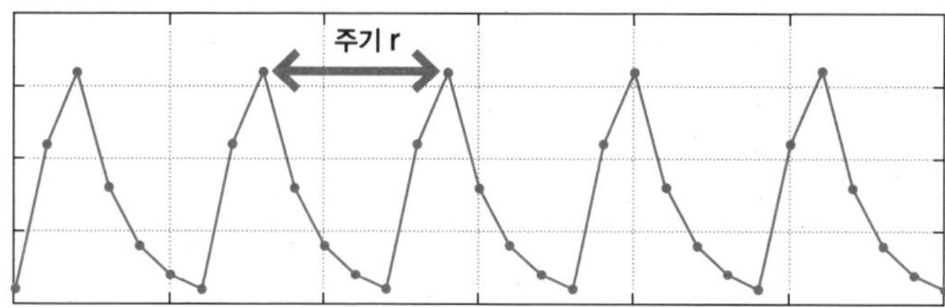

쇼어 알고리즘

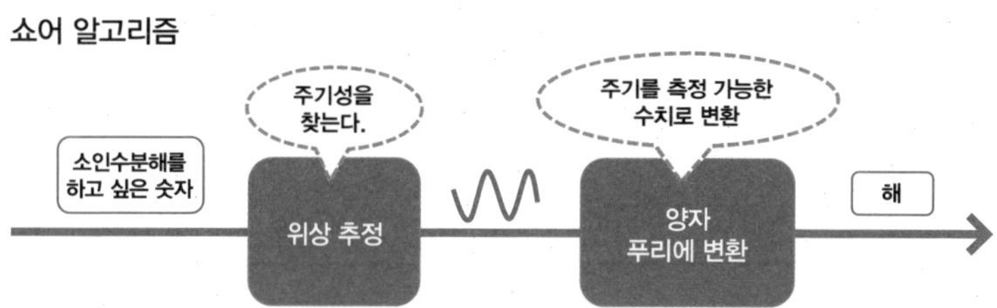

푸리에 변환은 파동의 정보를 비트의 데이터로 변환하는 처리로, 이것을 하지 않으면 결과를 측정할 수 없다. 그로버 알고리즘으로 말하면 '진폭 증폭 반전'에 해당한다.

Lesson 32 [양자 알고리즘 ⑤]

최소 비용을 구하는 VQE 알고리즘

VQE는 문제의 최소 비용을 구하기 위한 알고리즘으로 재료 계산이나 강도 계산 등에 이용됩니다. 지금 있는 양자 컴퓨터로 해를 구할 수 있도록 고안된 NISQ형 알고리즘입니다.

이번 레슨의 포인트

낮은 비용을 찾아내는 VQE

안정된 화학 물질을 개발하고 싶은 경우에 물질의 에너지 비용이 작은 것을 찾는 것처럼 우리가 풀고 싶은 문제는 대개 무엇인가의 비용을 낮추는 방법에 관한 것입니다.

그러한 낮은 비용을 효율적으로 찾는 알고리즘이 VQE(Variational Quantum Eigensolver)입니다. 도표 32-1

VQE가 찾고자 하는 답 도표 32-1

수학적으로 나타내면...

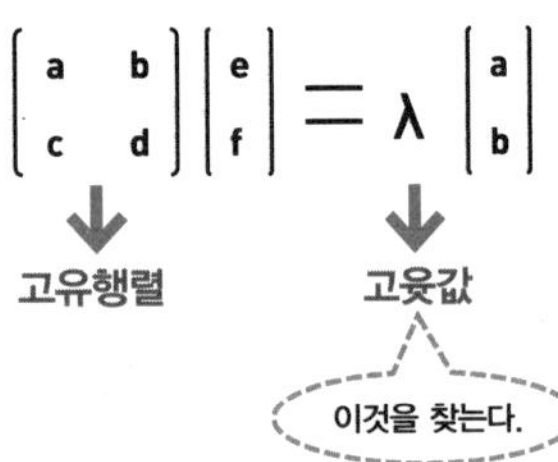

그래프로 나타내면...

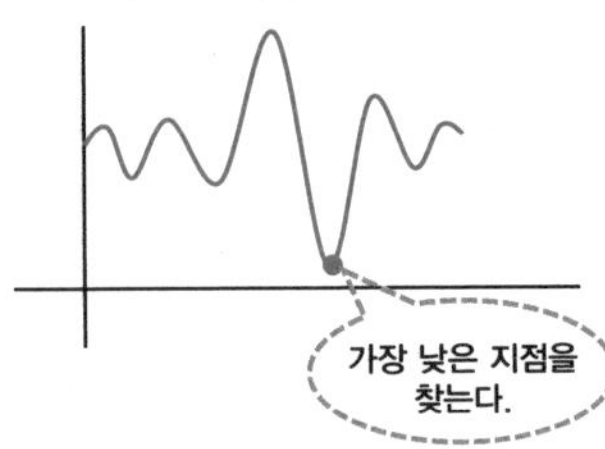

낮은 비용(그래프의 최솟값)을 효율적으로 구한다.

수학적으로 생각하면 조금 어려우니 그래프상의 가장 낮은 지점을 찾기 위한 것이라고 생각해 보기 바랍니다.

VQE는 짧은 양자 회로를 사용하여 고안된다

가장 낮은 비용을 찾기 위해 풀어야 할 수식은 매우 깁니다. 긴 수식을 그대로 양자 회로로 구현하면 회로 자체도 매우 길어집니다. 여기서 문제가 되는 것은 **양자 회로가 길어지면 현재의 양자 컴퓨터(NISQ)로는 올바른 답을 얻을 수 없다**는 점입니다. 도표 32-2

그래서 VQE에서는 도표 32-3 과 같이 **수식을 세밀하게 분할**합니다. 각각의 답은 짧은 양자 회로에서 구하게 되므로 오류의 영향이 없어집니다. 최종적으로 그것들을 집계해 구하고자 하는 답을 도출하는 방식입니다.

수식을 주어진 그대로 양자 회로로 구현하면, 오류를 피할 수 없다 도표 32-2

수식

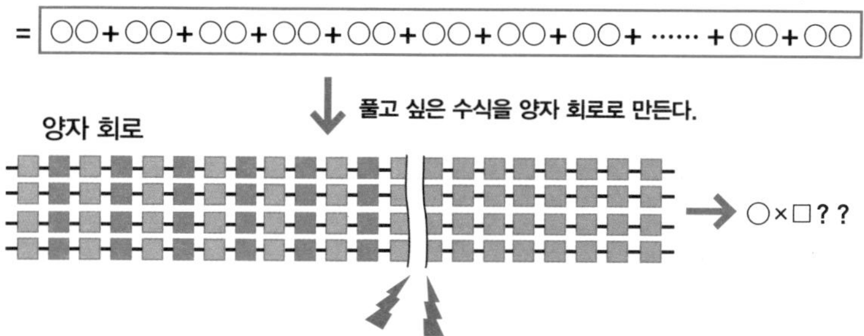

오류의 영향으로, 구해진 답을 신뢰할 수 없다.

VQE는 수식을 분할하여 처리한다 도표 32-3

수식

= ○○ + ○○ + ○○ + ○○ + ······ + ○○ + ○○ + ○○

수식을 분할하여 각각의 부분을 양자 회로로 구현해 푼다.

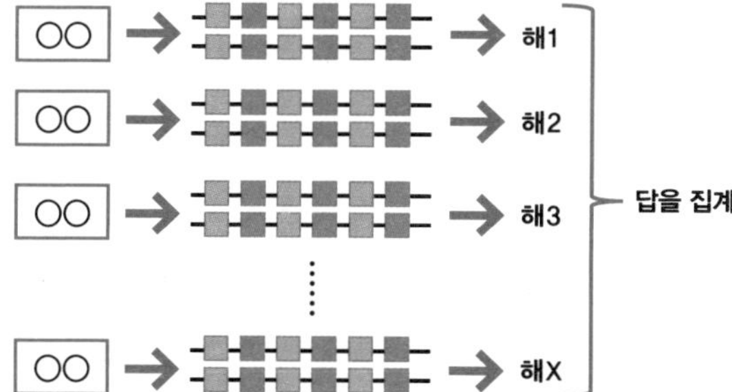

수학적으로 짧은 회로로 분할하여 계산하면 된다는 것이 VQE의 기본 아이디어이다.

다음 페이지 →

해답을 집계하는 것은 기존 컴퓨터

VQE의 양자 회로가 낸 답은 기존 컴퓨터가 집계합니다. 즉, VQE는 하이브리드형 알고리즘입니다. 도표 32-4 집계 이외에도 기존 컴퓨터가 하는 일이 하나 더 있습니다. 그것은 집계 결과로부터 파라미터를 조정한 다른 수식을 만들어 양자 컴퓨터에 전달하는 일입니다.

VQE에 부여하는 수식은 그래프상의 한 점을 구하기 위한 것으로 그것이 가장 낮은 지점이라고 할 수는 없습니다. 가장 낮은 지점을 찾기 위해서는 해답이 나올 때까지 계산을 여러 번 반복해야 합니다. 이를 위한 파라미터 조정도 기존 컴퓨터가 담당하고 있습니다. 기존 컴퓨터의 일반적인 알고리즘으로 파라미터를 적절히 조정하는 것입니다.

기존 컴퓨터가 담당하는 일 도표 32-4

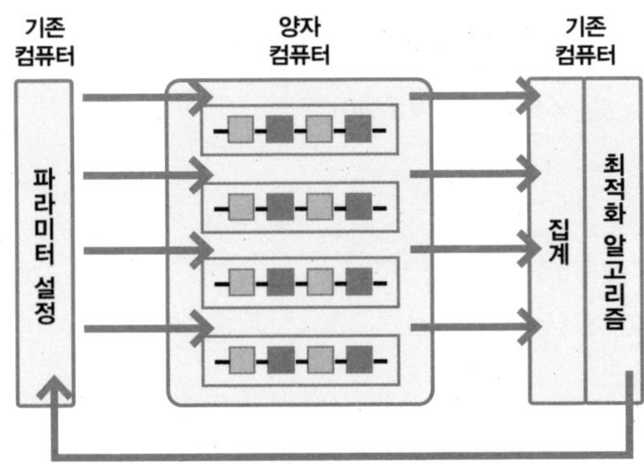

기존 컴퓨터와 양자 컴퓨터가 각각 강점을 가지는 영역을 조합한 하이브리드형 알고리즘

답을 찾을 때까지 양자 컴퓨터에서 기존 컴퓨터로, 그리고 또 양자 컴퓨터로 돌아가는 사이클이 반복됩니다.

VQE가 최소 비용을 찾는 흐름

여기서 VQE가 최소 비용을 찾는 흐름을 살펴보겠습니다. 실제 답은 수치로 나타나지만 여기서는 이해하기 쉽게 그래프로 보겠습니다. 도표 32-5

처음에 초기 파라미터를 사용하여 수식의 해를 구하고, 그것을 그래프상의 한 점으로 나타냅니다. 하지만 그것은 원하는 답이 아닙니다. 거기서 목적 지점(가장 낮은 지점)에 더욱 가까워질 수 있게 기존 컴퓨터의 최적화 알고리즘이 파라미터를 조정해 새로운 수식을 만듭니다. 그 새로운 수식을 양자 컴퓨터에 전달하면 또 다른 그래프상의 한 점을 얻게 되며, 이것을 반복하다 보면 조금씩 최소 지점에 가까워져 결국에는 그래프의 제일 낮은 지점, 즉 최소 비용에 도달합니다.

계산과 최적화를 반복하여 최소 비용 찾기 도표 32-5

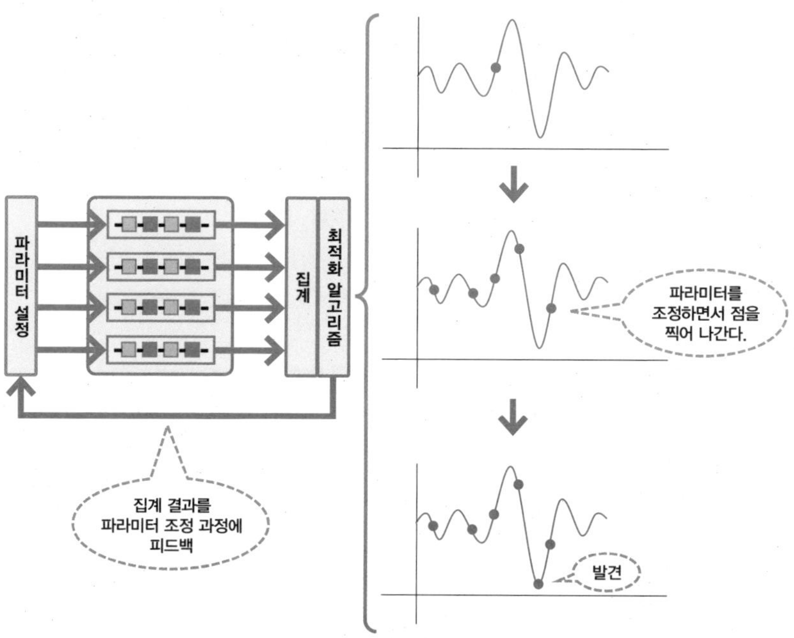

1회의 계산으로 그래프상의 한 점을 얻을 수 있으므로, 파라미터를 보정하면서 여러 번 계산하여 최소 비용을 찾는다.

33 사회 문제의 답을 구하는 QAOA 알고리즘

QAOA 알고리즘은 주로 여러 선택지 중에서 최적 조건을 찾는 '조합 최적화 문제'에 사용하는 알고리즘입니다. 최단 경로 탐색이나 교통정체 해결 등 사회 문제의 해결에 적합하다고 여겨지고 있습니다.

이번 레슨의 포인트

양자 컴퓨터를 실제 사회 문제에 적용한다

양자 컴퓨터를 이용해 사회 문제를 더욱 효율적으로 해결해 보려는 시도가 이루어지고 있습니다. 그중 QAOA(Quantum Approximate Optimization Algorithm)는 여러 선택지 중 최고의 해답을 찾는 '조합 최적화 문제'를 다루는 알고리즘입니다. 조합 최적화 문제는 산업이나 생활, 업무에 관련된 여러 상황에 등장합니다. 도표 33-1

만약 답을 모르더라도 규칙을 수식으로 만들어 주면 컴퓨터로 연산하여 효율적인 조건을 탐색할 수 있습니다. 단, 요소의 수가 증가하면 선택지가 되는 조합의 수가 폭발적으로 늘어납니다.

그러한 급격한 조합 수 증가에 대응하기 위해 만들어진 것이 QAOA와 같은, 조합 최적화 문제를 풀기 위한 알고리즘입니다.

조합 최적화 문제 도표 33-1

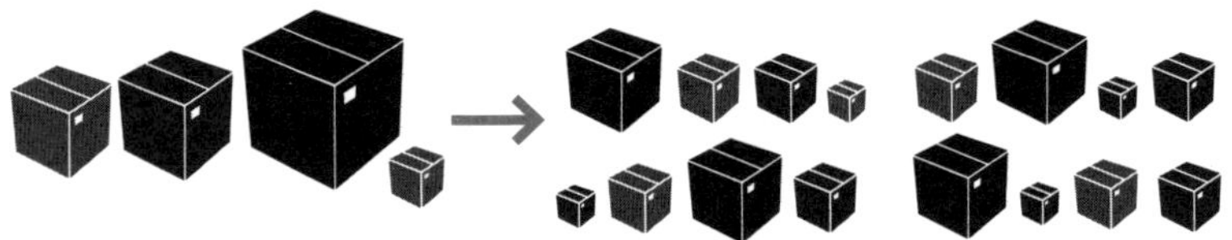

크기가 다른 화물을 어떤 순서로 적재하면 좋을까?

화물이 늘어나면 조합의 선택지도 엄청나게 늘어난다.

비용함수의 답이 가장 작아지는 값을 찾는다

조합 최적화 문제는 가중치 그래프로 나타낼 수 있습니다. 가중치 그래프란 여러 개의 정점(Node)을 변(Edge)으로 연결하여 각 변에 '가중치'를 붙여준 것입니다.

예를 들어 최적의 경로를 찾을 때 정점은 통과해야 하는 지점을 나타내고 변은 길을 나타냅니다. 그리고 변에 붙은 가중치는 그 길을 통과할 때의 시간을 나타냅니다. 이 경우 가중치의 합계가 가장 작아지는 경로가 최적의 길이라고 할 수 있습니다. QAOA에서는 풀고자 하는 문제를 가중치 그래프로 만들고, 그로부터 수식을 만들어 냅니다. 이 수식을 비용함수 또는 해밀토니안이라고 부릅니다. 도표 33-2

비용함수의 해가 가장 작아지는 값을 찾으면 그것이 최적의 해(최적해)입니다. 이것은 앞에서 설명한 VQE와 비슷합니다. 즉, 수식을 만드는 방법은 다르지만, 수식이 만들어진 다음부터는 VQE를 이용해 답을 구할 수 있습니다.

가중치 그래프와 비용함수 도표 33-2

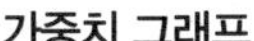
가중치 그래프

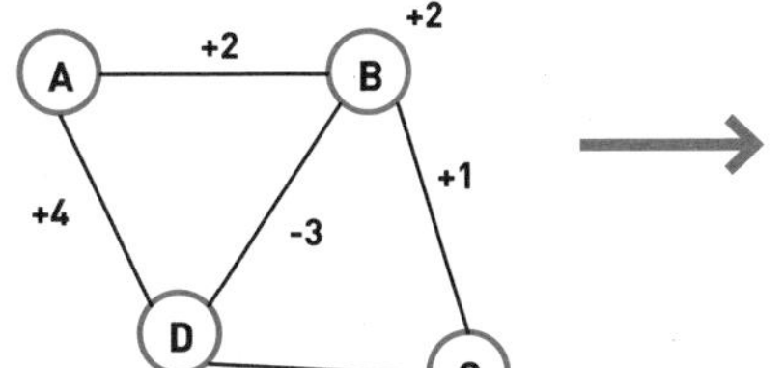

비용함수

$$qA+2qB+qC-3qD+2qAqB+qBqC-5qCqD+4qAqD-3qBqD$$

정점 A, B, C, D를 변으로 연결하고 각 변에 가중치를 부여한 것을 가중치 그래프라고 부른다. 이것을 비용함수의 형태로 고치면 QAOA로 풀 수 있다.

QAOA는 조합 최적화 문제를 양자 게이트 방식으로 풀기 위한 알고리즘입니다. 이와 다르게 조합 최적화 문제를 푸는 양자 어닐링 전용 기계를 연구하는 사람들도 있습니다.

칼럼

쇼어 알고리즘

현재의 양자 컴퓨터 하드웨어는 오류 정정 기능이 완성되지 않았기 때문에 아직 쇼어 알고리즘을 적용하여 풀 수 없습니다. 그러나 매일매일 연구개발이 진척되는 속도를 보면 오류 정정 기능이 구현될 날도 그리 멀지 않은 것 같습니다. 머지 않은 미래를 대비해 쇼어 알고리즘 등은 확실하게 이해해 두어야 합니다. 인터넷에 공개된 각종 자료를 참고하세요. 도표 33-3

쇼어 알고리즘 해설자료 도표 33-3

blueqat

Shor's Algorithm

It was invented in 1994 by the American mathematician Peter Shor.
It is used for discrete logarithm problem and integer factorization problem in polynomail time, whereas classical computers algorithm takes super-polynomail time. Shors algorithm helps to achieve polymail time with efficiency by Quantum Fourier transform. It makes use of reduction of factorization problem to order finding problem. Shor's algorithm is very important for cryptography, as it can factor large numbers much faster than classical algorithms.

Algorithm

- Determine if 'n' is even, prime or a prime power. If so, exit.
- Pick a random integer x<n and calculate gcd(x,n). If this is not 1, then we have obtained a factor of n.
- Quantum algorithm
  pick 'q' as the smallest power of 2 within $n^2 \le q < 2n^2$.
  Find period r of x^a mod n.
  Measurements gives us a variable 'c' which has the property $c/q \approx d/r$ where $d \in N$.
- Determine d, r via continued fraction expansion algorithm. d, r only determined if gcd(d, r) = 1 (reduced fraction).
- If r is odd, go back to 2. If "$x^{r/2} \equiv -1$ mod n" go back to 2. Otherwise the factors p,q = gcd($x^{r/2} \pm 1$, n).

쇼어 알고리즘을 해설한 각종 자료가 공개되고 있다. 이미지는 저자의 회사 블로그이다.
https://bit.ly/3CFTk1K

Chapter 5

양자 컴퓨터로 할 수 있는 일

지금까지 양자 컴퓨터의 구조를 중심으로 설명했습니다. 양자 컴퓨터를 가지고 실제로 어떤 일을 할 수 있을까요? 챕터 5에서는 양자 컴퓨터의 활용 사례를 소개하도록 하겠습니다.

Lesson [전체 개요]

34 양자 컴퓨터 활용 사례

이번 레슨의 포인트

챕터 5에서는 다양한 활용 사례를 소개합니다. 먼저 개요를 살펴보겠습니다. 양자 컴퓨터는 만능 기계는 아닙니다. 양자 컴퓨터를 활용하기 전에 미리 그 한계를 이해해 두는 편이 좋습니다.

양자 컴퓨터의 진출이 기대되는 분야

양자 컴퓨터는 최근 눈부신 발전을 이루고 있고 다양한 이용 방법이 검토되고 있습니다. 지금까지 기존 컴퓨터로는 할 수 없었던 것을 실현할 수 있게 되리라 기대되는 동시에, 아무도 생각하지 않는 것 같은 미지의 활용법에 대한 기대도 높아지고 있습니다. 이번 챕터 5에서는 도표 34-1에 제시한 분야를 중심으로 실제 활용 사례 및 실용화가 기대되는 기능을 소개하도록 하겠습니다.

이번 챕터에서 다룰 활용 사례 도표 34-1

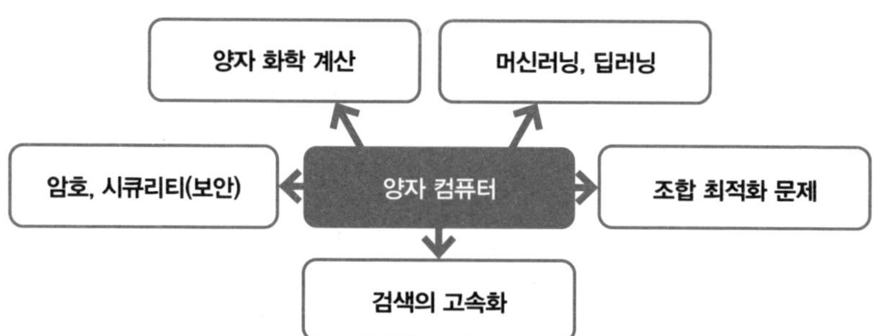

양자 컴퓨터만이 가능한 응용 사례 외에도 기존의 구조에 양자 컴퓨터를 사용하여 더욱 효율적으로 구현하려는 시도도 있다.

양자 컴퓨터의 진출이 기대되고 있는 분야는 모두 대량의 계산 처리가 요구되는 분야입니다.

가까운 미래에 기대되는 세 가지 분야

양자 컴퓨터의 활용이 기대되고 있는 분야로 크게 '머신러닝'과 '최적화 계산' 그리고 '양자 화학 계산'이 있습니다. 도표 34-2 & 도표 34-3 이 3가지 분야는 현재 개발되고 있는 양자 컴퓨터의 성능과 잘 매치되기 때문에 전 세계적으로 개발이 활발하게 진행되고 있습니다. 레슨 35부터 이러한 분야를 중점적으로 다루어 실제 활용 사례를 소개하겠습니다.

머신러닝을 양자 컴퓨터에 이식하는 작업이 진행되고 있다 도표 34-2

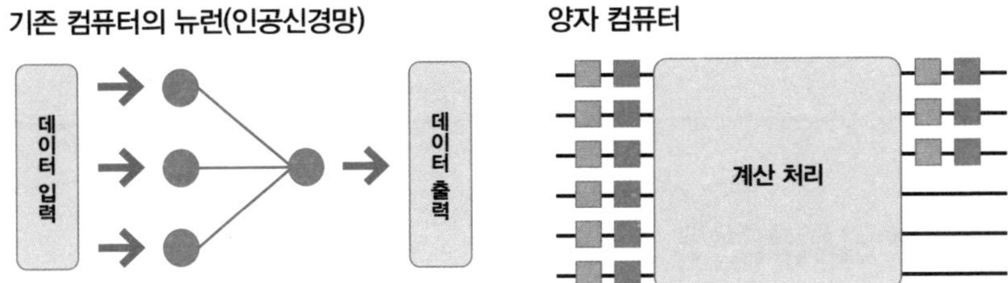

머신러닝에 사용되는 뉴런을 양자 컴퓨터에 이식하는 연구개발이 진행되고 있다.

양자 화학 계산으로 분자 구조가 안정화되는 상태를 찾는다 도표 34-3

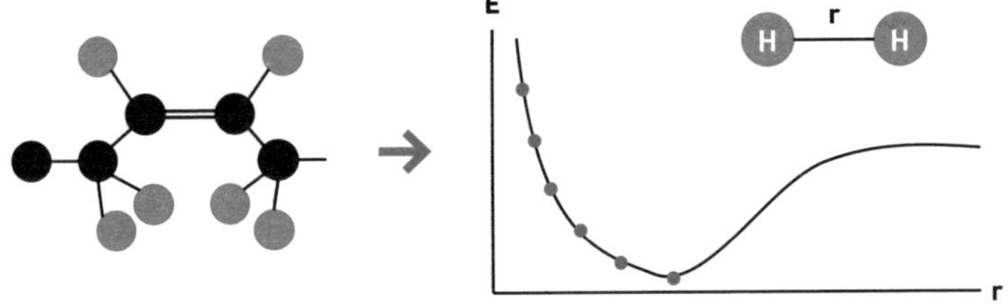

양자 화학 계산은 슈퍼컴퓨터를 사용해도 푸는 데 수년이 걸리지만 양자 컴퓨터로는 짧은 시간 안에 계산할 수 있을 것으로 기대된다.

Lesson 35 [양자 컴퓨터 활용 사례 ①]

머신러닝을 통한 이미지 인식

이번 레슨의 포인트

우리의 주변에서 자주 이용되고 있는 이미지 인식도 양자 컴퓨터의 진출이 기대되는 분야의 하나입니다. 적은 수의 양자 비트로 대량의 이미지 패턴을 취급하는 데이터 압축 효과가 연구되고 있습니다.

이미지 인식이란?

이미지 인식은 동영상이나 정지 화면에 어떤 것이 찍혀 있는지를 판단하는 기술입니다. '머신러닝'이라는 기술에 의해 정밀도가 대폭 상승하여 얼굴 인증이나 자율주행 등 다양한 분야에서 응용되고 있습니다.

이미지 인식에서는 이미지 패턴을 해석하고 식별에 필요한 특징을 추출합니다. 도표 35-1 특징을 추출하려면 대량의 샘플 이미지를 이용해 해석해야 하지만, 그렇게 해서 특징을 포착하고 나면 높은 정밀도로 판별할 수 있게 됩니다.

› 이미지 인식 도표 35-1

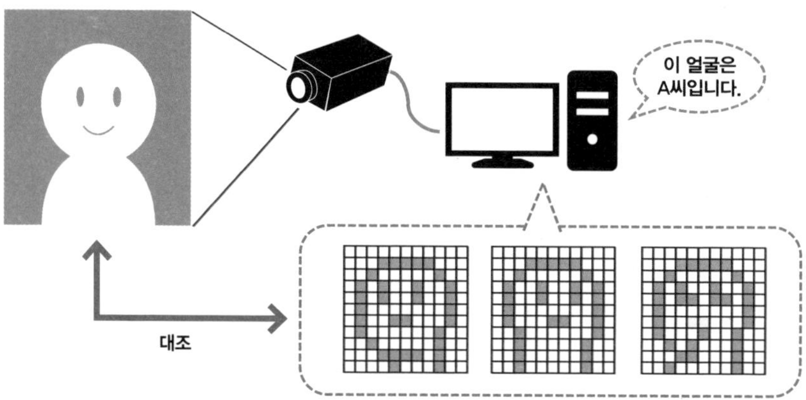

머신러닝을 통한 이미지 인식은 대량의 이미지 데이터를 해석하는 과정에서 그 특징이 되는 패턴을 추출하는 처리가 필요하다.

양자의 성질을 이미지 해석에 활용한다

챕터 3에서도 언급했듯이 컴퓨터는 이미지를 작은 네모 칸들의 집합으로 처리하고 있습니다. 컬러 이미지는 처리가 약간 복잡하지만, 흑백 이미지는 흰색을 0으로, 검은색을 1로 간단하게 처리합니다. 1픽셀=1비트로 처리하는 것입니다.

양자 컴퓨터는 양자 비트의 성질을 이용함으로써 이미지 인식의 정밀도 향상에 공헌할 수 있을 것으로 보입니다. 최근 연구에서는 양자 비트 2개로 4픽셀 16패턴의 이미지를 처리하는 아이디어가 등장하고 있습니다. 도표 35-2 기존 컴퓨터가 4픽셀 16패턴의 이미지를 처리하려면 4비트가 필요하다는 점에서 볼 때 양자 컴퓨터 활용 시에는 필요한 비트의 수가 반으로 줄어든다는 것을 알 수 있습니다. 게다가 단순히 절반이 되는 것이 아니라, 양자 비트가 N개라고 하면 2의 2의 N승(2^{2^N})의 패턴을 처리할 수 있습니다. 예를 들어 4양자 비트라면 2의 2의 4승(2^{2^4}), 즉 2의 16승(2^{16})이므로 65,536 패턴을 처리할 수 있습니다.

적은 양자 비트로 대량의 이미지 패턴을 처리할 수 있다 도표 35-2

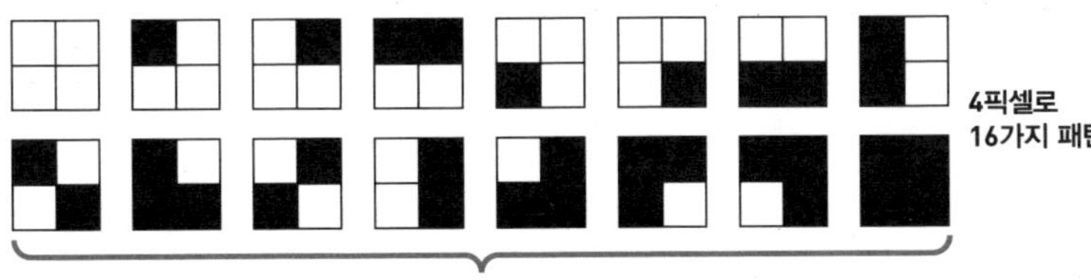

4픽셀로
16가지 패턴

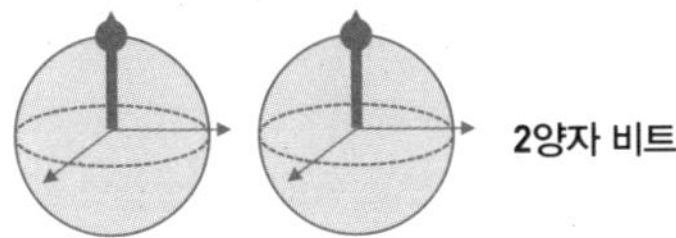

2양자 비트

2^{2^N} …… 2의 2의 N승의 정보를 처리할 수 있다.(N은 양자 비트 수)

예

- 2양자 비트(2^{2^2}) 2의 2승은 4, 2의 4승은 16
- 3양자 비트(2^{2^3}) 2의 3승은 8, 2의 8승은 256
- 4양자 비트(2^{2^4}) 2의 4승은 16, 2의 16승은 65,536

적은 수의 양자 비트로 이렇게 많은 이미지 패턴을 나타낼 수 있다는 건 뭔가 꿈같은 이야기입니다.

다음 페이지 →

양자 비트의 두 축을 모두 활용한다

어떻게 2양자 비트로 16패턴, 4양자 비트로 65,536패턴이나 처리할 수 있을까요? 양자 비트에서는 0과 1을 겹친 상태를 취급할 수 있지만 그렇게 하면 2패턴밖에 나타낼 수 없습니다. 잠시 양자 비트를 시각화한 블로흐 구를 생각해 보기 바랍니다. X축 회전으로 상태 벡터를 움직이면 0과 1 사이에서 중첩할 수 있었습니다. 양자 컴퓨터를 이미지 인식에 이용하는 연구에서는 X축에 맞추어 Z축의 회전도 사용합니다. 레슨 22에서 파동의 계산을 할 때는 Z축을 '위상'이라는 정보를 나타내기 위해서 사용한다고 했지만, 위상 이외의 정보를 나타내는 데 사용해도 문제가 없습니다. Z축의 회전에서도 0, 1과 같은 2가지 정보를 취급한다고 생각하면, 1양자 비트로 2의 2승, 즉 4패턴을 나타낼 수 있습니다. 도표 35-3

X축과 Z축을 이용하여 정보량을 늘린다 도표 35-3

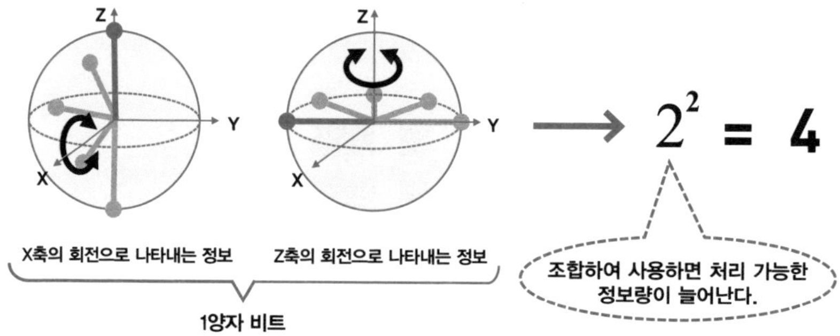

2양자 비트가 있다면

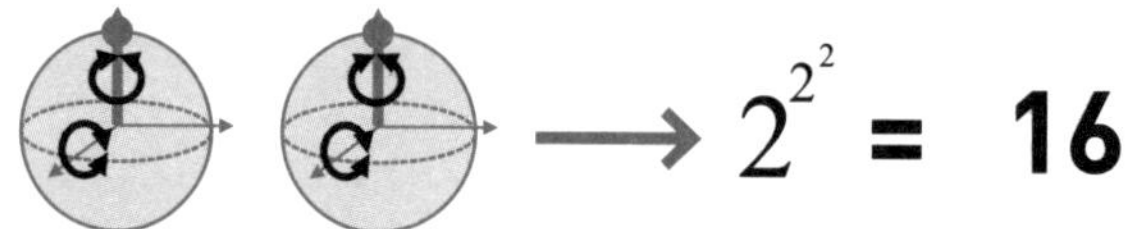

양자 비트로 X축, Z축을 회전시킴으로써 2의 2의 2승의 정보를 나타낼 수 있다.

즉, 양자 비트가 가질 수 있는 모든 정보를 활용하자는 아이디어입니다.

이미지 인식의 고속화가 가져오게 될 변화

적은 수의 양자 비트로 한 번에 많은 양의 이미지 패턴을 처리하는 것은 곧 이미지 인식의 정밀도 및 속도 향상으로 연결됩니다. 이것은 양자 컴퓨터에 국한된 이야기는 아닙니다. 또한, 정밀도와 속도가 향상되면 당연히 이미지 인식의 활용 범위도 확대됩니다.

예를 들어, 최근에는 위성에서 지구를 관찰하고 다양한 물체를 인식하는 사례도 나와 있습니다. 지구상의 모든 이미지를 처리하는 것은 매우 방대한 일이며 그중 인간의 손으로 할 수 있는 것은 몹시 제한적입니다.

지표면의 상황을 판단하는 데 머신러닝을 통한 이미지 인식과 알고리즘이 활용되고 있습니다. 그러나 이미지 인식을 사용한다 해도 지구상에 있는 물체는 너무도 방대하기에 컴퓨터의 대폭적인 성능 향상이 요구됩니다. 그러한 상황의 돌파구의 하나로서 기대되고 있는 것이 양자 컴퓨터입니다.

안면인식, 자율주행 등 그 어떤 분야이든 양자 컴퓨터를 활용해 훨씬 더 빠른 속도로 복잡한 문제를 해석할 수 있게 되면 수많은 사회 문제를 해결할 수 있습니다. 아직은 초보적인 활용에 지나지 않지만 조금씩 기술 개발이 진전되고 있습니다.

양자 컴퓨터 머신러닝 연구 기사 도표 35-4

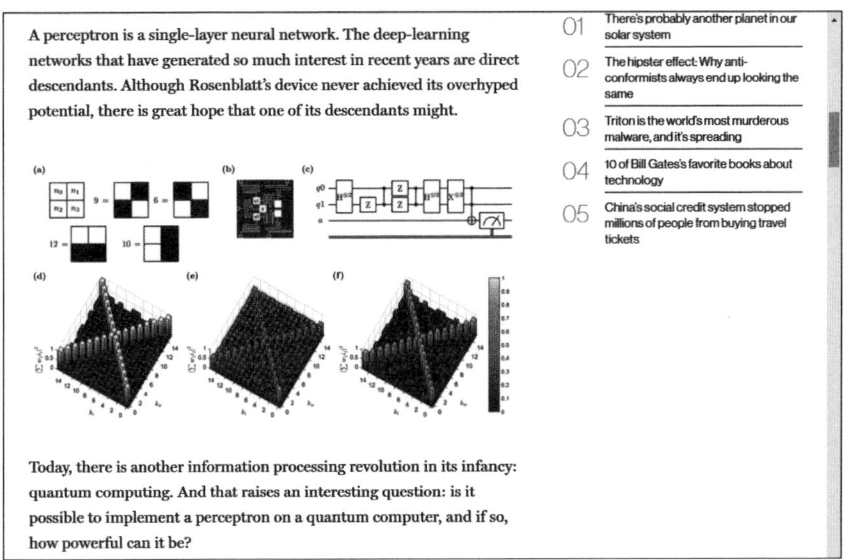

A perceptron is a single-layer neural network. The deep-learning networks that have generated so much interest in recent years are direct descendants. Although Rosenblatt's device never achieved its overhyped potential, there is great hope that one of its descendants might.

Today, there is another information processing revolution in its infancy: quantum computing. And that raises an interesting question: is it possible to implement a perceptron on a quantum computer, and if so, how powerful can it be?

01 There's probably another planet in our solar system

02 The hipster effect: Why anti-conformists always end up looking the same

03 Triton is the world's most murderous malware, and it's spreading

04 10 of Bill Gates's favorite books about technology

05 China's social credit system stopped millions of people from buying travel tickets

양자 컴퓨터(IBM Q)로 퍼셉트론을 실행하여 이미지 처리를 수행한 실증 결과 리포트
〈Machine learning, meet quantum computing〉
https://www.technologyreview.com/s/612435/machine-learning-meet-quantum-computing/

36 양자 화학 계산에 의한 신재료 개발

이번 레슨의 포인트

새로운 약효를 가지는 약품, 튼튼한 건축 자재, 작지만 용량이 큰 배터리 소재 등 새로운 재료는 항상 요구되고 있습니다. 이런 신재료 개발에 활용되는 양자 화학 계산도 기존 컴퓨터에서는 시간이 매우 오래 걸리는 분야입니다.

재료 개발과 양자 화학 계산

우리의 주변에는 여러 가지 공산품이 있고 이들은 기능과 편리성을 향상시키는 새로운 재료의 개발에 의지하고 있습니다. 거기에 양자 컴퓨터가 활용되기 시작했습니다.

'양자 화학 계산'이란 재료의 특성을 결정하는 요인을 찾기 위해 원자나 전자와 같은 아주 작은 양자가 어떻게 조합되고 있는지를 상세하게 분석하는 것을 말합니다. 도표 36-1 소재를 구성하는 원자나 분자 각각의 전자 배치를 조사하고, 그 작용을 복잡한 계산을 통해 구해야 합니다.

이렇듯 무수히 많은 전자의 배치가 대상이 되면 계산량이 너무 많아서 기존 컴퓨터로는 계산할 수가 없습니다. 그 과제를 양자 컴퓨터로 해결하여 미래의 신재료 개발을 근본적으로 바꾸고자 하는 시도가 있습니다.

양자 화학 계산 도표 36-1

기존 화학 계산

→

양자 화학 계산

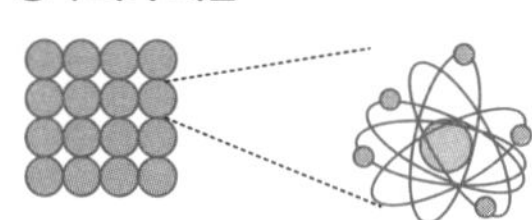

원자나 분자 수준으로 계산한다.

양자 화학 계산의 '양자'는 개발하고자 하는 재료의 원자나 분자로부터 나온 단어입니다. 양자 컴퓨터의 '양자'와는 직접적인 관계가 없습니다.

분자 구조가 안정화되는 거리를 구한다

양자 화학 계산은 일반적으로 안정적인 분자 구조의 상태를 찾는 데 사용됩니다. 안정된 분자는 '튼튼하고 잘 깨지지 않는다.', '오랜 시간이 지나도 성질이 변하지 않는다.'라는 유익한 성질을 나타내기 때문입니다. 이러한 분자의 안정성은 분자를 구성하는 원자의 거리에 의해 결정됩니다.

도표 36-2는 분자 에너지의 계산을 나타낸 것입니다. 그래프를 보고 이미 눈치챈 분도 계시겠지만, 이 최소 에너지를 구하는 데 챕터 4의 레슨 32에서 소개한 VQE가 사용됩니다.

분자 에너지 계산 도표 36-2

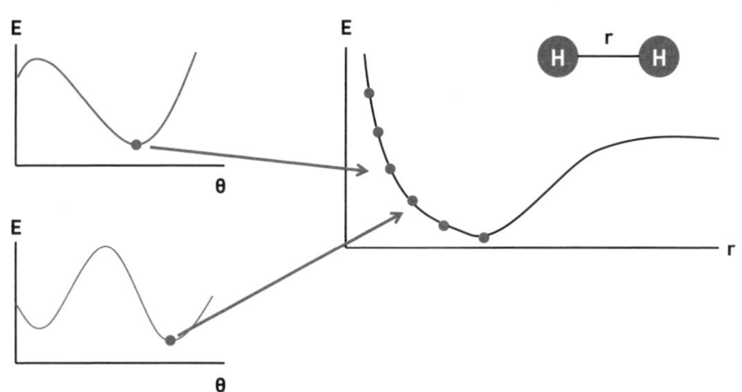

VQE 알고리즘을 이용하여 분자 에너지의 최소치를 구한다.

분자가 클수록 계산은 복잡해진다

적은 수의 원자로 구성된 분자를 저분자, 많은 수의 원자로 구성된 분자를 고분자라고 합니다. 직감적으로 예상할 수 있듯이 고분자 계산은 복잡합니다.

아미노산 등은 분자가 평면적으로 늘어선 것이 아니라 입체적으로 접힌 상태이기 때문에 그 상태에서도 안정성을 가지도록 계산해야 합니다.

저분자와 고분자 도표 36-3

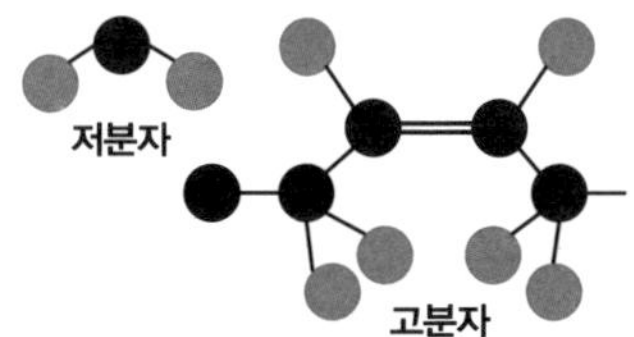

고분자일수록 계산이 복잡해진다.

기존 방법이라면 양자 화학 계산에 몇 개월에서 몇 년이 걸릴 수도 있습니다.

양자 화학 계산 소프트웨어

양자 화학 계산용 소프트웨어에는 다른 분야에는 없는 특징이 있습니다. 그것은 기존 소프트웨어를 일부 변환하고 양자 컴퓨터를 위한 소프트웨어를 추가함으로써 사용할 수 있다는 점입니다. 도표 36-4 이런 장점을 살려 기존의 지식을 있는 그대로 적용할 수 있다는 점도 매력적입니다.

재료과학 분야에 전 세계의 많은 스타트업과 대기업이 참가하고 있습니다. 가장 유명한 기업은 미국 하버드 대학 출신들이 주축이 된 벤처기업 Zapata Computing으로, 도표 36-5 양자 화학 분야의 세계적 권위자인 알란 아스푸루구직(Alán Aspuru-Guzik) 박사가 공동 창립한 회사입니다. Zapata Computing은 현재 양자 화학 및 머신러닝 분야의 알고리즘을 상용화하여 세계적으로 활약하고 있습니다.

양자 화학 계산 도표 36-4

기존의 소프트웨어의 일부를 변환하여 양자 컴퓨터용 소프트웨어로 활용할 수 있다.

Zapata Computing 웹사이트 도표 36-5

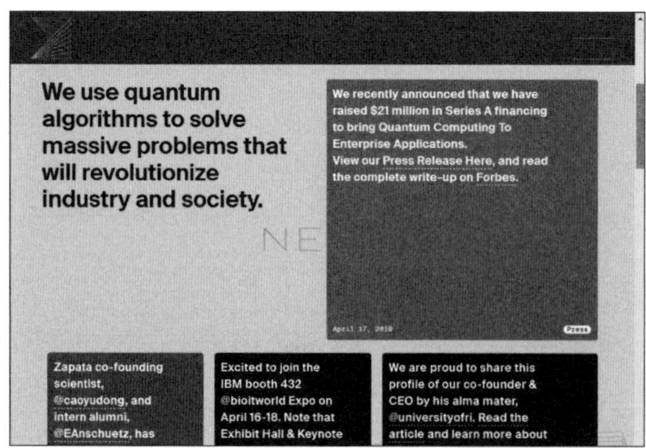

양자 화학 계산 스타트업으로 유명한 Zapata Computing의 웹사이트. 참고로 Zapata는 멕시코 혁명의 지도자였던 에밀리아노 사파타 살라사르(Emiliano Zapata Salazar)의 이름을 딴 것이라고 한다.
https://www.zapatacomputing.com/news

훨씬 더 고성능의 자동차용 배터리 개발

전기 자동차와 하이브리드 자동차에서 가장 중요한 부품은 배터리입니다. 그렇기에 현재 전 세계 자동차 회사들은 크기가 작고 대용량이면서도 안전한 배터리를 찾기 위해 치열하게 개발 경쟁 중입니다. 이러한 배터리의 재료 개발도 양자 화학 계산의 대상 중 하나입니다. 자동차 이외에도 스마트폰이나 각종 웨어러블 디바이스처럼 배터리가 필요한 기기가 급증하고 있어서 더욱 뛰어난 배터리를 개발하는 것이 세계적인 선결과제로 여겨지고 있습니다. 도표 36-4 그러한 개발을 가속화하기 위한 방법으로 양자 컴퓨터 도입이 요구되고 있습니다.

> 배터리 개발 도표 36-4

전기 자동차
스마트폰
웨어러블 디바이스
크기가 작으면서도
용량이 큰 배터리
고성능 배터리는 우리 생활에 필수적인 많은 기계와 제품의 성능을 향상시킨다.

재료 시뮬레이션

새로운 재료 개발 현장에서 양자 화학 계산과 같은 매우 근본적인 계산을 이용하기도 하지만 기존과는 다른 접근 방법으로 개발을 시도하기도 합니다. 재료의 특성을 해석하기 위해 특성을 프로그래밍하고 시뮬레이션하는 것입니다. 이 분야에 양자 컴퓨터를 사용하면 더욱 복잡한 조합을 통해 새로운 움직임을 보이게 되는 것은 아닐까 기대되고 있습니다.

재료 개발에 쓰이는 방대한 계산량을 해결하기 위한 방법으로 양자 컴퓨터의 활용이 기대되고 있습니다.

37 머신러닝과 딥러닝

이번 레슨의 포인트

머신러닝과 딥러닝도 계산량이 많아 양자 컴퓨터의 진출이 기대되는 분야입니다. 그러나 실현되기 위해서는 극복해야 할 몇 가지 장애물이 있습니다.

딥러닝이란?

머신러닝과 딥러닝은 최근 들어 주목받고 있는 키워드이므로 많이 들어봤을 겁니다. 머신러닝이란 레슨 35에서도 설명한 것처럼 컴퓨터 자체의 자기 학습으로 인식 정밀도를 올리는 기술을 말하며, 그 기법의 하나가 딥러닝입니다. 도표 37-1

딥러닝은 계산량이 방대해지기 때문에 계산 시간과 소비전력이 문제가 되고 있습니다. 이러한 연산을 고속으로 처리할 수 있으면 더욱 복잡한 모델이나 대량의 데이터를 처리할 수 있습니다. 학습의 정밀도가 점차 향상되면서 앞으로 더 나은 모델을 만들 수 있을 것으로 기대되고 있습니다.

딥러닝 이미지 도표 37-1

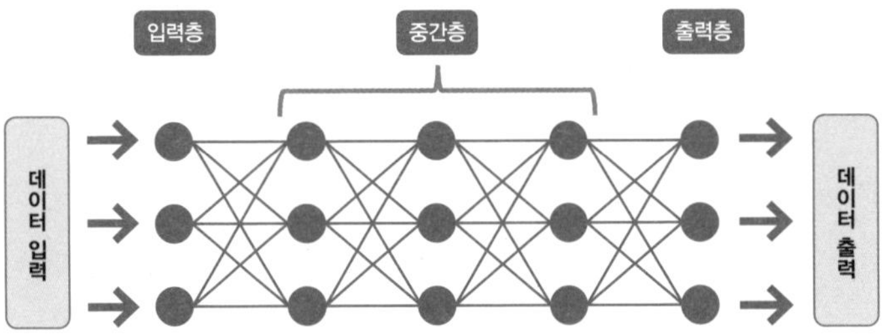

딥러닝은 인간의 뇌세포인 뉴런을 참고로 한 인공신경망으로 학습을 진행한다. 그림의 동그라미가 각각의 뉴런을 나타내며, 뉴런에서 뉴런으로 신호를 주면서 특징을 추출한다.

딥러닝에 양자 컴퓨터 활용

현재 딥러닝 알고리즘을 양자 컴퓨터에 이식하는 연구가 진행되고 있습니다. 그런데 여기에 한 가지 문제가 있다고 합니다. 원래 딥러닝은 도표 37-2와 같이 많은 입력 데이터 가운데 하나의 특징량이라는 정보를 도출하는 방식입니다. 재료를 짜내어 에센스를 추출하는 것과 같습니다. 회로의 구조는 여러 입력을 수신하고 하나의 출력을 생성하는 것입니다.

기존 컴퓨터에서는 입력과 출력의 수를 유연하게 바꿀 수 있지만 양자 컴퓨터의 양자 회로에서는 입력과 출력의 수가 항상 같습니다. 그렇기 때문에 입력이 많고 출력이 적은 경우, 도중에 사용하지 않는 양자 비트가 나오게 됩니다. 도표 37-3 알고리즘 이식이 진행되면서 이 문제에 대한 해결책을 모색해 나가고 있습니다.

딥러닝의 뉴런 도표 37-2

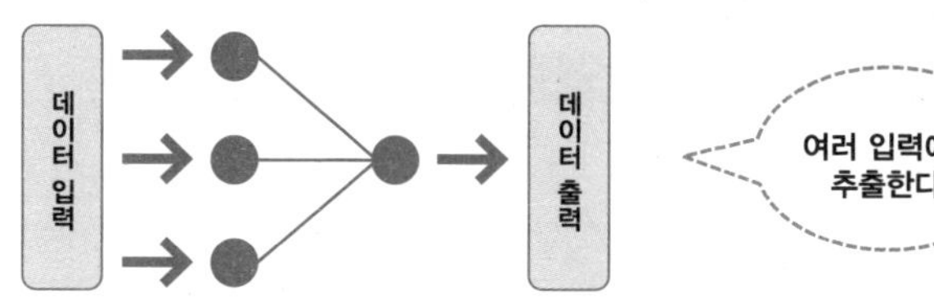

딥러닝은 대량의 입력 데이터에서 하나의 특징을 출력한다.

양자 컴퓨터에 이식하면…… 도표 37-3

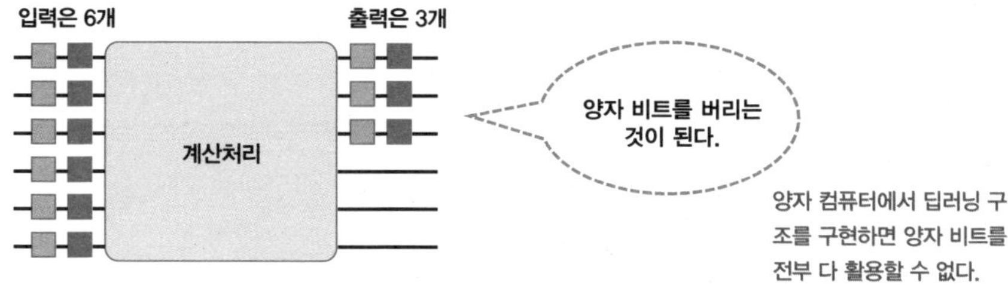

양자 컴퓨터에서 딥러닝 구조를 구현하면 양자 비트를 전부 다 활용할 수 없다.

이미지 인식에서 설명한 것처럼 양자 컴퓨터로 데이터를 압축할 수 있는 반면, 양자 비트를 전부 활용하지 못한다는 문제도 있습니다.

38 암호와 보안

양자 컴퓨터는 우리 주변의 정보보안에 관한 개념을 바꾸고 있습니다. 양자 컴퓨터가 보급되어 현행 암호화 기술이 위협받고 있는 상황에서 '양자 내성 암호(quantum safe cryptography)'의 연구가 진행되고 있습니다.

이번 레슨의 포인트

양자 컴퓨터가 보안에 미치는 영향

인터넷을 비롯한 통신 분야에서 보안의 중요성은 날이 갈수록 높아지고 있습니다. 디지털 데이터는 간단하게 복제할 수 있기 때문에 제3자가 해독할 수 없도록 만들어야 하며, 그것을 위해 만들어진 것이 암호화 기술입니다. 많은 암호화 기술은 '현재의 컴퓨터가 현실적인 시간 내에 풀 수 없다'는 것을 전제로 합니다. 도표 38-1

그러나 양자 컴퓨터에 의해 이 전제가 흔들리고 있습니다. 기존 컴퓨터로는 풀 수 없는 암호가 양자 컴퓨터로 해독될 가능성이 커지고 있기 때문입니다.

양자 컴퓨터로 인해 '불가능한 계산'이 사라진다 도표 38-1

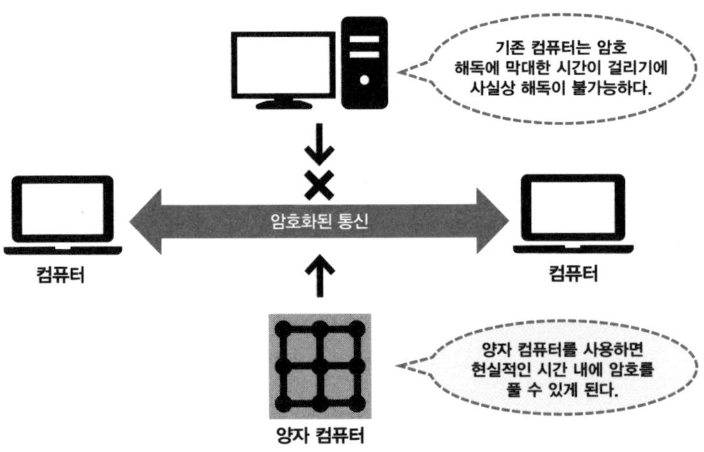
기존 컴퓨터는 암호
해독에 막대한 시간이 걸리기에
사실상 해독이 불가능하다.
암호화된 통신
컴퓨터
컴퓨터
양자 컴퓨터를 사용하면
현실적인 시간 내에 암호를
풀 수 있게 된다.
양자 컴퓨터

양자 컴퓨터에 의해 '계산 불가능'이라는 전제가 흔들리고 있다.

새로운 형태의 보안이 연구되고 있다

암호화 기술은 암호화폐나 블록체인 등 보안이 중시되는 분야뿐만 아니라 무선 LAN이나 일반적인 인터넷 통신에서도 보편적으로 사용되고 있습니다. 암호화 기술이 무효화된다는 것은 오늘날의 컴퓨터 사회를 근본적으로 뒤흔들 수 있는 중요한 문제입니다.

이 문제의 대책으로 양자 컴퓨터로도 풀기 어려운 새로운 암호체계에 대한 연구가 진행되고 있습니다. 일반적으로 '양자 내성 암호'라고 불리는 것입니다. 양자 내성 암호의 후보로는 격자암호, 다변수암호, 대수곡면암호 등이 거론되고 있으며, 각각에 대한 연구가 진행되고 있습니다.

양자 내성 암호의 유력한 후보 - 격자암호

현시점에서는 도표 38-2의 '격자암호'가 양자 내성 암호의 가장 유력한 후보입니다.

격자암호에서는 방향과 길이를 나타내는 '벡터'라는 정보를 암호로 사용합니다. 일반 벡터는 축이 직교한 좌표계(격자)로 만들어지지만 격자암호에서는 비스듬히 뒤틀린 격자에서 벡터를 만듭니다. 간단히 설명하자면, 이 격자의 뒤틀림 상태를 쉽게 해독할 수 없다는 것이 격자암호의 근간입니다.

격자암호의 구조 도표 38-2

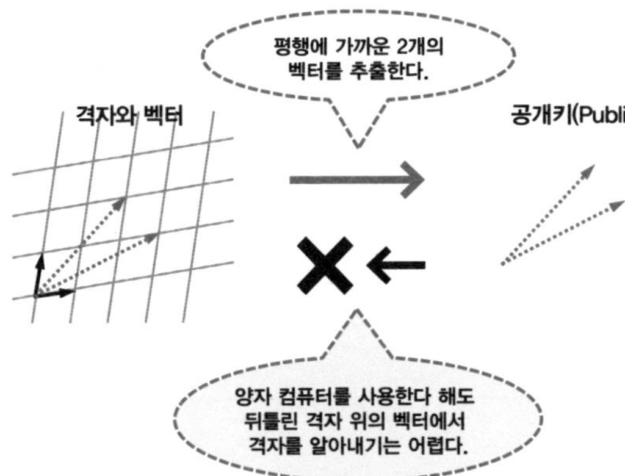
평행에 가까운 2개의
벡터를 추출한다.
격자와 벡터
공개키(Public Key)
양자 컴퓨터를 사용한다 해도
뒤틀린 격자 위의 벡터에서
격자를 알아내기는 어렵다.

비스듬히 뒤틀린 격자 위의 벡터로는 격자의 원래 형태를 알아낼 수 없다.

양자 컴퓨터로도 풀 수 없는 암호화 기술과 더불어, 양자 컴퓨터의 성질을 정보보안에 응용하는 연구도 진행되고 있습니다. 다음 레슨에서 소개하겠습니다.

39 양자 텔레포테이션

양자 텔레포테이션은 양자 얽힘에 의해 일어나는 현상의 하나입니다. 이것을 이용하면 초고속 통신을 실현할 수 있고 근본적으로 도청이 불가능하다는 장점이 있습니다.

이번 레슨의 포인트

양자 텔레포테이션이란?

레슨 14에서 양자 얽힘에 의해 여러 양자 비트의 양자 상태가 서로 연관된다고 설명했습니다. 한쪽이 1이면 다른 쪽도 1이 되고 한쪽이 0이면 다른 쪽도 0이 되는 것처럼 어느 한 쪽 상태에 따라 다른 쪽 상태가 결정되는 것을 의미합니다. 놀랍게도, 양자 얽힘은 아무리 멀리 떨어져 있어도 유지됩니다.

이러한 성질을 이용한 것이 '양자 텔레포테이션'입니다. 도표 39-1 양자 얽힘이 일어난 상태의 두 양자 중 어느 하나를 멀리 떨어진 곳에 보내두고 한쪽의 양자 상태를 변화시키면 순식간에 다른 한쪽으로 양자 상태가 전달됩니다. 이 현상을 통신에 이용하려는 연구가 곳곳에서 진행되고 있습니다.

양자 텔레포테이션에 의한 통신 도표 39-1

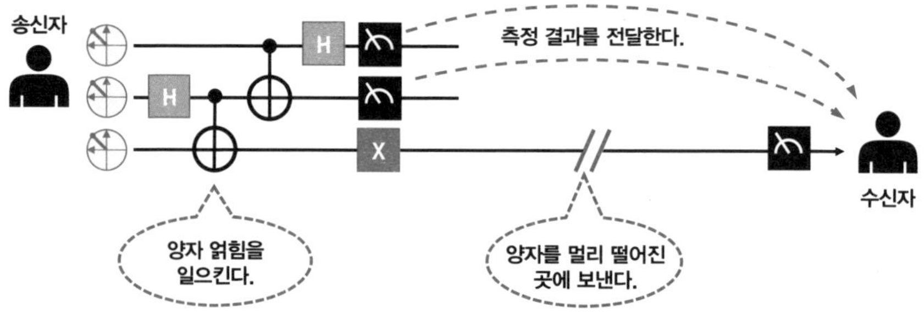

양자 얽힘 상태에 있는 양자 중 하나를 원격지에 보내고 본거지에 있는 양자의 측정 결과를 다른 통신 수단으로 보내면, 그것을 이용해 양자 상태를 복원할 수 있다.

양자 텔레포테이션에 의한 통신의 장점

이렇게 조금 이상한 양자 텔레포테이션을 이용한 통신의 이점은 크게 2가지입니다. 첫 번째는 양자 상태가 순식간에 전해지기 때문에 고속 통신이 가능해진다는 것입니다. 다만, 양자를 목적지에 보낼 때까지 양자 상태를 유지할 수 있어야 합니다. 현재 진행되고 있는 연구에서는 코히어런스 시간이 길고 원격지까지 운반하기 쉬운 광자가 이용되고 있습니다.

다른 하나는 양자 상태를 복제할 수 없다는 성질을 이용하여 근본적으로 도청이 불가능한 정보보안을 실현할 수 있다는 것입니다. 레슨 38에서 '양자 내성 암호'에 대해 설명했듯이 양자 텔레포테이션에 의한 통신이 실현되면 암호화하지 않아도 보안을 유지할 수 있게 됩니다.

텔레포테이션이라고 해도 양자 자체를 보내는 것이 아니라 양자 상태가 순식간에 전달되는 구조입니다. 양자 상태는 측정하면 그 영향을 받아 망가져 버리기 때문에 측정(=도청)한 시점에 상대에게 들켜버립니다. 양자 텔레포테이션에 의한 통신은 세계 곳곳에서 연구가 진행되고 있습니다.

원포인트

위조도 도난도 막을 수 있는 양자 화폐

양자 텔레포테이션을 이용한 아이디어 중에 '양자 화폐'가 있습니다. 양자 상태는 복제할 수 없고 통신 단계에서 도청을 할 수 없다는 원리를 활용하여 위조할 수 없는 돈을 만들자는 것입니다. 현재의 기술로는 실현하기 매우 어렵지만, 원천적으로 위조도 도난도 할 수 없는 돈을 만들 수 있으면 지금까지 생각하지 못했던 장소에서도 돈을 사용할 수 있게 될지도 모릅니다.

예를 들어, 미래에 달이나 화성 등에 사람들이 살게 되면 우주에서도 사용할 수 있는 돈이 필요하게 될 것입니다. 그때 양자 화폐로 사고팔게 되거나 양자 텔레포테이션으로 송금하게 될지도 모릅니다. 그렇게 생각해 보니 정말 꿈만 같군요.

40 업무 최적화

이번 레슨의 포인트

기업이나 공장에서 하는 일상적인 업무가 복잡해지면서 그에 대한 관리도 사회 문제로 대두되고 있습니다. 복잡한 문제에 강한 양자 컴퓨터를 사용하여, 업무나 생산의 효율화를 꾀하고자 하는 연구도 진행되고 있습니다.

업무 효율화 및 생산 효율화

공장에서는 로봇의 동작 등에 대한 자동화가 진행되고 있습니다. 자주식 로봇의 동작은 한 대 한 대 미리 프로그래밍되어 있어서 예측 가능하지만, 동작이 복잡해지거나 로봇의 대수가 증가하면 쉽게 혼잡을 일으켜 효율이 떨어집니다. 로봇뿐 아니라 사람이나 물건을 어떻게 할당하면 효율이 오르는지도 중요한 문제입니다. 도표 40-1

레슨 33에서 설명한 것처럼 계산을 통해 여러 선택지 중 최고의 선택지를 선택하는 것을 조합 최적화라고 합니다. 조합 최적화로 사회 문제를 풀거나 업무 효율화를 꾀할 수 있다면 사람뿐만 아니라 기계에 드는 부담도 대폭 줄일 수 있을 것으로 기대되고 있습니다.

조합 최적화 문제 예시 도표 40-1

교대 근무 일정 조정

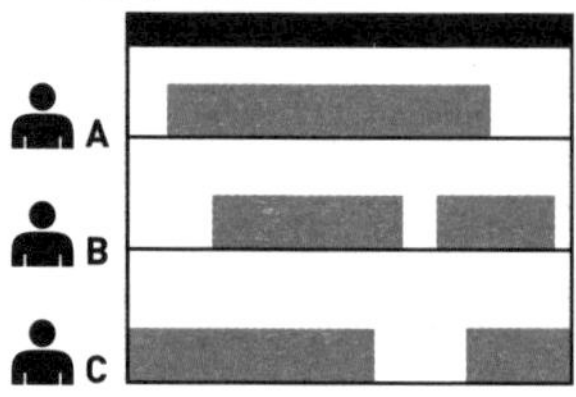

효율적으로 일이 진행되도록 교대 근무 일정을 조정한다.

공장 내 로봇 정체 완화

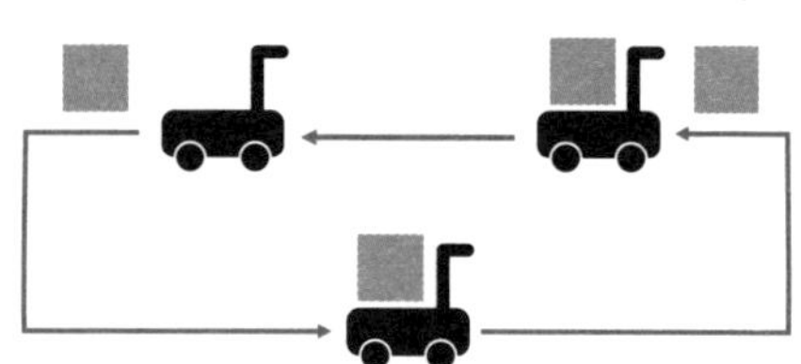

로봇이 교통 체증을 일으키지 않고 효율적으로 일할 수 있도록 제어한다.

QAOA 또는 양자 어닐링이 사용된다

조합 최적화 문제에 사용되는 알고리즘으로는 레슨 33에서 소개한 양자 게이트형 양자 컴퓨터에서의 QAOA, 그리고 챕터 6에서 소개하는 양자 어닐링이 있습니다. QAOA는 조합 최적화 문제를 수식화하고 수식을 세세하게 분할하여 계산합니다. 양자 어닐링은 조합 최적화 문제 전용 알고리즘으로, 선택지를 양자 비트에 할당하여 문제를 풉니다.

어떤 방식에서든 문제가 되는 것은 조합 수가 적을 경우입니다. 조합 수가 적으면 기존 컴퓨터에서도 답을 낼 수 있습니다. 그렇기 때문에 조합이 너무 많아서 기존 컴퓨터로는 대답할 수 없는 문제를 준비해야 합니다.

조합 최적화 문제를 위한 알고리즘 도표 40-2

QAOA

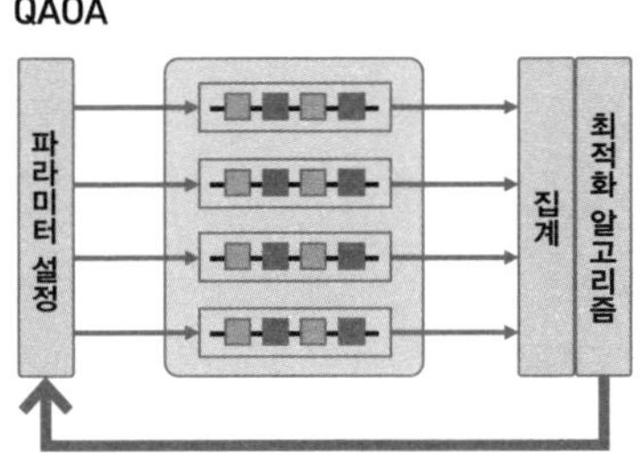

양자 어닐링

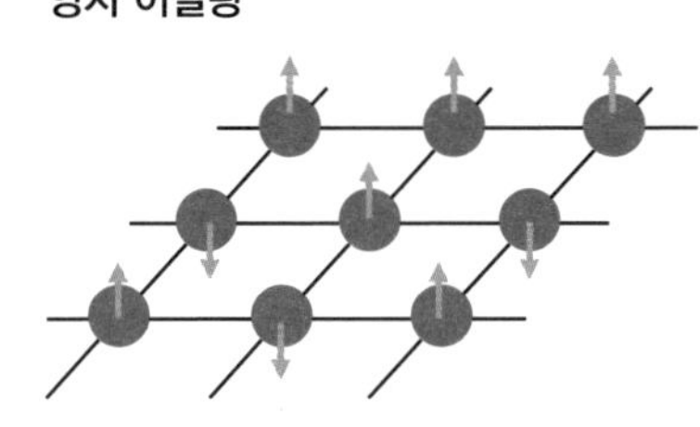

조합 최적화 문제의 해결을 위해 양자 게이트형에서는 QAOA가 사용된다. 양자 어닐링형은 말 그대로 양자 어닐링이라는 알고리즘이 사용된다.

조합의 수가 적은 간단한 문제라면 기존 컴퓨터를 사용하더라도 현실적인 시간 내에 풀 수 있습니다. 어려운 문제가 아니라면 양자 컴퓨터를 사용하는 의미가 없다는 것이 고민거리입니다.

41 퍼즐과 사회 문제

마지막으로 양자 컴퓨터를 사용하여 퍼즐을 풀어보려는 연구를 소개하겠습니다. 양자 컴퓨터를 사용하여 퍼즐을 푸는 것 자체에 사회적인 의미는 없을지도 모릅니다. 그러나 퍼즐의 해법은 사회 문제의 해결에 응용할 수 있습니다.

이번 레슨의 포인트

양자 컴퓨터로 퍼즐을 푼다

많은 연구자가 '스도쿠'나 '펜토미노'라는 퍼즐을 양자 컴퓨터를 사용해 풀어보려고 도전하고 있습니다. 스도쿠는 수가 겹치지 않게 칸을 메워 가는 퍼즐이며, 도표 41-1 펜토미노는 모양이 다른 조각을 지정 영역에 끼워 넣는 퍼즐입니다. 도표 41-2 이 문제들에 대한 해법은 '색칠 나누기 문제'라고 불립니다. 도표 41-3

'색칠 나누기 문제'는 업무의 스케줄을 정한다는 일정한 제약조건을 전제로 칸을 메워 가는 사회 문제에 이용할 수 있습니다. 양자 컴퓨터를 활용하여 빠른 속도로 스케줄을 최적화할 수 있으면 어떤 작업부터 손을 대면 좋을지 고민하는 일도 줄어들 것입니다.

스도쿠 도표 41-1

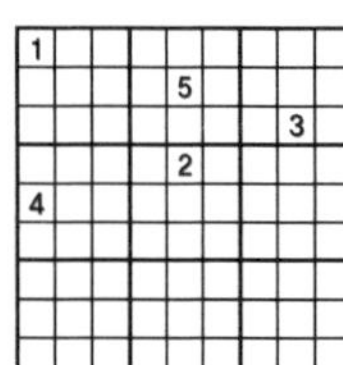

9×9의 격자 안에 1~9를 넣는다.

펜토미노 도표 41-2

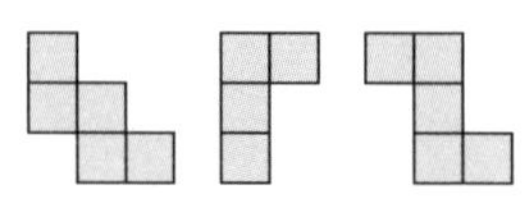

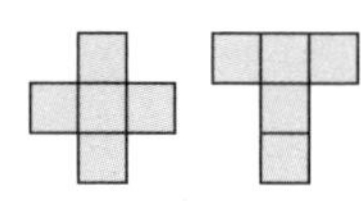

5개의 단위 정사각형으로 이루어진 조각을 조합하여 지정한 모양으로 만든다.

다음 페이지에서 펜토미노를 푸는 방법을 설명하는 웹 페이지를 소개합니다. 양자 컴퓨터를 사용해 현실 문제를 어떻게 풀어 나가는지 살펴볼 수 있습니다.

펜토미노를 양자 컴퓨터로 푼다 도표 41-3

@ AsaEagle updated at 2019-02-26

펜토미노 "같은"타일 깔려 문제를 양자 컴퓨터로 풀어 본다

Python, 퍼즐, 양자 어닐링

시작하기

조금 전에 어떤 테크 선생님으로부터 "펜토미노라고 어
링 기계 풀리는 걸까?"라는 질문을 받고 "노력 할게요!"
고 대답 해 버렸으므로, 어떻게 든 풀어보고자했습니다
했다.

펜토미노 란 (https://ja.wikipedia.org/wiki/%E3%83%9
A%E3%83%B3%E3%83%88%E3%83%9F%E3%83%8E

그러나 펜토미노는 5 개의 사각형을 조합 한 조각이 12

문제

아래 그림 왼쪽과 같은 사각형 3로 만든 타일 3 개를 아래 그림 오른쪽과 같은 3 × 3의 표면에 딱 전면에 까는 문제를 생각해 보겠습니다.
왼쪽에서 조각을 p1, p2, p3합니다. 진짜 펜토미노는 같은 모양의 조각은 아니지만, 3 × 3에 깔려을 생각하고 여기에서는 허용합니다.

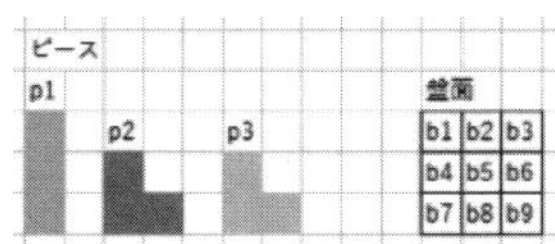

사고

우선, 조각 p1의 표면에 놓는 방법을 생각해 보겠습니다. 아래 그림과 같이 6 가지가 있습니다. 이 공급 방법을 각각 "q0, q1, q2, q3, q4, q5"라고합니다.

q0 b1 b4 b7
q1 b2 b5 b8
q2 b3 b6 b9
q3 b1 b2 b3
q4 b4 b5 b6
q5 b7 b8 b9

또한 피스 p2, p3에 대해서도 생각해 봅니다.

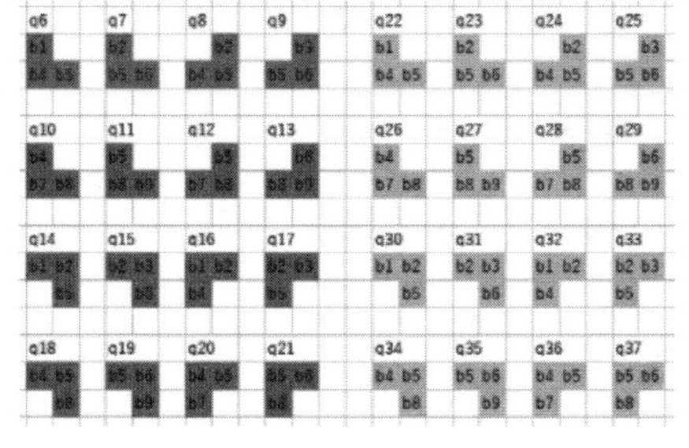

펜토미노는 정사각형을 조합한 조각을 틈이 생기지 않도록 채워가는 퍼즐이다. 위 기사에서는 3종류의 피스가 취할 수 있는 모든 상태를 찾아내, 그것으로부터 식을 세워 양자 어닐링으로 설정할 수 있는 문제의 형태로 만들고 있다.
https://bit.ly/3jGFsM0

칼럼

커피 블렌딩을 양자 컴퓨터로 최적화하다

이번 챕터에서 설명한 것처럼 양자 컴퓨터를 실제로 활용하기 위해서는 양자 컴퓨터가 아니면 풀 수 없는 문제를 찾는 것부터 시작해 나가야 합니다. 따라서 평소 신문이나 뉴스, 주변 사람들과의 대화를 통해 세상에 어떤 과제가 있는지 관심을 가지는 것이 중요합니다.

양자역학이나 양자 컴퓨터의 구조만 골몰히 파고 있다고 좋은 게 아닙니다. 과제는 생각지도 못한 곳에 있을 수 있습니다. 그리고 처음에는 개인적인 흥미로 시험 삼아 했을 뿐이었지만, 사회 문제의 해결로 연결되는 케이스도 간혹 있습니다. 이것은 양자 컴퓨터에 한정되지 않는 말입니다. 스스로를 가두지 말고, 관심 범위를 넓혀 나가기를 바랍니다.

여기에서 소개하는 "커피 블렌딩 최적화"는 맛있는 커피를 마신다는 친근한 소재를 최적화하여 최대한 즐거운 시간을 보내자는 생각에서 시작되었습니다. 실제로는 지금 가지고 있는 원두들로 더 맛있는 조합을 계산해 보는 시도입니다. 예비 실험으로 드레싱을 생성하는 알고리즘이 성공했기 때문에 그것을 바탕으로 커피 블렌딩 최적화를 위한 새로운 양자 컴퓨터 알고리즘을 개발했습니다.

실제로 새로운 배합으로 블렌딩된 커피를 마셔보면 사람의 선입견을 뛰어넘는 새로운 맛이 납니다. 그것들을 사람의 혀로 평가함으로써 점점 맛이 개선되어 가고 있습니다. 양자 컴퓨터는 수많은 평가용 샘플을 가능한 한 효율적으로 배합해, 사람이 마시는 횟수를 줄이면서 최적화된 맛에 가깝도록 계산하고 있습니다.

❯ 커피 블렌딩 최적화

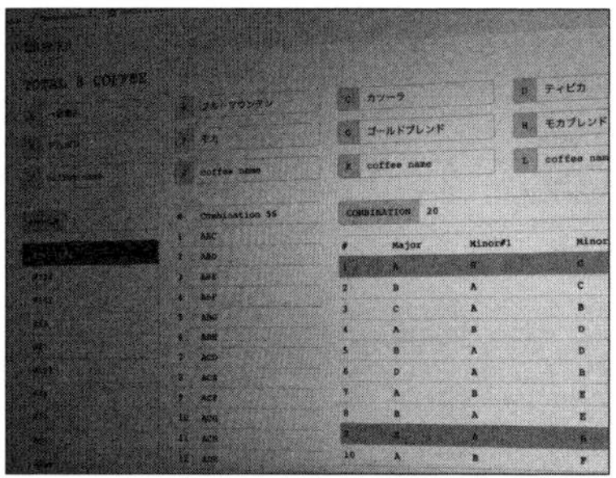

양자 컴퓨터가 최적화해 놓은 방법에 따라 커피를 블렌딩합니다.

Chapter

6

양자 회로를 만들어 봅시다

예로부터 '백문이 불여일견'이라고 하죠. 양자 컴퓨터 개발용 툴 Blueqat을 사용해 양자 컴퓨터의 세계를 체험해 봅시다.

42 양자 컴퓨터를 체험해 보자

양자 컴퓨터를 어떻게 시작해야 할지 모르겠다는 상담을 자주 받습니다. 양자 컴퓨터 프로그래밍은 기존 방식과 비슷한 점도 있고 다른 점도 있기에, 직접 체험하며 익숙해지는 것부터 시작하는 것이 좋습니다.

이번 레슨의 포인트

PC로 체험하는 양자 컴퓨터

지금까지 양자 컴퓨터의 구조와 용도, 전망을 설명했습니다. 그러나 실제로 다뤄 보지 않으면 실감할 수 없다고 하는 분이 계실지도 모릅니다. 챕터 6에서는 양자 컴퓨터 개발용 툴 Blueqat(블루캣)을 사용해 양자 컴퓨터 프로그래밍을 체험해 보겠습니다. 도표 42-1

Blueqat은 오픈소스 프로젝트이므로 무료로 이용할 수 있습니다. 또한, Python 라이브러리이기 때문에 Windows나 macOS 등 다양한 환경에서 이용할 수 있습니다.

Blueqat 문서 사이트 도표 42-1

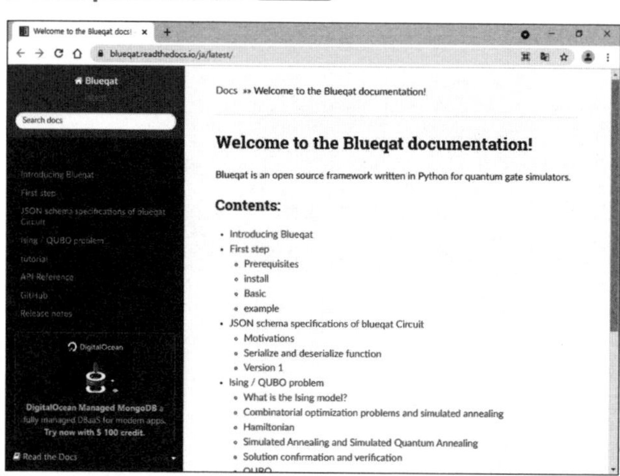

Blueqat은 일본에서 만들어진 툴입니다.
https://blueqat.readthedocs.io/ja/latest/

*역자 주: 이외에도 IBM에서 공개한 Qiskit(퀴스킷)도 있습니다.

*역자 주: Chapter 07에서 알아볼 Wildqat은 Blueqat x.x.x 이후 버전에 통합되었습니다.

처음에는 시뮬레이터로 작은 문제를 풀어 보자

양자 컴퓨터 개발용 툴에는 양자 컴퓨터의 움직임을 재현하는 시뮬레이터 기능이 일반적으로 탑재되어 있습니다. 시뮬레이터는 기존 컴퓨터에서 움직이는 것이므로 당연히 양자 컴퓨터 그 자체는 아닙니다. 하지만 비교적 작은 문제라면 진짜 양자 컴퓨터와 같은 결과를 냅니다. 처음에는 작은 문제를 시뮬레이터로 풀다가 익숙해지고 나서 큰 문제로 확장하거나 진짜 양자 컴퓨터를 활용하면 됩니다.

직접 손을 움직여 체험함으로써 양자 컴퓨터를
한층 더 깊이 이해할 수 있습니다.

Python을 이용하여 양자 회로를 프로그래밍한다

Blueqat은 Python 라이브러리이기 때문에 양자 회로를 Python 프로그램 형태로 작성합니다. H 게이트는 'h 메서드', CNOT 게이트는 'cx 메서드', 측정은 'm 메서드'라고 하며, 회로와 프로그램은 일대일로 대응합니다. 도표 42-2 이후의 레슨에서는 기본적인 '중첩', '양자 얽힘'뿐만 아니라 챕터 3에서 소개한 덧셈 회로를 작성하는 법에 관해서도 다룰 것입니다.

양자 회로를 Python 프로그램으로 작성한다 도표 42-2

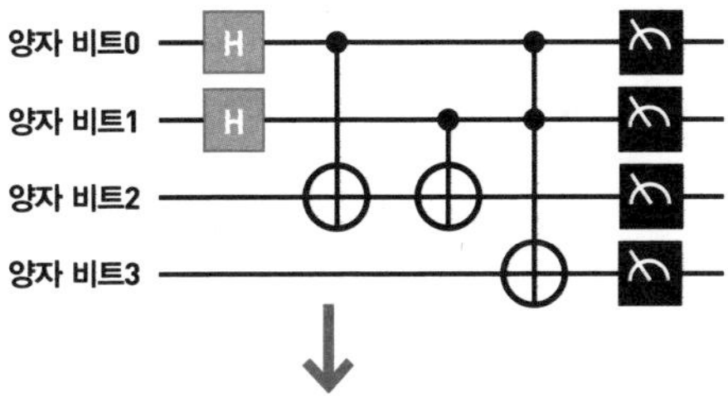


```
Circuit().h[0,1].cx[0,2].cx[1,2].ccx[0,1,3].m[:].run(shots=100)
```

Python 프로그램 형태로 양자 회로를 입력한다.

43 Python과 Blueqat을 설치한다

이번 레슨의 포인트

Blueqat을 이용하려면 Python과 Blueqat을 설치해야 합니다. 여기서는 Windows를 예로 들어 설명하지만 macOS에서도 설치할 수 있습니다. 설치가 끝나면 IDLE이라는 툴로 프로그램을 입력합니다.

Python을 설치한다

Blueqat은 Python의 라이브러리로 제공되기 때문에 우선 PC에 Python을 설치해야 합니다. Python은 초보자도 쉽게 배울 수 있는 인기 있는 프로그래밍 언어로, 머신러닝 붐과 함께 빠르게 보급되고 있습니다.

Python은 공식 사이트에서 설치 프로그램을 무료로 다운로드할 수 있습니다. 도표 43-1 여기에서는 Windows판의 설치 방법을 설명하나, 같은 사이트에서 macOS판도 다운로드할 수 있습니다.

> Python 설치는 공식 사이트에서 도표 43-1

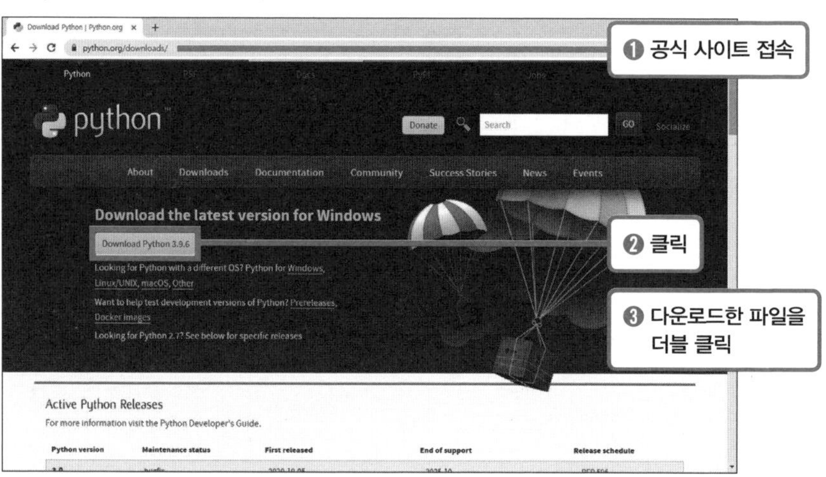

https://www.python.org/downloads/

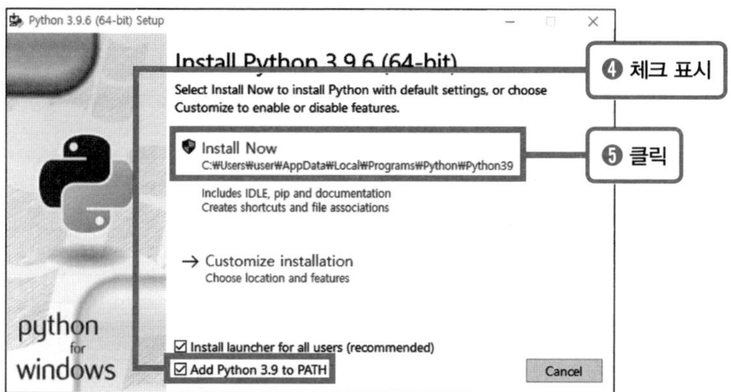

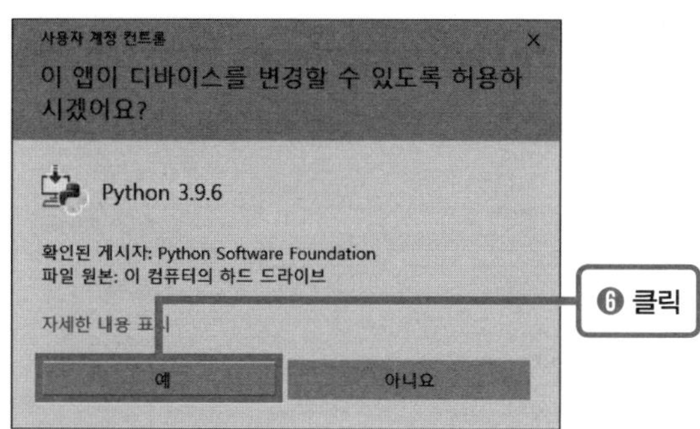

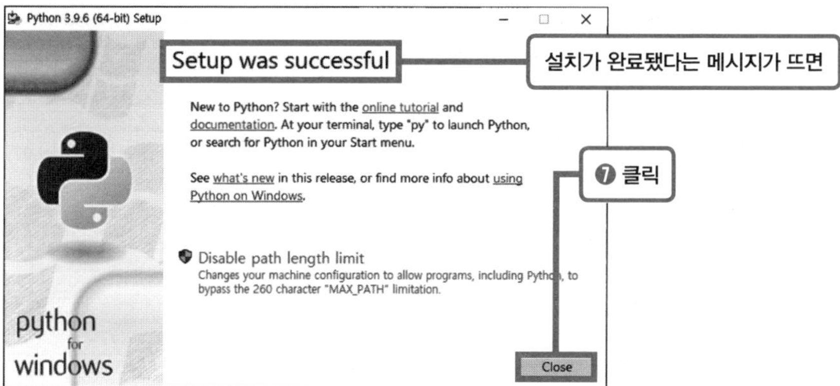

Bluegat을 사용할 때 Python 지식은 그다지 필요하지 않으니 안심하세요. 양자 회로를 거의 그대로 프로그램으로 대체할 뿐입니다.

다음 페이지 →

Blueqat을 설치한다

Python 설치가 완료되면 Blueqat을 설치합니다. Python에서는 pip 명령어로 라이브러리를 설치합니다. Blueqat 이외에 numpy(넘파이)와 scipy(사이파이)가 필요합니다.

Windows에서는 명령 프롬프트를 열어 도표 43-2의 명령어를 실행시킵니다. 도표 43-3

macOS는 기본적으로 Python 구버전이 설치되어 있어, 터미널에서 pip 명령어를 입력하면 구버전이 실행되어 버립니다. 그러니 macOS에서는 pip 대신 pip3 명령어를 이용하기 바랍니다.

입력할 명령어 도표 43-2

```
pip install blueqat
```

입력하는 명령어는 공백이나 대소문자 하나만 틀려도 정상적으로 작동하지 않습니다. 오류가 나면 다시 한번 명령어를 확인하고 입력해 주시기 바랍니다.

라이브러리 설치 도표 43-3

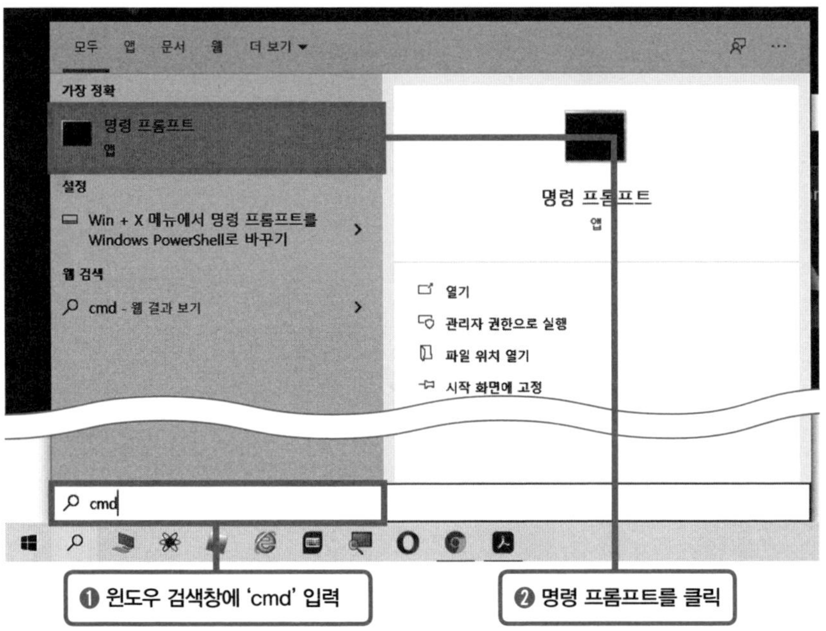

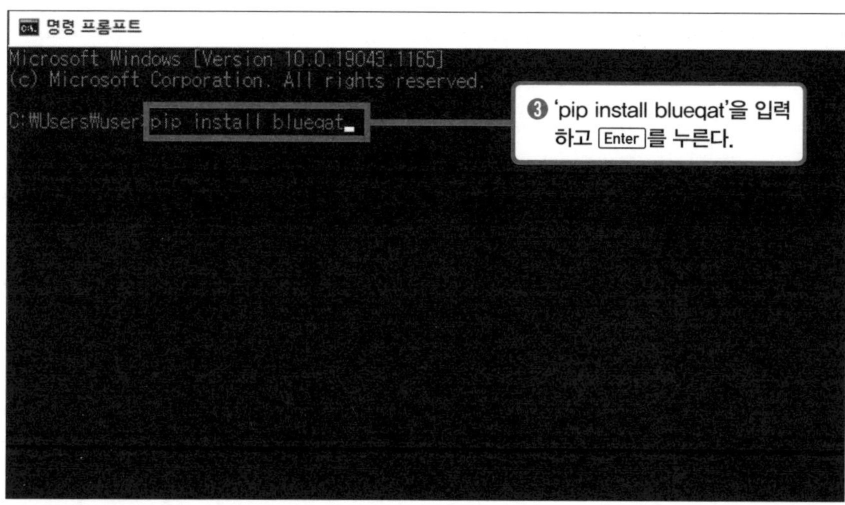

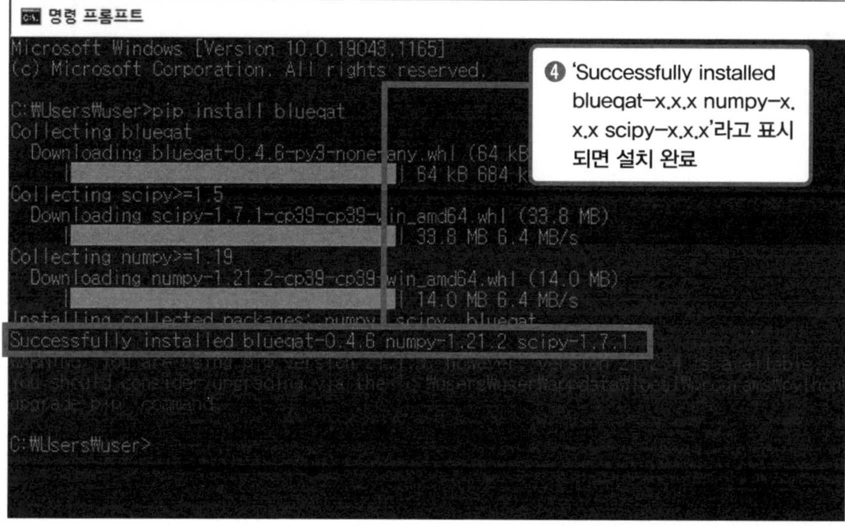

blueqat 0.3.7 이후 버전에서는 numpy 와 scipy를 자동으로 설치해 줍니다.

다음 페이지 →

프로그램 입력 툴인 IDLE을 실행한다

Python 프로그램을 실행하기 위해 Python과 함께 설치된 IDLE(아이들)이라는 툴을 이용합니다. 도표 43-4 IDLE은 Python 프로그램을 입력하면 바로 실행할 수 있는 개발 도구이며, 프로그램 파일을 작성하기 위한 편집기 기능도 가지고 있습니다.

IDLE을 실행한다 도표 43-4

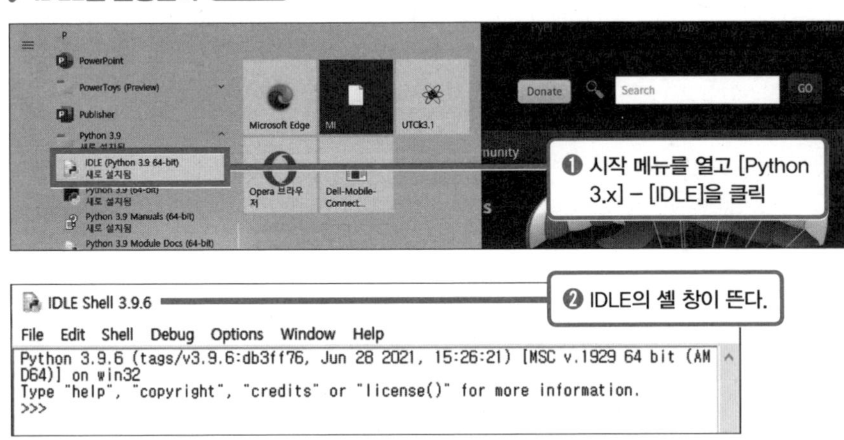

원포인트

Python 프로그램 파일을 작성한다

IDLE의 셸 창에 입력한 프로그램은 창을 닫으면 사라집니다. 나중에 다시 실행하고 싶다면 프로그램을 파일에 입력해서 저장해야 합니다.

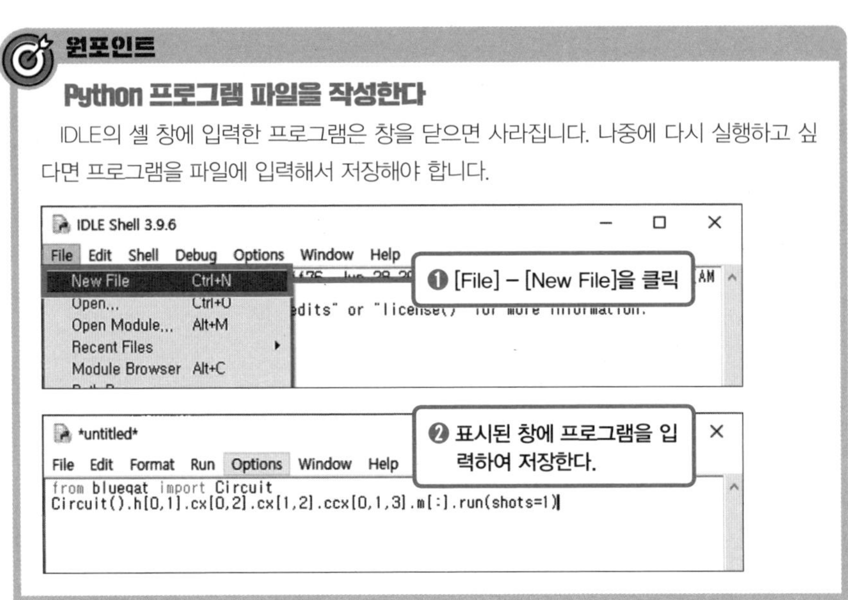

Blueqat을 이용할 준비를 한다

Blueqat을 이용하려면 프로그램 맨 앞에 도표 43-5의 명령어 한 줄을 작성해야 합니다. 이것은 blueqat 라이브러리에서 Circuit(서킷) 객체를 import(불러온다)한다는 의미입니다. Blueqat을 이용하는 프로그램의 코드 앞부분에 반드시 써야 합니다.

IDLE에는 코드를 작성할 준비가 되었음을 안내하는 '>>>'이 표시되고 있을 것입니다. 이것을 프롬프트(또는 커서)라고 하고, 이 프롬프트 바로 옆에 프로그램 코드를 입력합니다. Blueqat이 성공적으로 설치되었다면 다음 줄에 '>>>'가 표시됩니다. 도표 43-6

Circuit 객체 Import 도표 43-5

```
from blueqat import Circuit
```

Python 프로그램을 입력합니다 도표 43-6

```
*IDLE Shell 3.9.6*
File Edit Shell Debug Options Window Help
Python 3.9.6 (tags/v3.9.6:db3ff76, Jun 28 2021, 15:26:21) [MSC v.1929 64 bit (AM
D64)] on win32
Type "help", "copyright", "credits" or "license()" for more information.
>>> from blueqat import Circuit
```

❶ 도표 43-5에 있는 코드를 입력하고 Enter를 누른다.

```
IDLE Shell 3.9.6
File Edit Shell Debug Options Window Help
Python 3.9.6 (tags/v3.9.6:db3ff76, Jun 28 2021, 15:26:21) [MSC v
D64)] on win32
Type "help", "copyright", "credits" or "license()" for more information.
>>> from blueqat import Circuit
>>> |
```

❷ 문제가 없으면 다음 줄에 '>>>'이 표시된다.

코드를 실행했을 때 빨간색 오류 메시지가 나타난다면 코드를 잘못 입력했거나 설치에 문제가 있는 것입니다. 만약 입력한 코드에 이상이 없다면 이 레슨에서 설명한 설치 부분을 다시 확인해 보기 바랍니다.

44 양자 비트의 중첩을 체험한다

이번 레슨의 포인트

양자 비트의 중첩은 H 게이트 1개로 실현될 수 있는 간단한 것이면서도 양자 회로의 신기한 특성을 잘 보여줍니다. 양자 회로의 결과는 하나로 지정되지 않고 매번 확률로 결정됩니다. 그러한 신기한 특성을 경험해 보기 바랍니다.

양자 비트의 중첩

우선 가장 간단하면서도 양자 컴퓨터의 특징을 확인할 수 있는 양자 비트의 중첩을 살펴보겠습니다. H 게이트(아다마르 게이트)를 배치하면 양자 비트가 + 상태가 되어 0과 1이 각각 50%의 확률로 측정됩니다. 이것이 양자의 중첩입니다.

양자 회로의 동작은 '초기화', '연산', '측정'의 3단계로 나뉩니다. 그중 초기화는 툴이 자동으로 해주고 측정은 'm[:]'이라고 입력하기만 하면 되므로, 우리가 고민할 부분은 연산 단계뿐입니다. 도표 44-1

1양자 비트로 중첩을 수행하는 양자 회로 도표 44-1

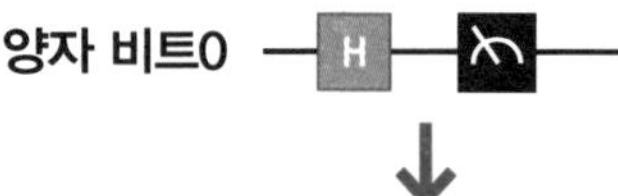


```
Circuit().h[0].m[:].run(shots=100)
```

H 게이트를 배치하고(h[0]) 측정한다.(m[:])

양자 회로의 부품 하나가 메서드 하나와 거의 1대1로 대응합니다.

양자를 중첩시키는 프로그램을 입력한다

그러면 이제 양자 컴퓨터의 신기한 프로그래밍을 경험해 보도록 하겠습니다. 의미는 차차 설명하기로 하고, 우선 도표 44-2의 코드를 IDLE 창에 입력합니다. 코드 중 'from blueqat import Circuit'은 이미 한번 실행하였으면 다시 입력할 필요가 없습니다.

***역자 주: 단, 해당 코드를 실행한 후 컴퓨터를 재부팅한 경우라면 다시 입력해야 합니다.**

정확하게 입력되었으면 'Counter({'1': 57, '0': 43})'과 같은 결과가 표시됩니다. 도표 44-3 이것은 '1'이라는 측정 결과가 57번, '0'이라는 측정 결과가 43번 나왔다는 의미입니다. 만일 그 횟수가 이 결과와 정확히 같지 않다고 해도 대체로 비슷한 값일 것입니다. 1과 0이 대략 절반 정도씩 나오는 것을 확인하면 됩니다.

중첩시키는 프로그램 코드 도표 44-2

```
from blueqat import Circuit
Circuit().h[0].m[:].run(shots=100)
```

Python 프로그램 코드를 입력합니다 도표 44-3

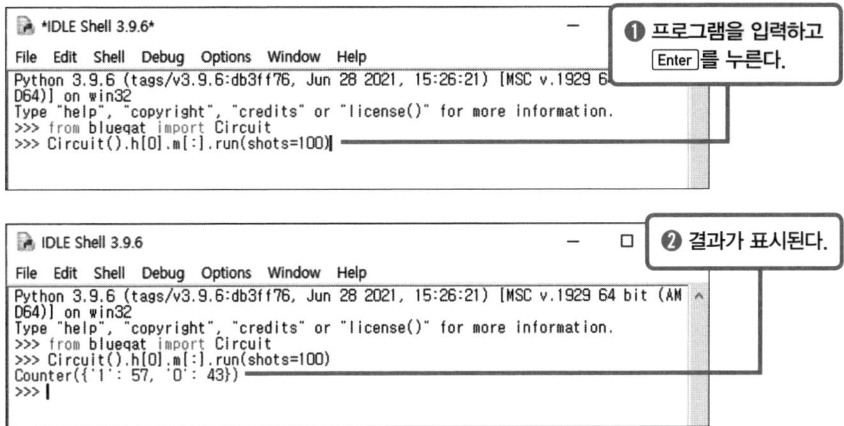

코드를 잘못 입력하지 않도록 주의하세요. 마침표(.), 쉼표(,), 콜론(:), 세미콜론(;) 등 사소한 입력 실수로 오류 메시지가 뜨는 경우가 많습니다.

Circuit 오브젝트를 만든다

지금부터는 프로그램을 차근차근 설명해 드리겠습니다. 첫 번째 Circuit()은 'Circuit 오브젝트(개체)를 만든다'는 뜻입니다. 'Circuit'은 회로를 말하는 것으로, 여기서의 Circuit 오브젝트는 양자 회로를 의미합니다. Circuit() 뒤에 마침표를 입력하고 양자 게이트를 의미하는 명령어를 작성해 나갑니다. 도표 44-4

Circuit 오프젝트 만들기 도표 44-4

```
Circuit().양자 게이트
```

H 게이트를 배치한다

h[ ]는 'H 게이트를 배치한다'는 의미입니다. 대괄호 안의 숫자는 양자 비트의 순서를 의미합니다. h[0]이라면 첫 번째 양자 비트(양자 비트0)에 H 게이트를 배치합니다. 도표 44-5 h[1]이라고 쓸 때는 두 번째 양자 비트(양자 비트1)에 배치가 됩니다. 여러 개를 배치하고 싶은 경우에는 h[0, 1]와 같이 쉼표로 구분하여 작성합니다.

H 게이트(아다마르 게이트) 배치 도표 44-5

```
Circuit().h[0]
```

H 게이트의 배치 패턴 도표 44-6

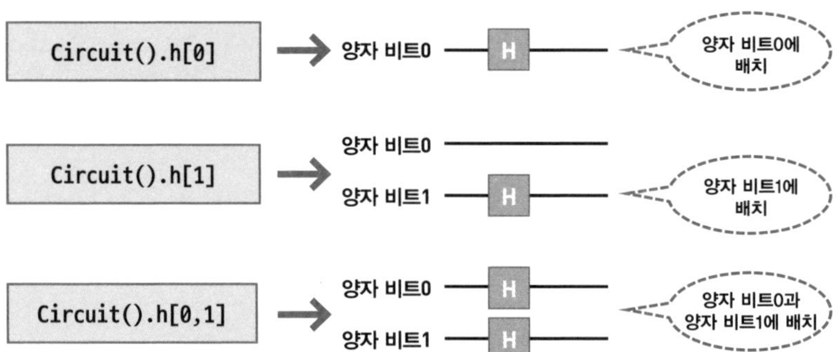

양자 비트1에 H 게이트를 배치할 때 H 게이트를 배치하지 않은 양자 비트0도 함께 나타난다는 점을 주의하세요.

결과를 측정한다

양자 비트를 측정하려면 m[:]이라고 작성합니다. 측정은 도표 44-1 의 양자 회로도에서 '계기판' 아이콘으로 나타내고 있는 부분입니다. 측정하는 부분이 있어야 올바른 결과를 얻을 수 있습니다. 도표 44-7

m[0:1]처럼 작성하여 측정하고자 하는 양자 비트를 미리 정해놓을 수도 있지만 보통은 모든 양자 비트를 측정한다는 의미의 m[:]을 씁니다.

***역자 주: 파이썬에서 콜론(:)은 리스트 등에서 '모든 것(everything)'을 의미합니다.**

결과 관측 도표 44-7

```
Circuit().h[0].m[:]
```

회로를 실행한다

도표 44-8 처럼 run()으로 회로를 실행하여 계산 결과를 출력합니다. 괄호 안에 쓰는 shots=1000은 실행 횟수입니다. shots=1이면 1회, shots=1000이면 1000회 실행하게 됩니다.

실행 결과는 Counter({'0': 513, '1': 487})라는 형태로 표시됩니다. 도표 44-9 이것은 0이 501회, 1이 499회 측정되었다는 뜻입니다. H 게이트로 만들어진 + 상태는 0과 1이 각각 50% 확률로 나온다는 의미이며, 약간의 오차는 있지만 대체로 절반씩 측정이 됩니다.

회로의 실행 도표 44-8

```
Circuit().h[0].m[:].run(shots=1000)
```

실행 횟수에 따라 결과가 달라진다 도표 44-9

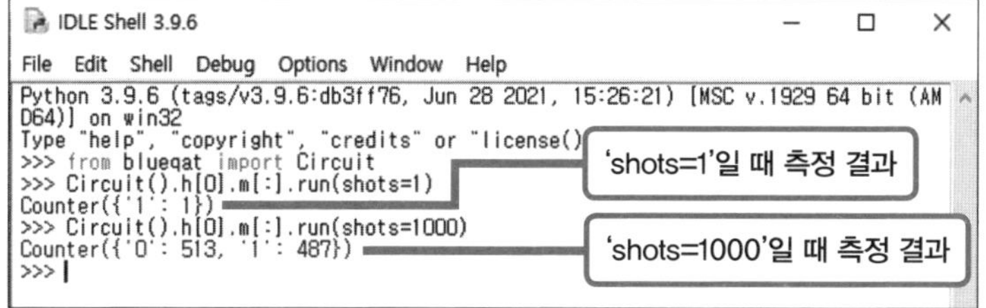

실행 횟수가 증가할수록 거의 50%에 가까운 결과가 나오게 됩니다.

2개의 양자에서 중첩을 일으킨다

2개 이상의 양자로 중첩을 일으키고 싶은 경우에는 각 양자 비트에 H 게이트를 배치하면 됩니다. 도표 44-10처럼 h[0,1]로 작성하여 2개를 한꺼번에 지정해도 되고, 도표 44-11처럼 h[0].h[1]로 나누어 작성해도 같은 결과가 나옵니다. 이런 회로에서는 어떤 결과가 나오는지 한번 살펴보겠습니다.

2개의 양자 비트로 중첩을 일으키는 양자 회로(예시1) 도표 44-10

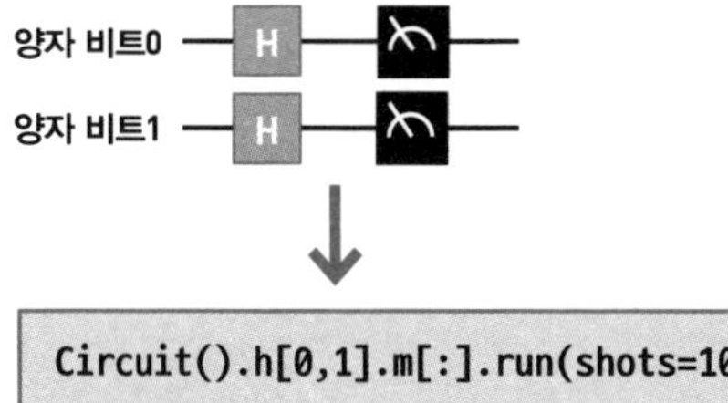

양자 비트0과 양자 비트1 각각에 H 게이트를 적용할 경우에는 h[0,1]이라고 입력한다.

2개의 양자 비트로 중첩을 일으키는 양자 회로(예시2) 도표 44-11

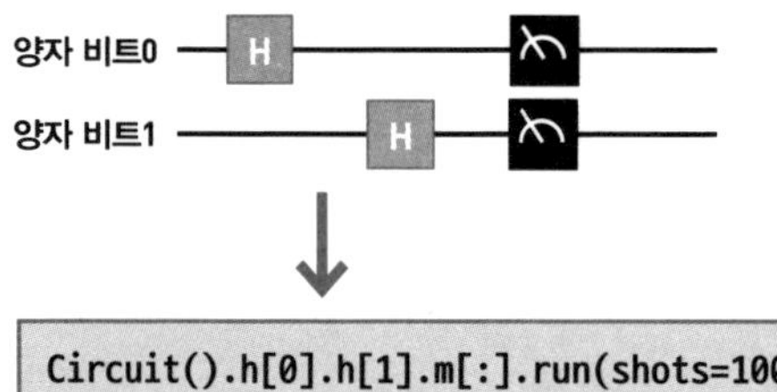

h[0].h[1]처럼 지정해도 각각의 양자 비트에 H 게이트를 적용할 수 있다.

양자 중첩을 체험하고 나면 기존 컴퓨터와 양자 컴퓨터의 차이가 조금씩 이해되기 시작할 것입니다.

2개의 양자 중첩 코드를 입력한다

이제 IDLE의 셸 창에 도표 44-12의 프로그램을 입력해 보겠습니다. 실행 결과는 Counter({'01': 36, '10': 24, '11': 21, '00': 19})와 같이 표시됩니다.도표 44-13 100회의 실행에서는 조금 불균형하게 나오지만 실행 횟수를 늘리면 '00', '01', '10', '11'이 각각 25%의 확률로 나오게 됩니다. 각각의 양자 비트가 50%의 확률로 '0'과 '1'이 되므로, 2개의 양자 비트를 조합하면 25%의 확률로 4가지 결과('00', '01', '10', '11')가 나오는 것입니다.

2개의 양자 중첩 프로그램 도표 44-12

```
Circuit().h[0,1].m[:].run(shots=100)
```

Python 프로그램을 입력한다 도표 44-13

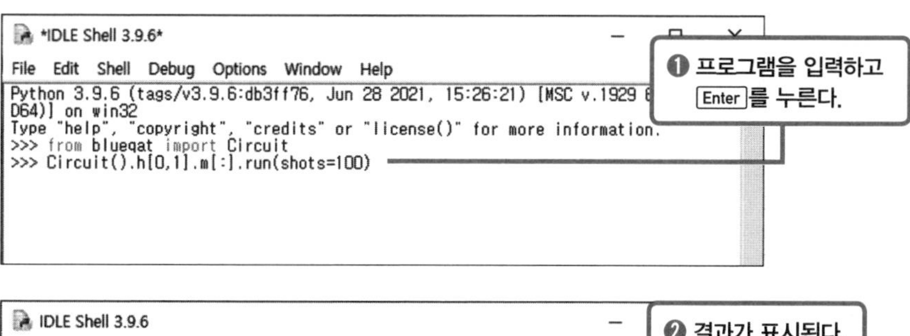

비트 수를 더 늘려서 어떤 결과가 나오는지 확인해 보겠습니다.

45 양자 얽힘을 체험한다

양자 얽힘에 관한 설명을 듣고 있으면 마치 마법과 같이 느껴집니다. 그러나 실제로 프로그램으로 작동시켜 보면 결코 신기하기만 한 현상은 아니라는 점을 이해하게 될 것입니다.

이번 레슨의 포인트

양자 얽힘을 양자 회로로 나타낸다

양자 얽힘은 여러 양자 비트가 상호작용하는 상태입니다. 2개의 양자 비트의 정보가 얽히면 한쪽이 0인 경우에는 반드시 다른 쪽도 0, 한쪽이 1일 때는 다른 쪽도 1이 됩니다.

2양자 비트의 얽힘은 H 게이트 1개와 CNOT 게이트 1개로 구현할 수 있습니다. 도표 45-1 이 양자 회로의 측정 결과는 약 50%의 확률로 '00'이나 '11'이 됩니다. 원래 중첩의 성질만으로는 '00','01','10','11'이라는 4가지 측정 결과가 나오게 되지만, 얽힘을 이용해 정보를 공유하면 결과가 '00'과 '11'만 나오게 하는 식으로 관련성을 갖게 할 수 있습니다.

2양자 비트로 양자 얽힘을 구현하는 양자 회로 도표 45-1

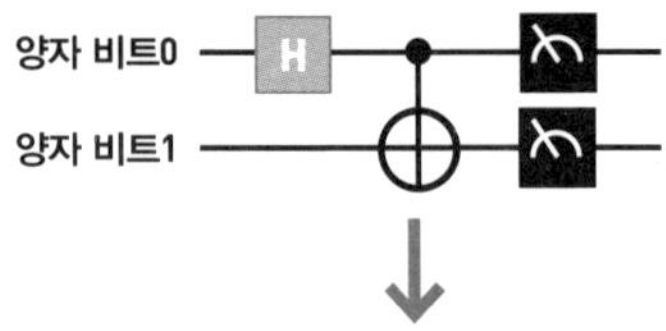


```
Circuit().h[0].cx[0,1].m[:].run(shots=100)
```

H 게이트에 이어 입력된 cx[0,1]이 CNOT 게이트이다.

양자 얽힘은 '양자 텔레포테이션'이라고 하는 신기한 현상에도 응용할 수 있는 원리입니다.

양자 얽힘 프로그램을 입력한다

그러면 실제로 양자 얽힘 프로그램을 입력해 보겠습니다. 앞서 설명한 중첩 프로그램과 거의 비슷하지만 CNOT 게이트인 cx[0,1]이 추가되어 있습니다. 도표 45-2 이는 대괄호 안에 '컨트롤 비트, 타겟 비트' 순서로 지정하기 때문에 cx[0,1]에서 컨트롤 비트는 양자 비트 0, 타겟 비트는 양자 비트 1입니다.

프로그램의 결과는 Counter({'00':55, '11':45})라고 나타납니다. 도표 45-3 이것은 '00'이 55회, '11'이 45회 관측되었다는 뜻입니다. 여러분이 직접 실행한 결과와 횟수는 약간 다를 수 있지만 대체로 반반으로 표시되는 것을 볼 수 있을 것입니다.

양자 얽힘 프로그램 도표 45-2

```
from blueqat import Circuit
Circuit().h[0].cx[0,1].m[:].run(shots=100)
```

Python에 프로그램을 입력합니다 도표 45-3

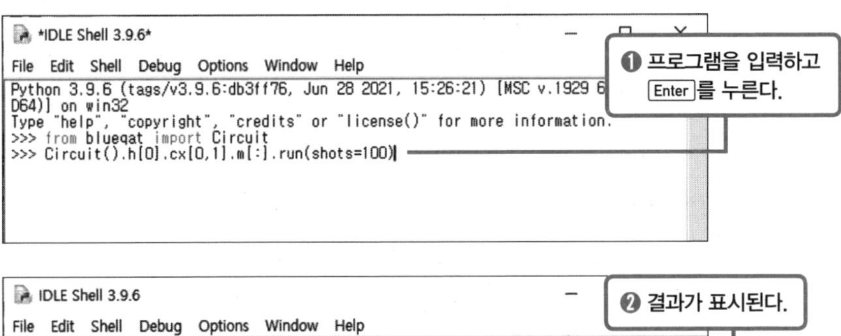

'00'과 '11'만 나오는 것을 확인할 수 있습니다.

46 덧셈 회로 프로그래밍

이번 레슨의 포인트

중첩이나 얽힘은 양자 회로의 기초입니다. 마지막으로 약간의 응용으로서 챕터 3에서 설명한 덧셈을 실시하는 양자 회로를 만들어 보겠습니다. 챕터 3을 다시 읽고, 덧셈이 어떤 구조로 구현되는지 먼저 확인해 두세요.

덧셈 양자 회로

마지막으로 챕터 3에서 소개한 덧셈 양자 회로를 만들어 보겠습니다. 도표 46-1 덧셈 회로는 CNOT 게이트 2개와 토폴리 게이트 1개를 조합하여 만듭니다.

다만, 양자 비트는 초기 상태에서 |0⟩이므로, 그대로 두면 0+0이라는 계산밖에 못합니다. 그래서 이번에는 H 게이트를 2개 추가하여 '0+0', '0+1', '1+0', '1+1'이라는 네 가지 계산을 동시에 하도록 하겠습니다.

덧셈 양자 회로 도표 46-1

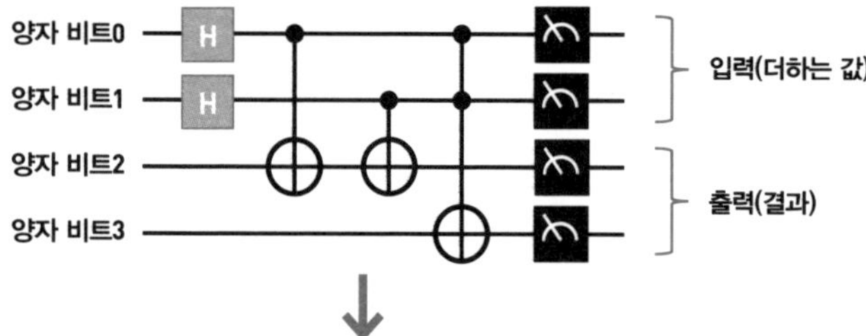


```
Circuit().h[0,1].cx[0,2].cx[1,2].ccx[0,1,3].m[:].run(shots=100)
```

H 게이트, CNOT 게이트에 이어서 입력된 ccx[0,1,3]이 토폴리 게이트이다.

위 회로도에서 양자 비트0과 양자 비트1은 입력을 나타내고 양자 비트2와 양자 비트3은 출력을 나타냅니다.

2개의 CNOT 게이트를 배치한다

이번 프로그램에서는 CNOT 게이트를 2개 배치하여 '최하위 비트의 덧셈'을 수행합니다. 하나는 양자 비트0에, 다른 하나는 양자 비트1에 컨트롤 비트를 배치하고, 타겟 비트는 모두 양자 비트2에 배치합니다. 도표 46-2 이렇게 하면 양자 비트0과 양자 비트1 중 어느 한쪽만이 1일 때 양자 비트2가 1이 됩니다. 다시 말해, '0+1' 또는 '1+0'인 경우에 1이 되고, '0+0' 또는 '1+1'인 경우에는 0이 되는 것입니다.

CNOT 게이트 배치 도표 46-2

```
Circuit().h[0,1].cx[0,2].cx[1,2]
```

토폴리 게이트를 배치한다

'출력의 두 번째 비트의 처리(자릿수 올림)'를 위해 토폴리 게이트를 배치합니다. 토폴리 게이트는 컨트롤 비트를 2개 가지고 있으며, 양쪽 모두 1일 때만 타겟 비트를 반전시키는 게이트입니다. ccx[ ]라고 쓰는 토폴리 게이트의 대괄호 내 지정 순서는 '컨트롤 비트, 컨트롤 비트, 타겟 비트'입니다. 이번 프로그램에서는 양자 비트0과 양자 비트1이 모두 1인 경우에만 양자 비트3이 1이 되도록 배치합니다. 도표 46-3

토폴리 게이트 배치 도표 46-3

```
Circuit().h[0,1].cx[0,2].cx[1,2].ccx[0,1,3]
```

컨트롤 비트가 1개니까 cx[], 컨트롤 비트가 2개니까 ccx[]라고 기억해 두면 좋을 것 같습니다.

다음 페이지 →

덧셈 프로그램을 입력한다

그러면 도표 46-4와 같이 덧셈을 수행하는 프로그램을 입력해 보겠습니다. 이번에는 실행 횟수를 1회로 설정하는데, 그러면 실행할 때마다 결과가 달라집니다.

도표 46-5처럼 'Counter({'1101':1})'이라는 결과가 나왔을 때 '1101'은 각각 양자 비트 0~3을 나타낸 것으로, '1+1'을 계산해 '10(10진수의 2)'이 되었다는 의미입니다. 도표 46-6

덧셈을 수행하는 프로그램1 도표 46-4

```
from blueqat import Circuit
Circuit().h[0,1].cx[0,2].cx[1,2].ccx[0,1,3].m[:].run(shots=1)
```

Python에 프로그램을 입력합니다 도표 46-5

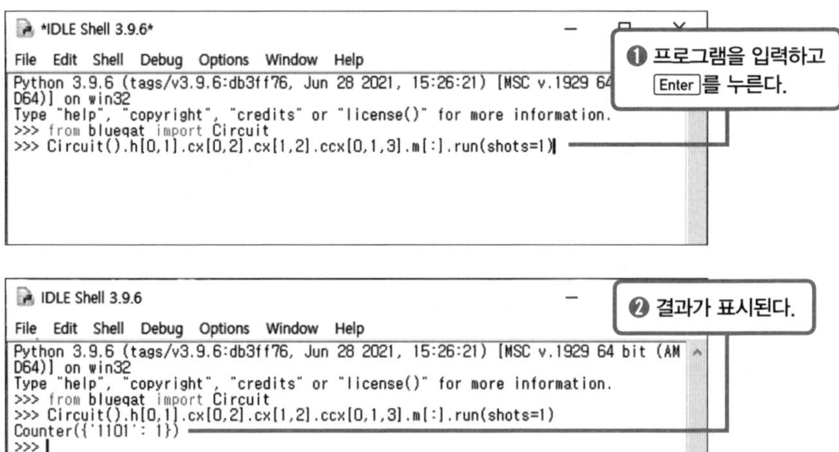

덧셈 결과를 읽는 방법 도표 46-6

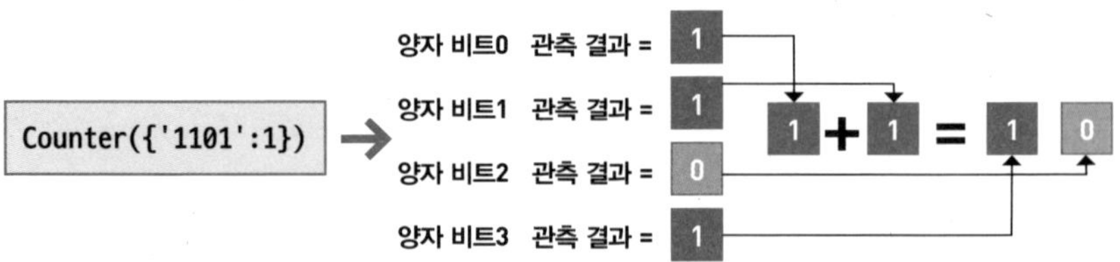

1101의 앞부분 '11'이 입력단 양자 비트0과 1, 뒷부분 '01'이 출력단 양자 비트2와 3의 값이 된다.

실행 횟수를 100회로 늘린다

프로그램의 마지막 부분을 run(shots=100)으로 변경하여 실행해 보겠습니다. 도표 46-7 실행 횟수를 늘리면 '0+0', '0+1', '1+0', '1+1'이라는 4가지 덧셈이 수행됩니다. 도표 46-8 중첩의 방법으로 더하는 숫자를 만들기 때문에 각각 25%의 확률로 결과가 나오게 됩니다.

덧셈을 수행하는 프로그램2 도표 46-7

```
from blueqat import Circuit
Circuit().h[0,1].cx[0,2].cx[1,2].ccx[0,1,3].m[:].run(shots=100)
```

실행 횟수를 100회로 늘린다 도표 46-8

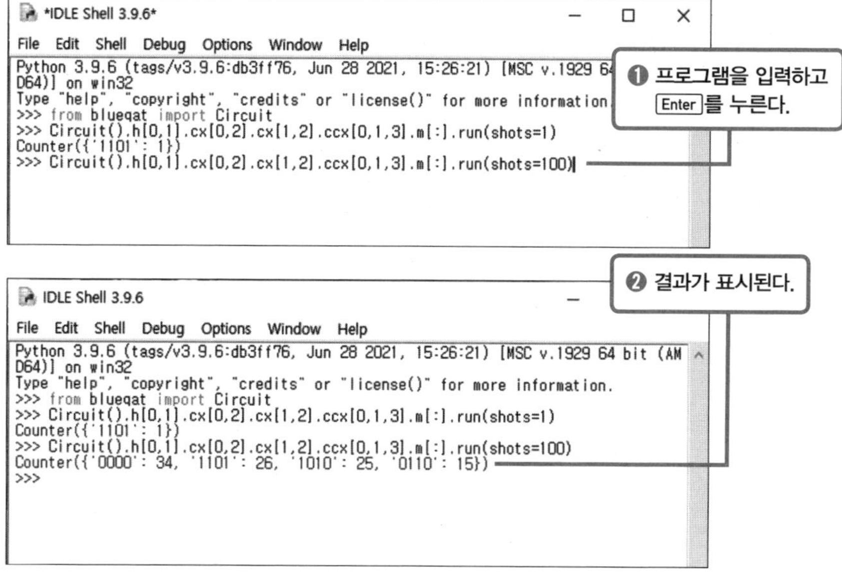

이렇게 양자 컴퓨터의 결과에는 확률이 따릅니다. 기존 프로그래밍 방식과 다른 신기함을 느낄 수 있으셨나요?

칼럼

또 다른 양자 프로그래밍의 세계로

챕터 6에서는 Blueqat 입문 단계로 '중첩', '얽힘', '덧셈'이라는 세 가지 프로그램을 실제로 작동시켜 보았습니다. 물론 더 실전에 가깝고 복잡한 프로그램을 실행할 수도 있습니다. Blueqat 활용 사례가 담긴 다양한 기사를 블로그에 올려 두었으니 참고하기 바랍니다. 도표 46-9

Blueqat은 시뮬레이터이기 때문에 현재의 하드웨어로 불가능한 알고리즘도 실행할 수 있으니 반드시 도전해 보기 바랍니다.

› Blueqat 도표 46-9

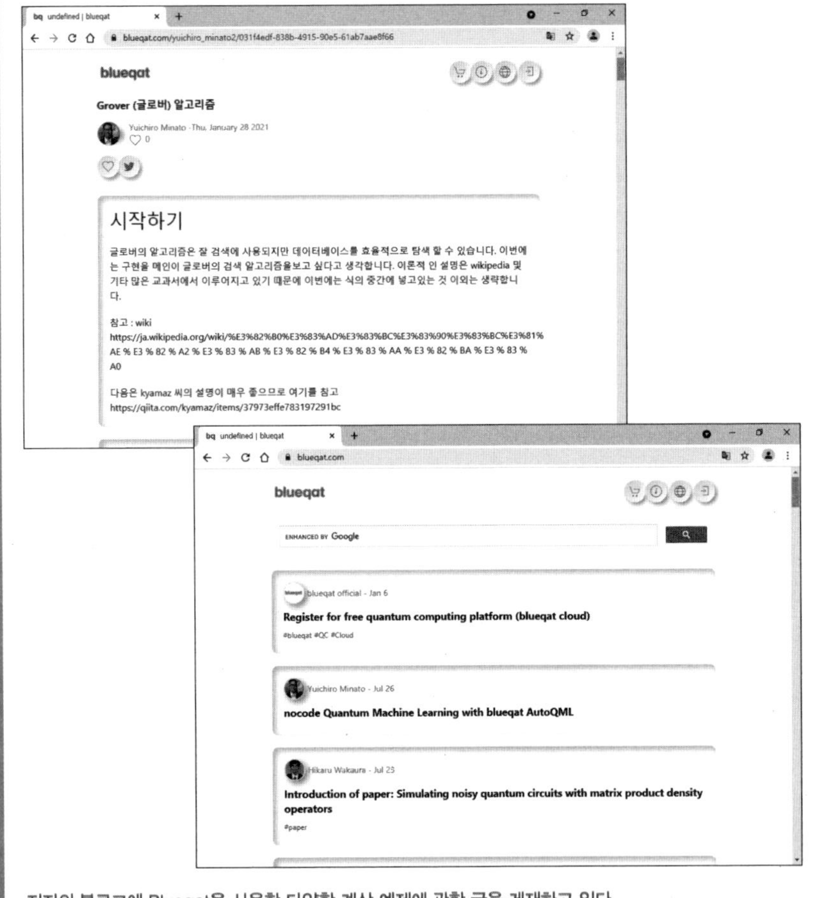

저자의 블로그에 Blueqat을 사용한 다양한 계산 예제에 관한 글을 게재하고 있다.
https://bit.ly/3zvUWsX

Chapter 7

양자 어닐링의 원리와 사용법

양자 어닐링형 양자 컴퓨터는 지금까지 설명해 왔던 양자 게이트형과 병행하여 개발이 진행되고 있습니다. 구조가 다를 뿐만 아니라 같은 용어라도 그 의미가 다를 수 있기 때문에 개요를 잘 기억해 두기 바랍니다.

47 양자 어닐링이란 무엇인가?

양자 어닐링형은 양자 게이트형과 대등한 대표적인 양자 컴퓨터의 방식으로, 현재의 양자 컴퓨터는 이 둘 중 어느 한쪽에 속합니다. 여기서는 양자 어닐링이 무엇인지 소개합니다.

이번 레슨의 포인트

양자 어닐링이란?

'양자 어닐링'은 양자의 성질을 이용해 주로 조합 최적화 문제를 푸는 알고리즘입니다. 양자 어닐링에 적합하게 설계된 양자 컴퓨터를 '양자 어닐링형 양자 컴퓨터(양자 어닐링 머신)'이라고 부릅니다. 어닐링(annealing)은 '풀림'이라는 뜻으로, 금속 가공 처리의 일종입니다. 금속을 가열한 후 천천히 식히면 금속 내부의 변형을 제거할 수 있는데, 이러한 원리가 최적화 알고리즘에 응용됩니다. 양자 어닐링은 양자 효과를 사용해 어닐링을 수행합니다. 양자 비트에 여러 가지 조건을 설정한 후 시간을 들여 천천히 중첩을 풀면 양자 상태가 확정되고 곧이어 도달한 상태가 문제의 해를 나타냅니다. 도표 47-1

양자 어닐링 이미지 도표 47-1

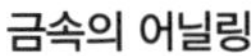
금속의 어닐링

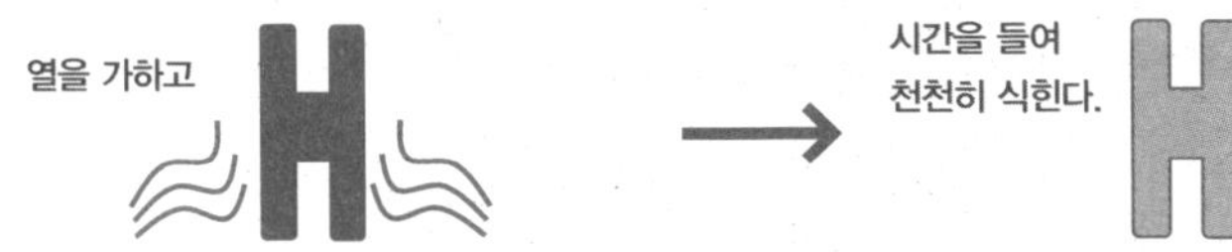
열을 가하고
시간을 들여
천천히 식힌다.

양자 어닐링

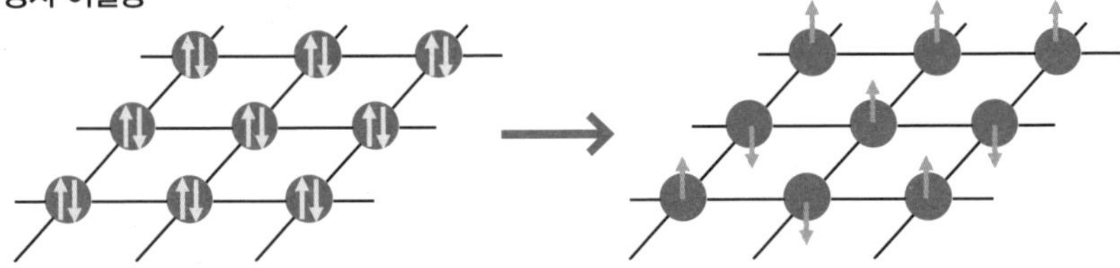

중첩 상태에서 시작해

시간을 들여 확정시킨다.

양자를 이용하여 조합 최적화 문제를 해결한다

양자효과를 활용하여 조합 최적화 문제를 풀기 위해서는 '이징 모델'이라고 불리는 모델에 문제를 설정해야 합니다. 그러기 위해서는 이징 모델 또는 QUBO(Quadratic Unconstrained Binary Optimization)라는 수식을 작성해 그것을 양자 컴퓨터로 처리하고 답을 구합니다. 도표 47-2 양자 어닐링형은 양자 게이트형의 양자 회로에 해당하는 프로그램적인 부분이 없기 때문에 문제를 어떻게 이징 모델이나 QUBO에 포함시킬지가 관건입니다.

양자 어닐링으로 문제를 푸는 순서 도표 47-2

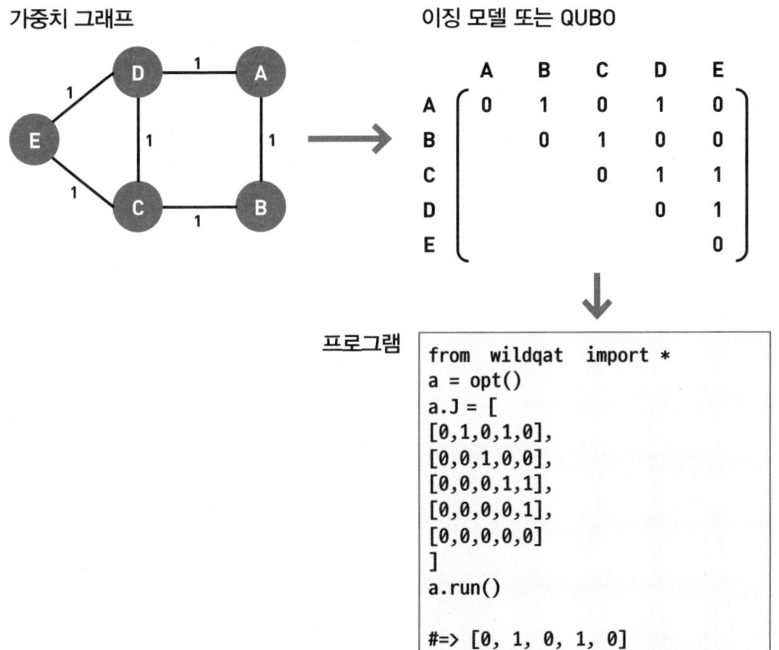

문제를 가중치 그래프나 이징 모델, QUBO 등으로 설정한 후 양자 어닐링 머신에 맡기면 해답이 나온다.

양자 어닐링형에는 양자 회로에 해당하는 프로그램이 없습니다. 초기 설정 배열을 작성한 후 그것을 양자 컴퓨터에 입력하고, 답이 나오기를 기다립니다.

48 양자 어닐링형의 장점

이번 레슨의 포인트

양자 어닐링형의 이점도 기본적으로는 기존 컴퓨터로 현실적인 시간 내에 풀 수 없는 문제를 단시간에 푼다는 '고속성'입니다. 다만, 고속성을 실현하기 위해서 이용하는 원리가 양자 게이트형과 다릅니다.

양자 어닐링과 터널 효과

양자 어닐링에서는 '터널 효과'라고 불리는 양자의 성질을 이용합니다. 원하는 문제를 그래프로 나타낼 경우, 기존 컴퓨터에서는 그래프를 따라가도록 계산할 수밖에 없기 때문에 시간이 많이 걸립니다. 이와 달리 양자 어닐링의 터널 효과를 이용한 방법을 사용하면 그래프를 빠져나가 효율적으로 최적해에 도달할 수 있습니다. 도표 48-1

터널 효과를 이용하여 최적해를 탐색한다 도표 48-1

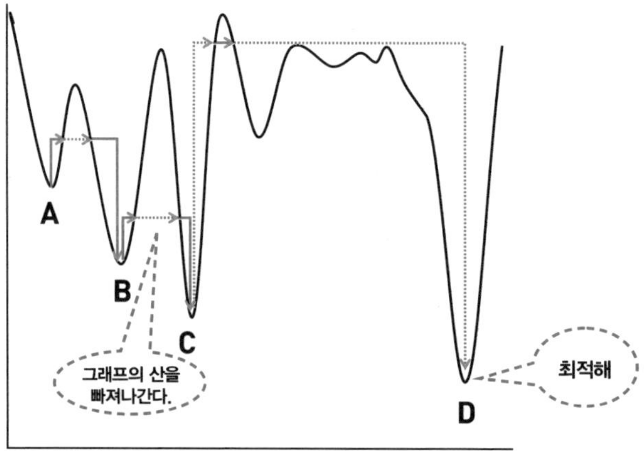

그래프를 빠져나와서 최적해에 도달한다. 방법은 다르지만 목적은 양자 게이트형 VQE(레슨 32 참고)와 같다.

Google과 NASA의 1억 배 고속 논문

양자 어닐링은 2015년 연말에 발표된 Google과 NASA의 공동 논문을 계기로 널리 퍼지게 되었습니다. 논문의 내용은 캐나다의 D-Wave사가 개발한 양자 어닐링 머신과 기존 계산기를 비교한 결과 최대 1억 배나 고속화되었다는 것으로, 도표 48-2 기존 계산기가 강점을 보이지 못한 문제에 양자 어닐링 머신을 활용하면 고속화가 가능함을 보여주었습니다. 이것을 계기로 전 세계적으로 양자 컴퓨터와 양자 어닐링이 유행하여 많은 연구개발이 진행되었습니다.

구글 AI BLOG 기사 도표 48-2

When can Quantum Annealing win?

Tuesday, December 8, 2015

Posted by Hartmut Neven, Director of Engineering

During the last two years, the Google Quantum AI team has made progress in understanding the physics governing quantum annealers. We recently applied these new insights to construct proof-of-principle optimization problems and programmed these into the D-Wave 2X quantum annealer that Google operates jointly with NASA. The problems were designed to demonstrate that quantum annealing can offer runtime advantages for hard optimization problems characterized by rugged energy landscapes.

We found that for problem instances involving nearly 1000 binary variables, quantum annealing significantly outperforms its classical counterpart, simulated annealing. It is more than 10^8 times faster than simulated annealing running on a single core. We also compared the quantum hardware to another algorithm called Quantum Monte Carlo. This is a method designed to emulate the behavior of quantum systems, but it runs on conventional processors. While the scaling with size between these two methods is comparable, they are again separated by a large factor sometimes as high as 10^8.

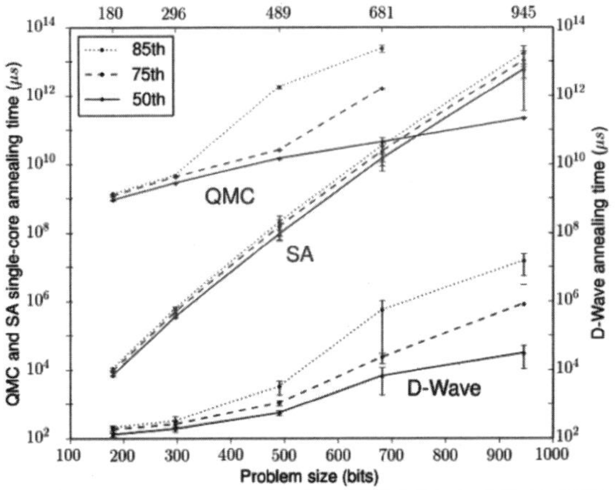

그래프의 SA는 열을 시뮬레이션하는 '시뮬레이티드 어닐링(Simulated Annealing)'을 나타내고, QMC는 자력을 이용하는 '양자 몬테카를로 시뮬레이션(Quantum Monte Carlo simulation)'을 나타냅니다. 가로축은 문제의 크기, 좌우에 있는 세로축은 문제를 푸는 데 걸리는 시간을 나타내며, 다른 방법에 비해 D-Wave가 문제를 빠르게 풀 수 있음을 알 수 있습니다.
https://ai.googleblog.com/2015/12/when-can-quantum-annealing-win.html

49 양자 어닐링의 용도

양자 어닐링에는 이미 많은 실제 응용 사례가 있습니다. 그러한 사례 중 자신이 풀고 싶은 문제와 유사한 것을 골라 효율적으로 배워 나갈 수 있습니다. 이번 레슨에서는 이미지 분석이나 경로 최적화 등의 실제 사례를 소개하겠습니다.

이번 레슨의 포인트

양자 어닐링으로 풀 수 있는 문제

양자 어닐링은 조합 최적화 문제를 위한 알고리즘이므로 '무엇과 무엇을 조합하면 최대의 이익을 얻을 수 있을까?' 또는 '어떤 경로를 지나도록 하면 최단 시간에 목적지에 도착할 수 있을까?'라는 식의 조합 문제에 이용하는 것이 일반적입니다. 그러나 양자 어닐링 머신의 구조를 이해하고 있으면 도표 49-1의 항공사진 분석과 같은 이미지 분석 등에도 응용할 수 있습니다.

양자 어닐링을 이용한 항공사진 분석에 관한 기사 도표 49-1

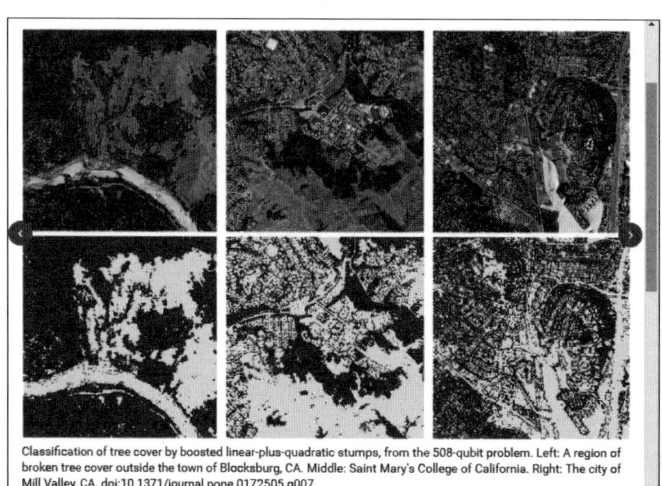

Classification of tree cover by boosted linear-plus-quadratic stumps, from the 508-qubit problem. Left: A region of broken tree cover outside the town of Blocksburg, CA. Middle: Saint Mary's College of California. Right: The city of Mill Valley, CA. doi:10.1371/journal.pone.0172505.g007

항공사진 분석은 조합 최적화 문제는 아니지만, 양자 어닐링 머신으로 풀 수 있다.
https://bit.ly/3yCpk49

교통문제 해결

양자 어닐링 머신의 활용이 가장 기대되고 있는 분야는 정체나 혼잡 해소, 배송 경로 최적화 등의 교통문제입니다. 가령 교통상황을 이징 모델로 치환하여 혼잡을 해소하려는 시도가 있습니다. 도표 49-2

그 외 양자 어닐링 머신에 입력되지 않는 문제도 양자 컴퓨터와 기존 컴퓨터를 하이브리드 형식으로 활용하여 해결하는 것을 목표로 하고 있습니다.

양자 어닐링으로 혼잡하지 않은 경로를 찾는다 도표 49-2

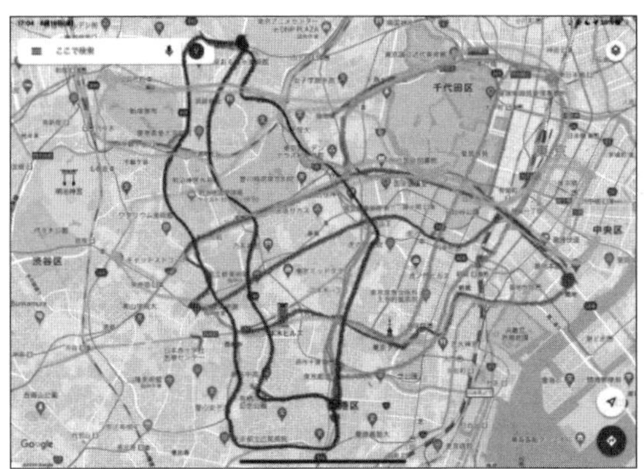

Google MAPS API로 교통 혼잡 상황에 대한 데이터를 입수하여 출발점에서 목적지까지의 경로를 조합 최적화 문제로 풀어낸다.
https://bit.ly/2Vkk32S

금융 분야에서의 조합 최적화 계산

금융 분야의 많은 영역에 조합 최적화 계산이 필요합니다. 최적의 주식 포트폴리오 구성으로 이익을 확보하거나, 최적의 경로로 최대 이익을 추구하는 등 다양한 금융 분야의 계산에서 양자 어닐링 활용이 검토되고 있습니다.

챕터 5에서 언급한 조합 최적화 문제도 양자 어닐링의 활용 분야입니다.

50 양자 비트와 이징 모델

이번 레슨의 포인트

양자 어닐링형에서 양자 비트의 개념은 양자 게이트형과는 크게 다릅니다. 여기에서는 양자 게이트형으로 외운 것을 모두 잊고, 같은 용어라도 다르게 생각하며 읽어 나가기 바랍니다.

양자 어닐링형 양자 비트

양자 비트는 양자 어닐링형에서도 사용됩니다. 다만, 그 구조나 사용법이 양자 게이트형 양자 비트와 상당히 다릅니다. 양자 어닐링형의 양자 비트는 중첩 상태로부터 시작해 +1과 −1 중 어느 한쪽의 상태로 변화하는 식으로 비교적 간단하게 사용됩니다. 도표 50-1 최종적인 답은 양자 비트에서 얻을 수 있지만, 중요한 것은 문제의 조건을 설정하는 이징 모델입니다.

양자 비트의 +1과 −1 도표 50-1

양자 비트를 흐르는 전류의 방향으로 +1과 −1을 나타낸다.

양자 어닐링형에서는 양자 비트를 세밀하게 조작하지 않습니다. +1 또는 -1 중 하나로 확정되는 것을 기다릴 뿐입니다.

이징 모델과 접속 수

양자 어닐링에서는 양자 비트끼리 연결한 네트워크로 이징 모델을 구축합니다. 도표 50-2 이징 모델은 물리학 모형 중 하나로, 여러 분자로 이루어진 기체나 액체 등의 상태를 나타내기 위해 사용됩니다. 여기서 '여러 분자'에 해당하는 것이 양자 비트입니다. 이징 모델에서는 인접한 양자 비트가 서로 영향을 주고받으며 기저 상태(에너지가 가장 낮고 안정된 상태)를 향하여 변화해 갑니다.

이징 모델에서는 양자 비트들을 연결하는 접속 수가 중요합니다. 하나의 양자 비트에서 다른 양자 비트로의 접속이 많을수록 좋다고 알려져 있습니다. D-Wave사의 양자 어닐링 머신은 '키메라 그래프'라고 불리는 특수한 접속을 이용해, 1개의 양자 비트로부터 최대 6개의 양자 비트로의 접속을 실현하였습니다. D-Wave사의 차세대 머신은 '페가수스 그래프'라는 접속 형태로 1개의 양자 비트에서 최대 15개의 양자 비트로의 접속이 가능하다고 합니다.

다양한 이징 모델 도표 50-2

1차원 고전적 이징 모델

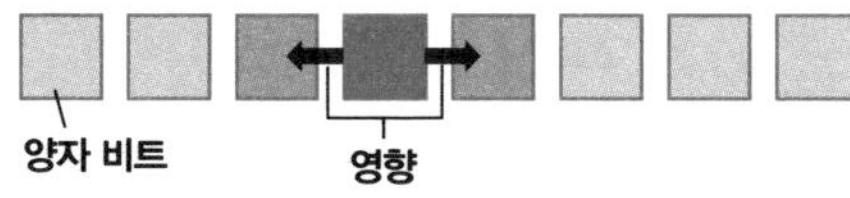

2차원 고전적 이징 모델

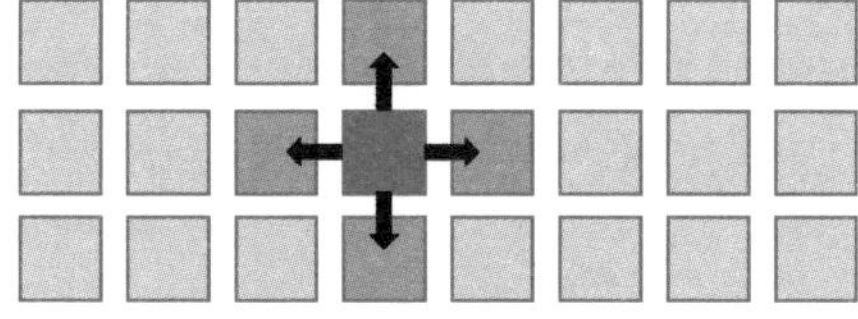

1차원, 2차원 고전적 이징 모델에서는 2개 또는 4개의 접속밖에 없습니다. D-Wave에서는 더욱 복잡한 접속을 실현하고 있습니다.

D-Wave 키메라 그래프형 이징 모델

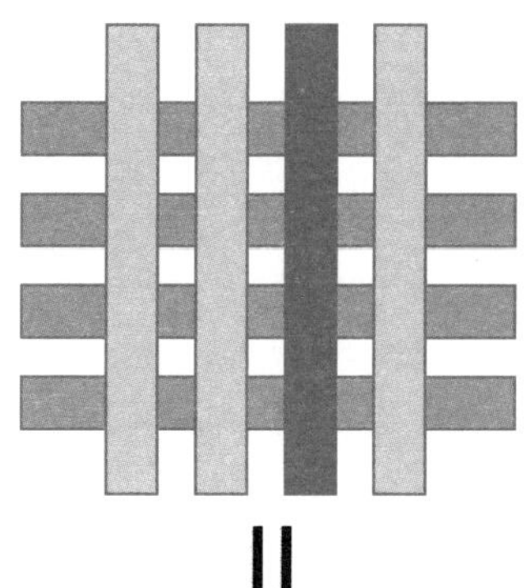

키메라 그래프를 다른 형태로 표현한 것

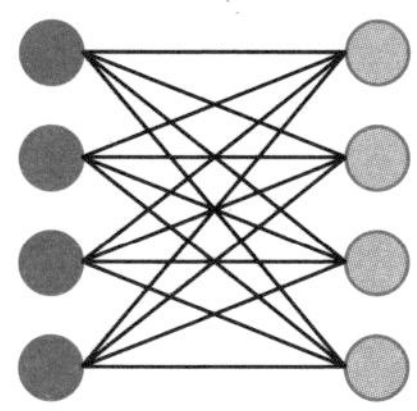

키메라 그래프형에서는 양자 비트를 세로로 길게 배치하는 방법으로 다른 양자 비트와의 접속을 증가시킵니다.

51 양자 어닐링에 대한 기본 개념

양자 어닐링에서는 양자 컴퓨터에 입력할 문제를 작성하는 것이 가장 중요합니다. 여기서는 양자 비트와 그 접속에 부여하는 문제 설정치에 대해 설명하겠습니다. 이번 레슨에서 개념을 대략적으로 이해한 후 다음 레슨에서 실제로 시험해 보겠습니다.

풀고 싶은 문제를 최소치 문제로 변환한다

양자 게이트형과 다르게 양자 어닐링형에서는 양자 컴퓨터 전용 프로그램을 짜는 일 없이 풀고 싶은 문제를 이징 모델(QUBO)로 변환한 후에 실행하기만 하면 됩니다. 즉, 문제를 이징 모델에 적용하는 것이 가장 중요한 부분이라고 할 수 있습니다. 원하는 문제를 최솟값 문제로 변환하고, 식이 최소가 되었을 때 문제가 해결되도록 조건을 설정합니다. 도표 51-1은 양자 어닐링에서의 2양자 비트를 보여준 것입니다. 양자 비트를 qi, qj로 나타내고, 각각의 양자 비트에 대한 작용을 hi, hj로, 양자 비트 간 상호작용을 Jij로 나타냅니다. 이 설정치의 총합인 에너지가 최소가 될 때 문제가 해결되도록 합니다.

에너지를 생각한다 도표 51-1

$$E = sum(hi*qi)+sum(Jij*qi*qj)$$

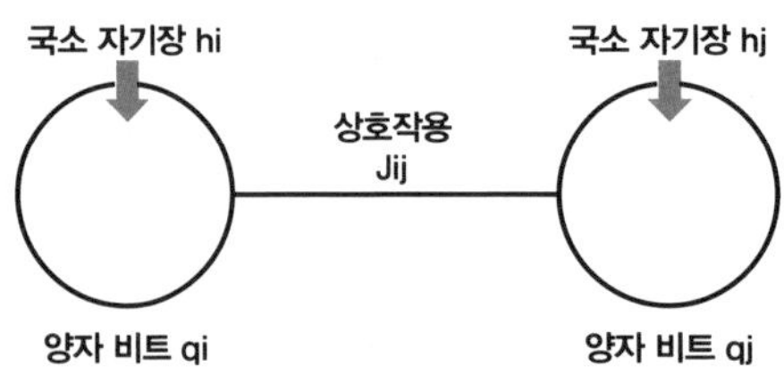

양자 비트 상태를 조작하기 위해서 국소 자기장(단독작용)과 상호작용을 설정한다.

논문에 따라서 수식의 +가 -로 되어 있기도 하지만, 이는 작용의 강도를 +로 나타내느냐, -로 나타내느냐의 차이일 뿐으로, 똑같은 것입니다.

문제 설정값의 기본적인 개념

양자 어닐링에서의 문제 설정치의 기본 개념을 설명하겠습니다. 양자 비트 qi, qj가 있을 때 각각은 −1이나 +1이 되므로, 취할 수 있는 대답은 '−1,−1', '−1,1', '1,−1', '1,1' 총 4가지입니다. 도표 51-2

도표 51-3에 나와 있듯이 양자 비트 qi, qj는 직접 조작할 수 없기 때문에 국소 자기장 h1, hj를 이용하여 설정합니다. 국소 자기장이 −1일 때 양자 비트는 +1이 되기 쉬워지고, 국소 자기장이 1일 때 양자 비트는 −1이 되기 쉬워집니다. 또한, 상호작용 Jij에 +1을 설정하면 인접한 양자 비트가 다른 값이 되기 쉬워지고, Jij에 −1을 설정하면 인접한 양자 비트와 같은 값이 되기 쉬워집니다.

얻을 수 있는 답 도표 51-2

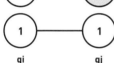

-1 — -1
-1 — 1
1 — -1
1 — 1
qi qj

양자 비트가 qi와 qj로 2개인 경우, 얻을 수 있는 답은 위의 4가지 패턴이 된다.

문제 설정치의 법칙 도표 51-3

상호작용에 +1을 적용하면 인접한 양자 비트끼리 다른 값이 되기 쉬워진다.

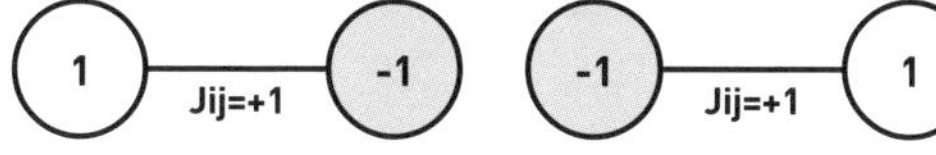

상호작용에 −1을 적용하면 인접한 양자 비트끼리 같은 값이 되기 쉬워진다.

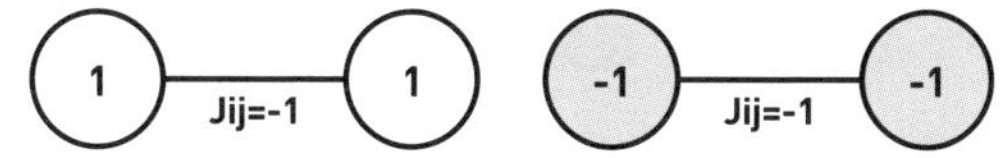

국소 자기장에 −1을 적용하면 양자 비트는 +1이 되기 쉬워지고,
국소 자기장에 +1을 적용하면 양자 비트는 −1이 되기 쉬워진다.

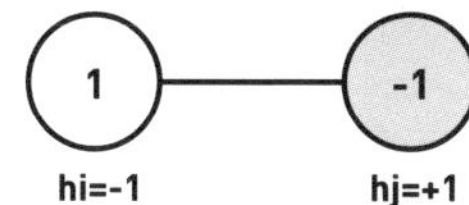

양자 비트의 에너지는 hi*qi이므로, 국소 자기장 hi를 −1로 설정할 때 양자 비트 qi가 1이면 에너지는 −1, 양자 비트 qi가 −1이면 에너지는 1이 된다. 에너지가 낮은 쪽(−1)으로 향하기 때문에 qi는 +1이 된다.

실제로는 양자 비트의 수가 더 많고 접속도 복잡하지만
이러한 법칙을 바탕으로 풀어간다는 것을 알아 두세요.

Lesson [Wildqat 체험]

52 양자 어닐링을 체험해 보자

이번 레슨에서는 양자 어닐링을 체험해 보겠습니다. 무료 툴을 이용해 학습을 진행할 수 있습니다. 여기서는 Python 오픈소스 라이브러리인 Wildqat을 이용해 보겠습니다.

*역자 주: Blueqat x.x.x 이후 버전에 Wildqat이 통합되었습니다.

이번 레슨의 포인트

오픈소스 Python용 라이브러리 Wildqat

양자 게이트형과 마찬가지로 양자 어닐링형에서도 SDK가 배포되고 있으며, 그것을 사용하면 양자 어닐링을 실제로 체험하며 배울 수 있습니다.

이번에는 Python 오픈소스 라이브러리인 Wildqat(와일드캣)을 이용하여 양자 어닐링형을 체험해 보겠습니다. 도표 52-1 Wildqat은 실제 양자 컴퓨터를 사용하지 않고 PC 내에서 시뮬레이션을 수행하고 계산합니다.

> Wildqat 문서 도표 52-1

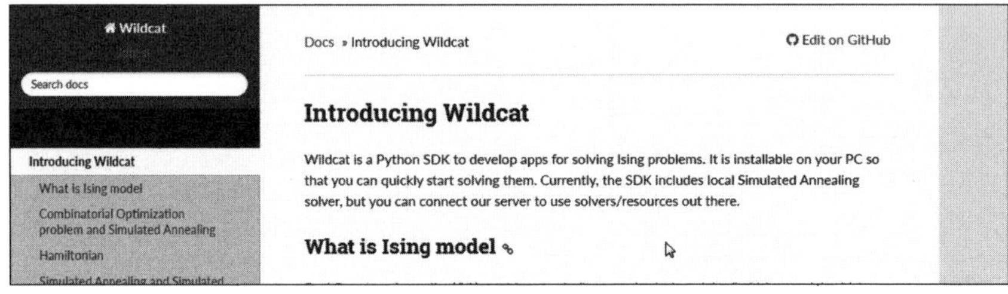

https://wildcat.readthedocs.io/en/latest/intro.html

원포인트

시뮬레이션 방식

양자 어닐링형 시뮬레이션 방법에는 SA(Simulated Annealing)와 SQA(Simulated Quantum Annealing)라는 두 가지 방법이 있습니다. SQA 방법이야말로 실제 양자 어닐링 머신과 거의 동일한 방식으로 계산을 수행하지만, 간단한 문제라면 SQA든 SA든 계산 결괏값이 크게 달라지지 않습니다.

그래프 문제를 푼다

그럼 실제로 문제를 양자 어닐링으로 풀어 보겠습니다. 이번에 풀 문제는 도형의 변을 하나로 이어진 선으로 잘라 꼭짓점을 두 그룹으로 나누는 경우 최대 몇 개의 변을 자를 수 있는지 구하는 것입니다. 도표 52-2 이와 같이 꼭짓점을 변으로 연결한 데이터 구조를 그래프라고 하며, 그래프를 대상으로 한 문제를 그래프 문제라고 합니다. 이를 양자 어닐링으로 풀기 위해 꼭짓점을 양자 비트로 간주하고, 근접한 양자 비트의 값이 같으면 자르지 않고 다르면 자르는 것으로 정합니다. 도표 52-3 그다음 근접한 양자 비트의 값이 가능한 한 상이하도록 답을 구하면 문제가 풀립니다.

그래프 문제: 하나의 선으로 자를 수 있는 변의 최대 개수를 구하자 도표 52-2

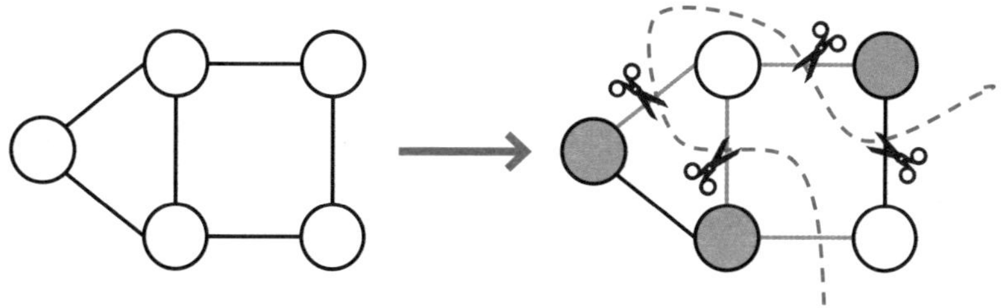

양자 비트와 접속(상호작용)으로 나타낼 수 있는 형태로 만든다 도표 52-3

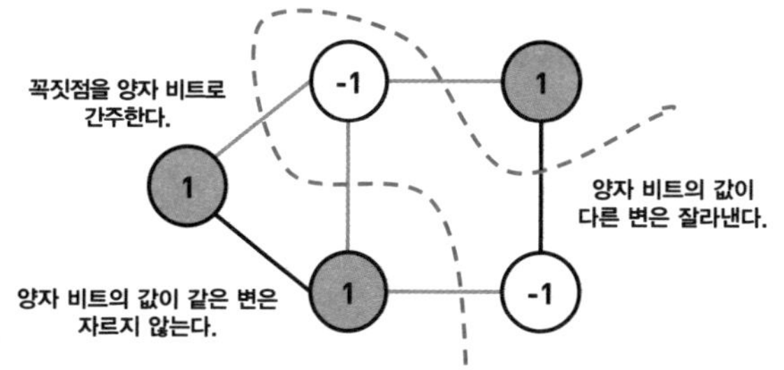
꼭짓점을 양자 비트로 간주한다.
-1
1
1
1
-1
양자 비트의 값이 다른 변은 잘라낸다.
양자 비트의 값이 같은 변은 자르지 않는다.

도형의 꼭짓점을 양자 비트로 간주하여, 근접한 양자 비트가 서로 다른 값일 때 그 사이를 연결하는 선을 자른다.

근접한 양자 비트의 값이 최대한 다른 조합을 찾게 합니다.

이징 모델을 작성한다

그래프 문제를 양자 비트와 접속(상호작용)의 형태로 나타낼 수 있으므로, 그것을 이징 모델 형태로 변환합니다.

먼저 도표 52-4와 같이 각 꼭짓점에 알파벳 A~E를 할당합니다. 그러고 나서 인접하는 꼭짓점의 값을 가능한 한 다르게 하기 위해 모든 접속(상호작용) 부분에 +1을 설정합니다.

이를 바탕으로 이징 모델을 작성합니다. 꼭짓점의 알파벳을 가로축과 세로축에 나열한 표를 작성합니다. 그리고 꼭짓점이 교차하는 부분에 상호작용에 대한 설정값을 적어 넣습니다. 꼭짓점끼리 연결되어 있으면 1로, 연결되어 있지 않으면 0으로 합니다.

그래프 문제를 이징 모델 형태로 나타낸다 도표 52-4

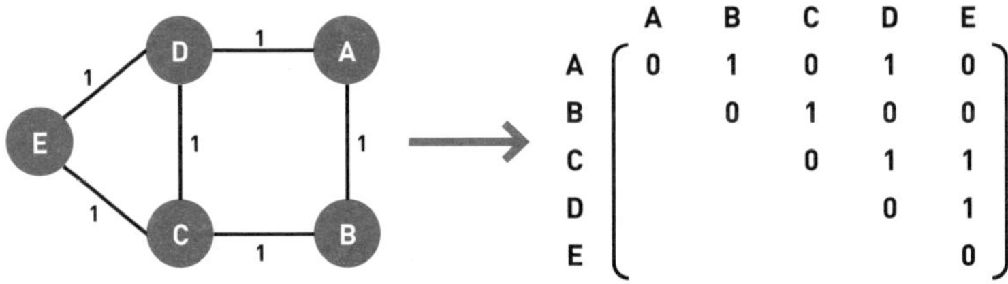

근접한 양자 비트의 값을 다르게 하기 위해 상호작용 부분에 +1을 설정한다.

꼭짓점이 교차하는 부분에 상호작용에 대한 설정값을 적어 넣는다.

여기까지 왔으면 양자 어닐링은 끝난 것과 마찬가지입니다. 이제 QUBO를 양자 컴퓨터에 전달하면 자동으로 답이 나옵니다.

원포인트

문제를 이징 모델로 변환하는 방법

양자 어닐링은 여러 양자 비트의 1과 –1 조합에서 1개의 상태를 골라낼 수 있습니다. 풀고 싶은 문제 안에서 '무엇이 조합으로 구성되며, 그 조합을 양자 비트로 어떻게 나타낼 것인지'라고 생각하면 이해하기 쉽습니다.

Wildqat을 설치한다

Python의 pip 명령어로 Wildqat을 설치합니다. Windows에서는 명령 프롬프트를 열어 도표 52-5의 명령어를 실행합니다. 도표 52-6

macOS에서는 pip3 명령어를 이용하세요. Blueqat 설치와 거의 비슷하니 레슨 43의 Blueqat 페이지를 참조하기 바랍니다.

입력할 3개의 명령어 도표 52-5

```
pip install wildqat
```

Wildqat 설치 도표 52-6

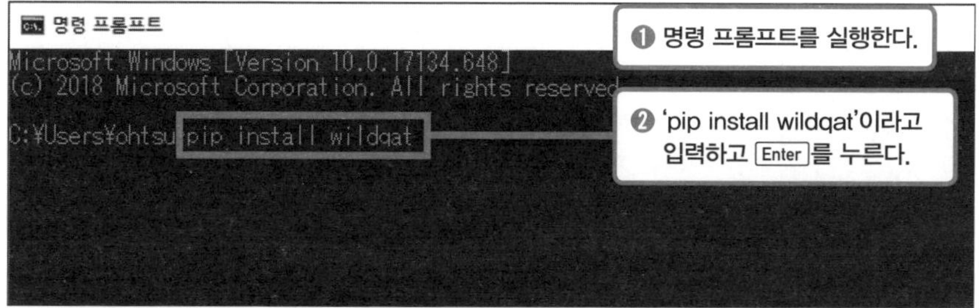

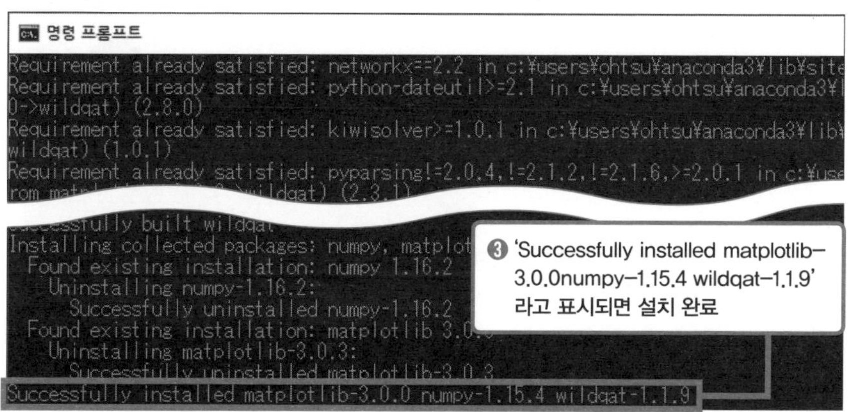

"Blueqat과 Wildqat 모두가 본 책의 저자가 만든 파이썬 패키지입니다. 2021년에 저자는 Blueqat 패키지를 중심으로, 양자 컴퓨팅 관련 패키지들을 대부분 통합하였습니다. Wildqat도 통합된 패키지 중의 하나입니다. 따라서, 기존에 Wildqat 패키지를 설치하고서 작동시키던 code들은, 앞으로는 Blueqat 패키지를 일단 설치하면, 그 안에서 제공되는 모듈들의 하나로서 Wildqat의 기능들이 제공되고 있습니다."

다음 페이지 →

Wildqat으로 프로그램을 실행한다

Wildqat에서 그래프 문제를 풀어봅시다. 도표 52-7 opt()로 양자 어닐링 준비를 하고 값을 설정한 뒤 run()으로 실행시킨다는 정도로 이해하시면 충분합니다.

중요한 것은 각 괄호로 둘러싼 부분에 정확하게 수치를 입력하는 것입니다. 도표 52-8 여기에는 방금 전에 전체를 나타낸 표에서 정리한 상호작용 설정값을 입력합니다. 이것을 잘못 입력하면 정확한 답이 나오지 않으니 주의하기 바랍니다.

입력할 프로그램 도표 52-7

```
import blueqat.wq as wq
a = wq.Opt()
a.J = [
    [0,1,0,1,0],
    [0,0,1,0,0],
    [0,0,0,1,1],
    [0,0,0,0,1],
    [0,0,0,0,0]]
a.run()
```

a.J에 대하여 상호작용 값을 설정합니다. 이전에 상호작용의 설정값을 Jij라고 표현했던 것을 기억하시죠?

IDLE에서 프로그램을 실행한다 도표 52-8

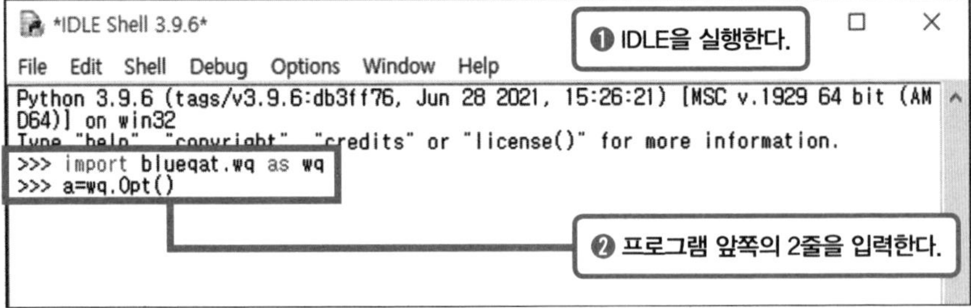

```
*IDLE Shell 3.9.6*
File Edit Shell Debug Options Window Help
Python 3.9.6 (tags/v3.9.6:db3ff76, Jun 28 2021, 15:2... t (AM
D64)] on win32
Type "help", "copyright", "credits" or "license()" for more information.
>>> import blueqat.wq as wq
>>> a=wq.Opt()
>>> a.J=[
```

❸ 'a.J = ['을 입력하고 Enter를 누른다.

❹ 바로 아래에 커서가 표시된다.

```
*IDLE Shell 3.9.6*
File Edit Shell Debug Options Window Help
Python 3.9.6 (tags/v3.9.6:db3ff76, Jun 28 2021, 15:26:21) [MSC v.1929 64 bit (AM
D64)] on win32
Type "help", "copyright", "credits" or "license()" for more information.
>>> import blueqat.wq as wq
>>> a=wq.Opt()
>>> a.J=[
        [0,1,0,1,0],
        [0,0,1,0,0],
        [0,0,0,1,1],
        [0,0,0,0,1],
        [0,0,0,0,0]]
```

❺ 설정값을 연속해서 입력한다.

```
IDLE Shell 3.9.6
File Edit Shell Debug Options Window Help
Python 3.9.6 (tags/v3.9.6:db3ff76, Jun 28 2021, 15:26:21) [MSC v.1929 64 bit (AM
D64)] on win32
Type "help", "copyright", "credits" or "license()" for more information.
>>> import blueqat.wq as wq
>>> a=wq.Opt()
>>> a.J=[
        [0,1,0,1,0],
        [0,0,1,0,0],
        [0,0,0,1,1],
        [0,0,0,0,1],
        [0,0,0,0,0]]
>>> a.run()
[1, 0, 1, 0, 1]
>>>
```

❻ 'a.run()'을 입력하고 Enter를 누른다.

❼ 답이 표시된다.

답은 1과 0으로 표시되지만 1은 1로 읽고 0은 −1로 바꿔서 읽는다.

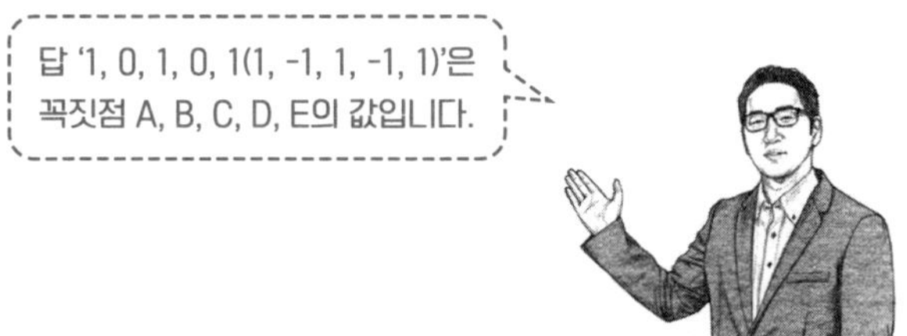

답 '1, 0, 1, 0, 1(1, -1, 1, -1, 1)'은
꼭짓점 A, B, C, D, E의 값입니다.

칼럼

D-Wave사의 SDK로 양자 어닐링 머신이 더 가까워졌다!

D-Wave사의 양자 컴퓨터용 SDK인 'Ocean Software'는 도표 52-9 깃허브(GitHub)에 공개되어 있습니다.

그리고 클라우드를 경유해 D-Wave사의 양자 컴퓨터를 이용할 수 있는 서비스인 'Leap'이 있습니다. D-Wave사의 실제 머신을 구입하려면 수십억대의 비용이 들지만 Leap을 이용하면 낮은 비용(1분까지는 무료)으로 사용할 수 있습니다.

> D-Wave사의 Ocean Software 도표 52-9

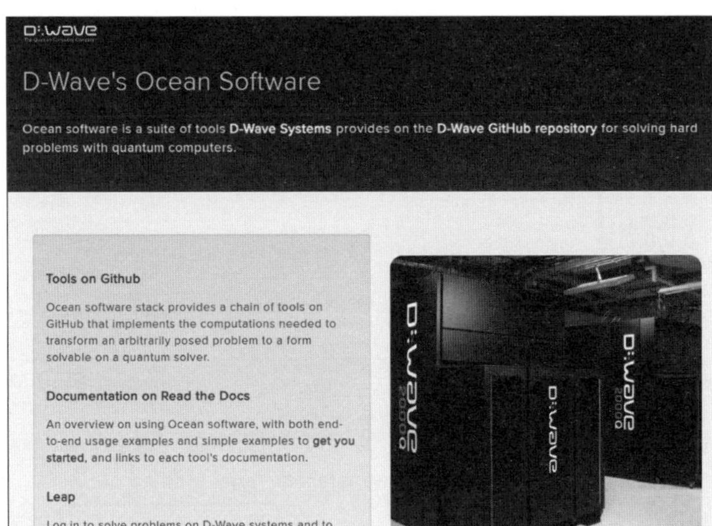

'Leap'을 이용하려면 아래 링크로 들어가 'Leap'을 클릭하여 계정을 생성해야 한다.
https://ocean.dwavesys.com/

Wildqat은 시뮬레이터이지만 'Leap'을 이용하면 실제 양자 어닐링 머신을 사용할 수 있습니다.

Chapter

8

양자 컴퓨터를 비즈니스에 도입해 봅시다

이제까지는 주로 양자 컴퓨터의 기술적인 측면을 중심으로 설명했습니다. 챕터 8에서는 양자 컴퓨터 도입, 인재 확보, 팀 편성과 같은 비즈니스 사안과 관련된 내용을 살펴보겠습니다.

53 양자 컴퓨터를 도입하는 의의

이번 레슨의 포인트

이제까지 양자 컴퓨터란 무엇이고, 기술적으로 어떤 것이 가능한지 알아보았습니다. 여기서는 양자 컴퓨터를 도입시 초래되는 결과와 그 의의에 대해 다시 한번 확인하겠습니다.

비즈니스 기회로서의 양자 컴퓨터

양자 컴퓨터를 비즈니스에 적용할 때는 '양자 컴퓨터로 문제를 해결하겠다.' 또는 '양자 컴퓨터를 개발하겠다.'라는 2가지 방향으로 접근할 수 있습니다. 후자는 하드웨어 개발이라는 인식이 강하지만, 그보다는 양자 컴퓨터에서 작동하는 애플리케이션을 개발하는 것으로 보는 게 더 현실적일 것입니다. 도표 53-1

양자 컴퓨터는 본격적인 실용화를 향해 나아가고 있는 기술이며 비즈니스 기회가 될 수 있는 성장성 높은 영역입니다. 따라서 현시점에서는 어느 방향으로도 기회가 있다고 말할 수 있습니다. 다만, 어느 경우든 기민하게 움직여 선도자로서 이익을 확보하는 데 목적을 두는 것이 중요합니다.

비즈니스에 있어서 접근 방향의 형태 도표 53-1

문제해결	애플리케이션을 이용하여 문제 해결
소프트웨어	애플리케이션을 개발하여 제공
하드웨어	양자 게이트형/양자 어닐링형에 대한 연구개발

이 그림에 나와 있는 어떤 단계에서든 비즈니스 기회가 있을 수 있습니다.

최적화로부터 새로운 사업으로 연결된다

'양자 컴퓨터를 비즈니스에 활용한다'는 것은, 바꿔서 얘기하면 양자 컴퓨터에서 작동하는 애플리케이션을 개발하고 그것을 운용하는 것입니다. 개발한 애플리케이션을 자사 내부의 문제를 해결하는 데 이용할 수도 있고, 다른 회사에 제공하여 수익을 발생시킬 수도 있을 것입니다.

현재 양자 컴퓨터의 애플리케이션은 '최적화'를 위해 활용할 수 있습니다. 최적화는 공장 자동화나 오피스 자동화 등 '기존의 물건을 더 잘 만드는' 작업을 뜻합니다. 업무를 조금이라도 빨리, 적은 비용으로 마무리할 수 있다면 그로 인해 남는 비용을 새로운 사업 창출을 위한 투자 재원으로 활용할 수 있습니다.

양자 컴퓨터의 도입에서 얻을 수 있는 이점

양자 컴퓨터 도입에 있어 최대의 난관은 그 원리를 이해하는 것이 어렵다는 점입니다. 그러나 한번 장벽을 넘고 나면 다양하고 폭넓은 응용 범위에서 오는 수많은 혜택을 누릴 수 있습니다.

선도적인 도입으로 다양한 이점을 누릴 수 있습니다. 양자 컴퓨터로 비즈니스를 창출하면 그만큼 대외적인 홍보 효과도 높아지기 때문에, 그에 따라 고객이 증가하고 인재도 모여들 것입니다. 이와 같이 종합적으로 생각해 봤을 때 양자 컴퓨터를 도입하는 것은 상당히 합리적입니다.

양자 컴퓨터 도입을 막는 일차적인 장벽을 허무는 것이 이 책의 목적 중 하나입니다.

원포인트

개발의 문턱을 낮추려는 노력

전 세계적으로 양자 컴퓨터 연구 및 실용화에 힘쓰고 있으며, 미국과 유럽의 정부와 산업계가 연구개발에 투자를 확대하고 있습니다. 일본 문부과학성에서는 양자과학기술위원회가 산학협력 및 벤처 지원을 위해 노력하며 양자암호화, 양자센서, 양자빔이라고 하는 양자 과학기술(광 · 양자 기술) 전반을 지원하고 있습니다.

출처 : 일본 문부과학성–양자과학기술위원회 http://www.mext.go.jp/b_menu/shingi/gijyutu/gijyutu2/089/index.htm

54 양자 컴퓨터를 도입하기 위한 사업 계획

이번 레슨의 포인트

양자 컴퓨터를 시작하는 데 있어 대규모 설비나 인원은 필요하지 않습니다. 다만, 금방 성과가 나오는 것이 아니기 때문에 단기적인 목표와 중장기의 목표를 세워 자금과 인원을 적절히 배분해야 합니다.

단기 계획과 중장기 계획을 세운다

양자 컴퓨터는 도입 방법에 따라 성과가 나올 때까지 10~20년이 걸리는 분야입니다. 하지만 그렇다고 해서 처음부터 장기 계획을 세워 버리면 나중에 큰 문제가 발생할 수 있습니다. 가령 사업이 어느 정도 진행된 시점에 양자 컴퓨터를 활용할 수 없다는 사실을 알게 되어 자금과 인재를 낭비하는 결과로 이어질 수도 있습니다. 그렇기에 레슨 8에서도 말했듯이 우선은 단기적인 계획을 세워 자사와 양자 컴퓨터의 상성을 평가하는 기간을 두는 것을 추천합니다.

현재는 저비용으로 양자 컴퓨터를 도입할 수 있는 툴이 많은 기업으로부터 제공되고 있습니다. 그러한 툴들을 사용해 보면서 자사가 정말로 양자 컴퓨터를 비즈니스 영역에서 중장기적으로 잘해 나갈 수 있을지를 평가해 보는 것이 좋습니다.

예를 들어, 우선 반년 정도에 걸쳐서 개발환경이 확실히 갖추어질 수 있는지를 평가하고, 다음 3년간 그 개발환경이 제대로 작동하고 성과를 낼 수 있을지를 평가합니다. 그러한 단계까지 진행하고 나서 사업을 계속 추진해도 될지 판단합니다. 문제없다고 판단되면 지금까지의 결과를 바탕으로 자금 회수 가능 여부를 따져보기 위한 사업 계획 수립 단계로 옮겨갑니다.

PC에서 사용할 수 있는 양자 컴퓨터 시뮬레이터가 등장하는 등 양자 컴퓨터를 시작하기 위한 장벽이 점차 낮아지고 있습니다. 우선은 단기적인 계획을 세워보는 것을 추천합니다.

프로젝트 단위에서 검토

양자 컴퓨터 도입 프로젝트의 검토는 대개 해결하고 싶은 과제에 양자 컴퓨터를 활용할 수 있을지에 초점이 맞춰집니다.

도표 54-1 과 같이 근본적으로 활용할 수 있는지와 기존 컴퓨터보다 효율을 대폭 높일 수 있는지를 검토해야 합니다. 비즈니스 또는 사회 문제에 있어 병목현상이 되는 부분을 찾아보고 그것이 양자 컴퓨터에 적합한지 검토합니다.

프로젝트의 검토 포인트 도표 54-1

- 풀고 싶은 문제가 양자 컴퓨터에 적절하게 적용될 수 있는가?
- 풀고 싶은 문제에 대한 툴이나 해법이 양자 컴퓨터에서 이미 제공되고 있는가?
- 양자 컴퓨터를 활용한 사례 중에서 유사한 것은 없는가?

기존 컴퓨터에서 서서히 교체해 간다

현재의 양자 컴퓨터의 하드웨어 성능으로는, 전체 애플리케이션 중 양자 컴퓨터가 사용할 수 있는 것이 극히 드뭅니다. 그러나 하드웨어도 애플리케이션도 성능이 일취월장으로 개선되고 있어 양자 컴퓨터로 대체되는 부분도 점점 증가하고 있습니다. 그러한 면을 내다보는 계획이 필요합니다. 또한, 양자 컴퓨터는 아직 불안정한 동작도 많기 때문에 시스템 전체에 영향을 미치지 않는 범위에서 도입을 검토할 필요가 있습니다. 기존 컴퓨터가 맡은 분야를 조금씩 양자 컴퓨터로 대체해 나가면 전체 시스템을 방해하지 않으면서 원활하게 도입할 수 있습니다.

양자 컴퓨터는 빠르게 성장하고 있어 오늘 할 수 없는 일을 내일엔 할 수 있게 될지도 모릅니다. 그러니 관련 기술 동향에 항상 관심을 두어야 합니다.

55 양자 컴퓨터에 필요한 인재

이번 레슨의 포인트

기업은 양자 컴퓨터를 도입하는 데 필요한 인재를 어떻게 모을지 생각해야 합니다. 여기에서는 양자 컴퓨터에 적절한 인재를 모으는 방법과 육성 방법, 인재에게 요구되는 능력 등을 살펴보겠습니다.

양자 컴퓨터 엔지니어는 희소성 있는 존재이다

사업을 진행하는데 인재가 없으면 계획에 맞춰 연구개발을 수행할 수 없습니다. 그러나 이 책의 집필 시점에서도 양자 컴퓨터 엔지니어는 전 세계적으로도 보기 드문 희귀한 존재입니다. 이렇게 엔지니어의 수가 극히 적은 상황에서 어떻게 하면 인재를 확보할 수 있을까요?

현재 양자 컴퓨터 엔지니어가 되는 경로로는 대학에서 양자 컴퓨터를 배운 연구자가 엔지니어로 전향하거나 머신러닝 엔지니어(특히 물리학 또는 수학 소양을 갖춘 사람)나 데이터 사이언티스트에서 전향하는 경우가 있습니다.

양자 컴퓨터에서는 확률 계산을 자주 사용합니다. 계산 과정은 머신러닝과 비슷한 부분이 있으므로 머신러닝 엔지니어는 양자 컴퓨터와 어느 정도 관련이 있다고 해도 좋을 것입니다. 또한, 수학은 양자 게이트 이론의 근간을 이루기 때문에 수학을 잘하는 사람은 양자 컴퓨터에 쉽게 익숙해질 수 있습니다. 도표 55-1

양자 컴퓨터 엔지니어에 적합한 인재 도표 55-1

- 대학에서 양자 컴퓨터를 배운 연구자
- 머신러닝 엔지니어
- 데이터 사이언티스트
- 수학을 잘하는 사람

요구되는 스킬

한마디로 양자 컴퓨터라고는 해도, 그중에서 어떤 분야를 하고 싶은지에 따라 요구되는 스킬이 달라집니다.

하드웨어, 애플리케이션, 미들웨어로 나누어 생각하면, 하드웨어 분야에서는 물성물리학이나 양자물리학을 중심으로 하는 물리학적 지식이 필요합니다. 애플리케이션 분야에서는 수학과 계산기하학에 정통한 인재가 바람직할 것입니다. 그리고 하드웨어와 애플리케이션 양쪽을 아우르는 지식과 관리 능력이 있는 인재를 미들웨어에 배치할 수 있다면 더할 나위 없이 좋을 것입니다.

그러나 그렇게 할 수 있는 기업은 굉장히 한정되어 있으므로 분야를 좁혀 스킬을 확보하는 것이 현실적일 것입니다. 예를 들어, 금융 애플리케이션이라면 수학이나 통계학, 양자 화학 계산 분야라면 양자 화학, 최적화 문제라면 통계학 등 만들고 싶은 애플리케이션에 맞는 기술을 가진 인재를 확보하는 것입니다. 다만, 어느 분야든 양자 컴퓨터의 기본적인 원리는 알아야 하므로 시작 시점에서 그러한 기본 원리를 반드시 습득해야 합니다.

해결하고 싶은 과제를 잘 아는 사람이 양자 컴퓨터로 무엇을 할 수 있는지를 고찰하는 것이 매우 중요합니다.

원포인트

드림팀을 구성하려면?

양자 컴퓨터 팀을 구성할 때는 다양한 지식을 가진 사람을 모으는 것이 이상적입니다. 수학이나 물리학 지식이 있는 사람, 풀고 싶은 문제에 대한 이해도가 높은 사람 등 다양한 분야의 사람들이 모임으로써 양자 컴퓨터의 활용 범위가 넓어집니다. 도표 55-2

팀 구성 도표 55-2

프로젝트를 진행하려면 이러한 기술 이외에 리더십을 발휘하거나 코디네이터로서의 역할을 이행할 사람도 필요하다.

지금은 아직 인재를 확보하기 쉽다

인재를 육성하는 방향으로 생각한다면 우선은 소속된 조직 내에 적합한 인재가 있는지 찾는 것부터 시작하면 됩니다. 가까이에 있는 인재를 육성할 때 비용과 리스크를 최소로 하기 쉽기 때문입니다. 양자 컴퓨터를 이용하는 데에 물리학 지식이 필수적이지는 않지만, 앞서 말한 것처럼 물리학 출신 혹은 통계학이나 수학에 정통한 인재가 적합한 것은 확실합니다. 일단 그러한 인재가 사내에 있으면 양자 컴퓨터 툴을 제공하여 적성을 살펴본 다음, 괜찮을 것 같으면 그러한 인재들을 베이스로 시작합니다.

사내에 적절한 인재가 없는 경우에는 공개채용으로 인재를 확보합니다. 이때 양자 컴퓨터를 위한 채용인 것을 명시하여, 어느 정도 수준 이상의 지식을 갖춰 문제에 대응할 수 있는지를 테스트합니다. 실제로 이미 많은 기업에서 양자 컴퓨터 인재를 확보하려는 움직임을 보이고 있으며, 채용이 잘 진행된다는 이야기도 자주 듣습니다.

지금은 아직, 양자 컴퓨터 인재를 확보하기 쉬운 편일지도 모릅니다.

대학과의 공동 연구

대학과의 공동 연구를 통해 인재나 기술력을 축적하는 것도 효과적입니다. 양자 어닐링이나 이징 모델의 해법은 일반적인 것이기 때문에 통계학이나 열역학을 취급하는 학과라면 양자 어닐링을 습득하는 것이 그리 어렵지 않을 것입니다. 대학과의 공동 연구에서는 최적화 문제 등을 중심으로 자사의 사업과 비슷한 분야에서의 활용을 고려하여 수학이나 물리학, 통계학의 분야에서 인재를 찾아 연구를 진행하는 것이 적절합니다.

만약 문제를 푸는 것 자체에만 관심을 두고 있다면 물리학은 불필요하기 때문에, 각 회사가 제공하고 있는 툴의 계산원리에 대한 궁금증은 억누르고 진행하는 것이 바람직할 것입니다.

현시점에서는 양자 어닐링이 좀 더 실용화가 진행되어 있으므로, 사업 내용으로 채택하기 쉬울 것입니다.

파트너 기업과의 협업

양자 컴퓨터는 현재 큰 산업 분야로 발달하고 있어 최고의 IT기업이더라도 혼자서 사업을 전개하기는 어려우며, 파트너 기업과의 협업을 통해 전개해 나가야 합니다.

가령 양자 컴퓨터의 주변기기를 만드는 기업은 원래 양자 컴퓨터를 만들고 있는 기업과 협업이 필요하고, 애플리케이션이나 소프트웨어 분야로 사업을 전개하고 싶은 기업은 양자 컴퓨터를 제공하는 플랫폼 제공 기업과 파트너 관계를 맺는 것이 좋습니다.

현재는 하드웨어와 플랫폼 제공을 같은 기업이 담당하고 있습니다. 따라서 파트너 기업을 찾을 때 양자 어닐링형이나 양자 게이트형의 양자 컴퓨터를 제공하는, 세계적으로도 매우 한정된 플랫폼 제공자와 파트너십을 맺어야 합니다. 도표 55-2

어떤 플랫폼을 선택하는 것이 적절한가는 지금까지의 기업의 거래 실적이나 강점을 보이는 분야, 평소 사용하고 있는 OS나 개발 언어 등에 좌우됩니다. 이러한 것들을 고려하여 자사에 맞는 플랫폼을 선택하는 것이 좋습니다.

주요 플랫폼 제공자 도표 55-2

제공 기업	플랫폼	개요
IBM	IBM Q/Qiskit	IBM Q는 양자 게이트형 컴퓨터, Qiskit는 IBM Q를 이용하기 위한 SDK이다. IBM Q는 웹 브라우저에서 GUI(마우스 조작)로 양자 회로를 작성할 수 있다. Qiskit은 Python 등의 프로그래밍 언어를 이용한다. https://qiskit.org/
Microsoft	Q#	Visual Studio에서 이용하는 양자 컴퓨터 전용 언어이다. 양자 게이트형 시뮬레이터로 양자 회로를 실행할 수 있다. https://www.microsoft.com/en-us/quantum/development-kit
D-Wave	Leap/Ocean	Ocean은 D-wave사의 양자 어닐링 머신을 이용하기 위한 SDK로, Python용 패키지이다. Leap은 클라우드에서 이용할 수 있는 서비스이다. https://cloud.dwavesys.com/leap/login/?next=/leap/ https://gigazine.net/news/20181005-d-wave-leap/

Lesson [수익사업화]

56 양자 컴퓨터를 수익사업화합니다

양자 컴퓨터 비즈니스를 시작할 경우, 먼저 비즈니스 대상 고객층을 상정해야 합니다. 크게는 하드웨어 제공자인지, 소프트웨어 제공자인지에 따라 비즈니스 진행 방식이 달라집니다.

이번 레슨의 포인트

하드웨어 제공자의 사업 추진

최근 일본에서는 양자 어닐링형(이징 머신) 하드웨어 개발 기업이 늘어나고 있습니다. 그러한 기업은 기본적으로 SDK나 클라우드에서 머신 제공, 개발한 머신 판매 등을 상정한 사업 계획을 세우고 있습니다. 대상 고객층은 조합 최적화 문제나 사회 문제, 그리고 양자의 문제를 풀어야 하는 니즈를 가지고 있기 때문에, 고객의 요구에 대응할 수 있는 퍼포먼스나 편리성을 얼마나 확보하느냐가 성공을 좌우하는 열쇠입니다.

이징 머신의 경우 각 분야에서의 조합 최적화 문제를 실제 소프트웨어나 수식에 포함시킨 형태로 검증할 수 있으므로 구체적인 PoC(Proof of Concept, 개념 검증을 위한 예비 프로젝트) 등을 통하여 평가받을 수 있습니다. 활용 평가에서 성과가 나온 경우, 당연히 더 높은 성능 향상이 요구되므로 그러한 피드백을 통해서 계속 개선해 나가면 사업을 확대할 수 있을 것입니다.

이 책을 집필한 시점의 양자 게이트형 머신에는 오류가 많아서 고객 서비스 제공이 어려운 측면이 있습니다. 그렇기에 슈퍼컴퓨터나 기타 고성능 워크스테이션에서 실행되는 양자 게이트 머신에 시뮬레이터를 제공하는 데 초점을 맞추게 될 것입니다. 시뮬레이터를 이용하여 개발한 애플리케이션이 가까운 미래에도 계속 활용될 수 있도록 하드웨어 발전 동향이나 버전 업그레이드에 대한 스케줄을 제시하는 것이 중요합니다.

기술 혁신을 내다보고, 하드웨어의 향후 성능 향상 일정을 제시하는 것도 중요합니다.

하드웨어 제공 형태

하드웨어의 제공 형식은 크게 '머신 판매'와 '클라우드에서 활용할 수 있는 서비스 제공'이라고 하는 2가지의 형식을 생각할 수 있습니다. 양자 어닐링형을 중심으로 하여 머신을 판매하고 있는 기업이 몇 군데 있기는 하지만, 현시점에서는 장비의 사이즈도 엄청나게 크고 도입에 따른 제약도 크기 때문에 정기적인 유지보수 지원을 포함하는 판매 형태가 될 것입니다.

대다수의 양자 머신은 운용이 어렵습니다. 특히 머신의 운용 환경을 안정화하기 위해서 차폐된 실험실 등에서 사용하기 때문에 밖으로 꺼내기 어렵습니다. 그래서 클라우드 형태로 서비스를 제공하는 곳도 적지 않습니다. 도표 56-1 이 경우 사용자계정 관리, 유지보수 계획 통지, 사용자 이용 상황 관리 등 클라우드 서비스로서의 기본적인 체계를 준비한 후, 종량제나 월별 고정 요금제 형태로 제공하는 것이 일반적입니다.

클라우드를 통한 서비스 제공 도표 56-1

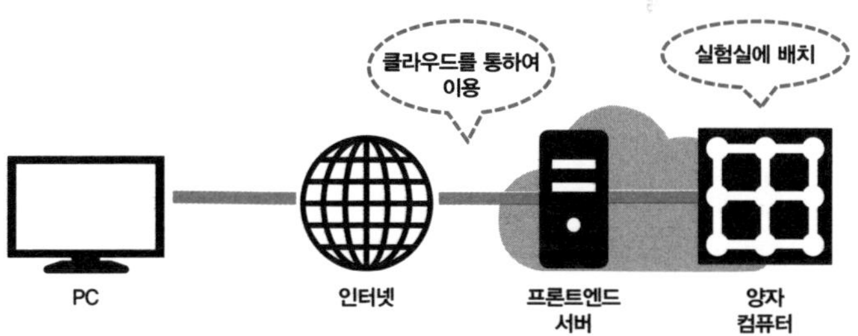

클라우드를 통하여 양자 컴퓨터 서비스를 제공하는 경우, 클라우드 서비스로서의 체계를 갖추어 종량 과금제 등 구독요금제 형태로 한다.

원포인트

시뮬레이터 제공

시뮬레이터는 기존 컴퓨터로 양자 컴퓨터의 움직임을 모사하여 양자 컴퓨터의 애플리케이션을 개발할 수 있게 하는 구조입니다. 기존 컴퓨터의 시뮬레이터를 이용해도 개발 단계에서는 실용적인 속도를 확보할 수 있습니다. 일본에는 양자 컴퓨터 대신 시뮬레이터 제공을 통한 수익 창출을 꾀하는 기업도 많이 있습니다.

소프트웨어 제공자의 사업 추진

양자 컴퓨터 전용 소프트웨어는 각 분야의 실무자를 대상으로 하는 애플리케이션의 개발을 생각할 수 있습니다.

예를 들어 현재 유행하고 있는 양자 화학 계산 분야에서는, 평상시에도 양자 화학 계산을 수행하고 있는 재료 제조 업체가 고객이 될 것이라고 예상할 수 있습니다. 재료 제조 업체는 사내에 자체적으로 양자 컴퓨터를 도입하는 것은 시기상조거나 너무 큰 투자라고 판단할 가능성이 크므로 그러한 고객에게 양자 컴퓨터로 양자 화학 계산을 수행할 수 있는 패키지나 컨설팅을 제공하면 반응이 좋을 것입니다. 도표 56-2

마찬가지로 금융이나 자동차, IT 기업 등 양자 컴퓨터의 본격 도입을 검토하고 있는 기업에 양자 컴퓨터를 패키지화한 상품으로서 제공하는 것은 합리적인 사업이라고 생각합니다.

애플리케이션 및 컨설팅 서비스 제공 도표 56-2

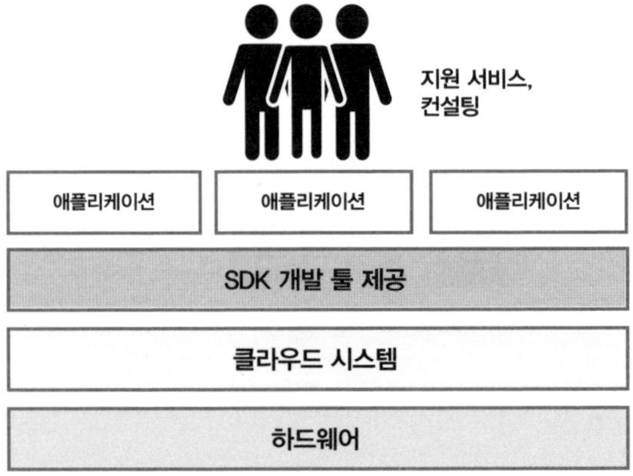

자사 자체적으로 양자 컴퓨터를 도입하는 것은 시기상조라고 생각하는 고객에게 애플리케이션이나 SDK 개발 툴에 덧붙여 컨설팅을 제공한다.

컨설팅을 할 때도 이 책에서 해설하고 있는 정도의 양자정보과학 지식은 필요합니다.

소프트웨어 제공 형태

소프트웨어 제공 형태로 생각할 수 있는 것이 애플리케이션을 독자적으로 커스터마이징하여 클라이언트에게 납품하는 형태입니다. 선택한 플랫폼에서 사용 가능한 프로그래밍 언어로 개발된 애플리케이션을 납품하고, 경우에 따라서는 이에 대한 지원 및 유지보수를 포함하여 월 단위 과금 형태로 운용합니다.

또한 고객이 애플리케이션을 이용하는 것을 돕는 컨설팅이나 해당 업무에 맞는 알고리즘을 개발하는 등의 연구개발 사업도 있습니다. 애플리케이션 개발은 기초연구 외에 응용 부문도 있습니다. 비교적 기초적인 부분에 대한 연구를 진행해 논문으로 발표하는 경우도 있고, 응용할 수 있는 애플리케이션을 만들어 그것을 외부에 공표하는 절차도 있습니다.

어느 쪽이든 일반적인 애플리케이션 납품이나 컨설팅 형태에 매우 가깝기 때문에 전 세계적으로 흔한 방법입니다.

오픈소스의 흐름에 올라타야 할까?

세계적으로 소프트웨어는 대기업과 스타트업 모두 깃허브 등을 통해 무료로 제공하는 오픈소스의 형태가 많아지고 있습니다. 다만, 그 경우는 어떠한 수익 모델로 출시할 것인지 반드시 검토해야 합니다.

일본에서는 대개 유료화된 패키지 형태로 제공하는 추세이므로 세계적인 흐름에 따르지 않는 선택지도 있습니다. 세계적인 추세를 추종할 것인지, 아니면 독자노선으로 유료 서비스를 할 것인지를 사업전략에 견주어 검토할 필요가 있습니다.

저자가 대표를 맡은 Bluecat(구 MDR)은 소프트웨어를 오픈소스로 무료 제공하여 사용자층을 확보해 가면서, 그들 중 양자 컴퓨터를 응용하고 싶은 기업들에게 사용자 지원 서비스나 컨설팅을 제공해 수익을 확보합니다.

면밀한 고민 없이 오픈소스로 만들면 개발비만 많이 소모됩니다. 그것을 어떻게 수익으로 연결시킬 수 있을지 생각해야 합니다.

Lesson 57 [과제]

알아 두어야 할 양자 컴퓨터 과제

이번 레슨의 포인트

양자 컴퓨터는 아직 발전 단계에 있기 때문에 현재는 할 수 없는 일이 적지 않습니다. 할 수 없는 것을 지금 바로 할 수 있다고 고객에게 잘못 말하지 않도록 현황 과제를 파악해 두어야 합니다.

하드웨어의 제약

현재의 양자 컴퓨터는 기술 및 성능 면에서 과제를 많이 가지고 있습니다. 최종적으로는 '만능형 양자 컴퓨터'라고 불리는 디지털형 양자 컴퓨터를 완성하는 것이 바람직하지만 현재의 양자 게이트형이나 양자 어닐링형은 아직 아날로그 형태의 과도기적인 상태라고 할 수 있습니다. 그러한 아날로그식 머신이 탄생한 지도 얼마 되지 않았기 때문에 기술적인 문제에서 오는 소프트웨어의 제약이 존재합니다.

그렇기에 이상적인 만능형 양자 컴퓨터를 상정한 시뮬레이터로 작성한 애플리케이션을 실제 머신에 그대로 사용할 수 없는 사태가 일어나는 것입니다. 실제로 구현할 때는 양자 컴퓨터의 현실적인 하드웨어 제약을 고려하여 재작성되어야 합니다.

현재는 초전도 방식이 주류이지만, 광양자 컴퓨터나 레이저형 등 다른 원리의 하드웨어도 등장하고 있습니다. 주류를 배워 나가는 동시에 다양한 유형의 하드웨어에 대한 평가도 게을리하지 않아야 합니다.

노트북PC로도 시뮬레이션할 수 있다

만능형 양자 컴퓨터는 아직 완성되지 않았지만 '이상적인 양자 컴퓨터를 어떻게 활용하면 좋은가'에 대한 이론은 확립되어 있습니다. 그래서 현시점에서도 기존 컴퓨터로 시뮬레이션하여 그러한 기능의 일부를 재현할 수 있습니다. 애플리케이션 개발이나 연구 등은 현재 우리가 사용하고 있는 기존 컴퓨터를 활용해 먼저 진행할 수 있습니다. 양자 컴퓨터와 밀접한 문제에 대해서는 슈퍼컴퓨터나 고속의 PC를 사용해야 하지만 비교적 작은 사이즈의 문제에 대해서는 주변에서 흔히 볼 수 있는 노트북 같은 일반적인 머신으로도 양자 컴퓨터를 시뮬레이션하여 계산할 수 있습니다.

과도한 기대에 대한 대응

과도한 기대에 대해서는 냉정하게 대응하도록 합니다. 양자 컴퓨터는 기존 컴퓨터의 계산을 모두 실행할 수 있는 '범용성', 그리고 양자 중첩 등을 이용한 '고속성'이라는 양쪽의 특징을 모두 지녔지만, 이 두 가지가 반드시 동시에 구현되는 것은 아닙니다.

양자의 고속성을 활용할 수 있는 것은 일부 애플리케이션에 지나지 않습니다. 특정 애플리케이션 실행을 위해 '범용성'을 이용한 계산이 구현되는 경우가 있기는 하지만 그 결과가 반드시 고속으로 나온다고는 할 수 없습니다. 도표 57-1

양자 컴퓨터로 고속화할 수 있는 것 도표 57-1

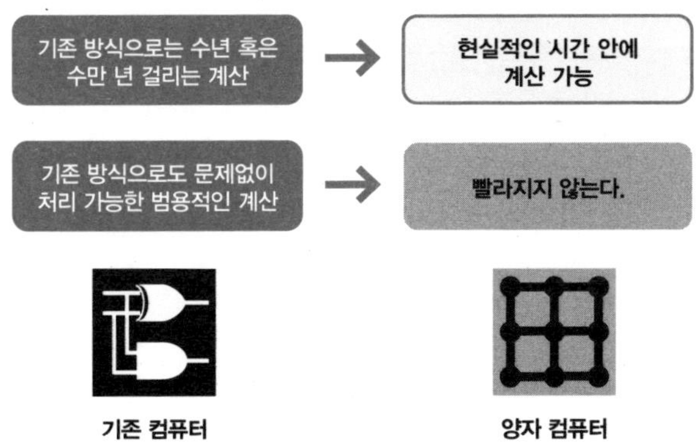

양자 컴퓨터로 빠르게 계산할 수 있는 것은 고속성을 활용할 수 있는 계산에 한정된다. 모든 계산을 빠르게 처리할 수 있는 것은 아니다.

58 양자 컴퓨터 전망

이번 레슨의 포인트

양자 컴퓨터는 불과 몇 년 전까지만 해도 꿈의 기계라고 불리며 실제 구현은 먼 미래의 일로만 여겨졌습니다. 하지만 이제 꿈의 기계에서 클라우드를 이용한 현실적으로 사용할 수 있는 기계로 발전하고 있습니다.

연구개발의 역사와 탄탄한 미래 동향

양자 컴퓨터는 그 동작 원리를 보았을 때 터무니없는 기술이라고 생각되기 쉽고, 기존 컴퓨터와 어떻게 연관 지어야 할지 알기 어렵다는 인상을 받기 쉽습니다. 그러나 1980년대부터 차근차근 구축된 계산 이론이 매우 탄탄한 데다 2000년대에 들어서 실제로 제작할 수 있게 되면서 산업에의 응용이 현실화되고 있습니다. 기존 컴퓨터의 연장선상에서의 활용이 기대되어, 기존 컴퓨터의 기술 한계를 넘는 머신으로서 전 세계에서 견고한 지위를 쌓아가고 있습니다.

양자 컴퓨터 업계는 매우 건설적인 상태로 서비스 개발이 진행되고 있습니다. 하드웨어의 등장에 따라 소프트웨어가 활성화되고 해당 소프트웨어 개발이 진행되면 그 부족함을 보완할 수 있도록 하드웨어 개선이 진행됩니다. 이와 같이 업계 전체가 전향적으로 움직이고 있어서 투자 또한 세계적으로 계속 증가하고 있습니다. 당분간은 이렇게 빠른 속도로 발전이 지속될 것으로 예상됩니다.

2017년 11월 시점에서, 상용화된 양자 게이트형 양자 컴퓨터 IBM Q는 20양자 비트를 실현했습니다. 오늘날에도 양자 비트의 수를 늘리고 오류를 줄이는 방향의 개발이 진행되고 있습니다.

이상적인 양자 컴퓨터와 NISQ에 대하여

우리가 목표로 하는 것은 이상적인 만능형 양자 컴퓨터이지만, 현재 상용화된 양자 컴퓨터는 계산 도중에 오류가 나오는 NISQ라고 불리는 중간 규모의 머신입니다(레슨 27 참고).

NISQ에서는 기존 컴퓨터와 양자 컴퓨터의 하이브리드 형태로 계산을 실시하는 것이 주류로, 아직 그 성능을 다 발휘하지 못하는 단계입니다. 그러나 '오류 정정', 즉 오류를 검출해 정정하는 디바이스 개발이 진행되고 있어 가까운 미래에 양자 컴퓨터의 성능이 크게 발전하게 될지도 모릅니다. NISQ를 넘어서는 이상적인 양자 컴퓨터를 상정한 애플리케이션의 연구개발이 이미 이루어지고 있으며, 이전의 컴퓨터에서는 생각지 못했던 계산 방법이 개발되고 있습니다.

인류의 풀리지 않는 문제를 푼다

양자 컴퓨터에 기대되고 있는 것은 압도적인 속도 향상, 그리고 기존 컴퓨터에서는 할 수 없었던 계산을 이용해 지금까지 풀 수 없었던 문제를 푸는 것입니다. 현재는 다양한 시도나 연구개발이 이루어지고 있는 과도기 단계로, 성능의 한계에 도전하기보다는 작은 목표를 설정하고 연구가 진행되는 일도 적지 않습니다. 그러나 기술 혁신을 일으켜 우리 생활을 바꿔놓을 머신 및 애플리케이션의 개발은 이미 진행되고 있기 때문에 그러한 기술 혁신 현상을 보면서 미래에 대한 기대를 가졌으면 좋겠다고 생각합니다.

원포인트

스터디 그룹을 이용하여 식견을 넓히자

양자 컴퓨터 업계의 분위기나 참가방법을 알고 싶다는 이야기를 자주 듣습니다. 최신 기술 도입이나 이제까지 개발되어 온 기술을 이용하는 방법 같은 산업 동향을 검토하는 것이 향후 비즈니스 발전에 있어 매우 중요합니다.

양자 컴퓨터는 기술의 난해함이나 수익화의 어려움 때문에 날마다 많은 스터디 모임이 개최되고 있습니다.

Bluecat(구 MDR)에서도 매주 테마를 바꾸어 스터디 그룹이 열리고 있으며, 무료로 진행되고 있기 때문에 흥미가 있으면 참가해 보기 바랍니다. 많은 IT 스터디 플랫폼에서 스터디 모임 참가자를 모집하고 있으며, 등록만 하면 대부분 무료로 참가할 수 있습니다. 참가자에게 배포된 자료를 이용하여 집이나 회사에서 공부할 수도 있습니다.

칼럼

세계를 무대로 경쟁하려면 무엇을 해야 하는가?

양자 컴퓨터는 스타트업 회사라 해도 세계 시장에서 비약적인 발전을 기대할 수 있는 분야입니다. 소프트웨어 개발은 대기업의 하드웨어 팀과 스타트업의 소프트웨어 팀이 팀을 이뤄 실시하는 것이 일반적입니다.

현재 전 세계적으로 약 20개의 스타트업이 머신러닝이나 양자 화학 계산 등의 분야에서 격전을 벌이고 있습니다. 캐나다와 북미가 가장 많고, 일본은 저자가 대표를 맡은 Blueqat(구 MDR)뿐이지만, 머신러닝과 최적화로 많은 성과를 남길 수 있도록 노력하고 있습니다.

하드웨어 부문을 보자면, 세계에서 양자 컴퓨터를 만들 수 있는 스타트업은 D-Wave, Rigetti, QCI, Qlueqat 등 몇 개밖에 없습니다. 초전도 타입의 어닐링 머신과 양자 게이트형 양쪽 모두를 만들고 있는 것은 MDR, Google, MIT뿐입니다.

일본에서 비즈니스를 전개할 때는 AI로 유행하고 있는 수탁형 비즈니스 형태로 진행하면 비교적 리스크가 적을 것입니다. 한편, 영어권에서 스타트업으로서 큰 영향력을 행사하는 것은 어려우면서 리스크도 큽니다. 그러나 언제든 국면 전환을 할 수 있는 양자 컴퓨터라는 주제를 가지고 작은 규모로만 사업을 진행하는 것은 아깝다고 생각합니다.

전 세계에서 경쟁하기 위해서는 많이 일하는 것보다 많이 공부하는 것이 중요합니다. 논문을 읽고, 구현해 보고, 스스로 논문을 쓰는 것입니다. 구현한 것을 영어로 논문을 쓰는 것으로 세계적인 수준의 존재감을 낼 수 있다고 생각합니다. 각국은 인재들의 능력 면에서 큰 차이가 없지만, 커뮤니티의 활기에는 큰 차이가 있습니다. 적극적으로 해외 커뮤니티를 접하는 것은 큰 자극이 될 것입니다.

양자 컴퓨터 엔지니어는 영어로 구현하고
발표하는 경험을 늘려가야 할 것입니다.

색인

세계가 주목하는 최신 기술

그림으로 배우는 양자 컴퓨터

1판 1쇄 발행 2021년 10월 08일
1판 2쇄 발행 2024년 06월 28일

저　자 | 미나토 유이치로
번　역 | 이승훈
발행인 | 김길수
발행처 | ㈜영진닷컴
주　소 | 서울특별시 금천구 가산디지털1로 128 STX-V 타워 4층 401호
등　록 | 2007. 4. 27. 제16-4189호

ISBN 978-89-314-6578-5

'그림으로 배우는' 시리즈

"그림으로 배우는" 시리즈는 다양한 그림과 자세한 설명으로
쉽게 배울 수 있는 IT 입문서 시리즈 입니다.

그림으로 배우는
C++ 프로그래밍
2nd Edition

Mana Takahashi 저
592쪽 | 18,000원

그림으로 배우는
C 프로그래밍

Mana Takahashi 저
504쪽 | 18,000원

그림으로 배우는
자바 프로그래밍
2nd Edition

Mana Takahashi 저
600쪽 | 18,000원

그림으로 배우는
서버 구조

니시무라 야스히로 저
240쪽 | 16,000원

그림으로 배우는
데이터 과학

히사노 료헤이, 키와키 타이치 저
240쪽 | 16,000원

그림으로 배우는
HTTP&Network

우에노 센 저
320쪽 | 15,000원

그림으로 배우는
클라우드 2nd Edition

하야시 마사유키 저
192쪽 | 16,000원

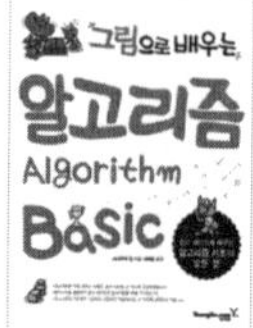

그림으로 배우는
알고리즘

스기우라 켄 저
176쪽 | 15,000원

그림으로 배우는
네트워크 원리

Gene 저
224쪽 | 16,000원

그림으로 배우는
보안 구조

마스이 토시카츠 저
208쪽 | 16,000원

그림으로 배우는
SQL 입문

사카시타 유리 저
352쪽 | 18,000원